个人知识生成的意会逻辑

波兰尼意会认知之旅

李永乐◎著

知识产权出版社
全国百佳图书出版单位
—北京—

图书在版编目（CIP）数据

个人知识生成的意会逻辑：波兰尼意会认知之旅/李永乐著.—北京：知识产权出版社，2023.5

ISBN 978-7-5130-8761-2

Ⅰ.①个… Ⅱ.①李… Ⅲ.①波兰尼(Polanyi,Michael 1891-1976)—哲学思想 Ⅳ.①B561.59

中国国家版本馆CIP数据核字(2023)第089410号

责任编辑：赵　军　　　　　　　　　责任校对：谷　洋
封面设计：纵横华文　　　　　　　　责任印制：孙婷婷

个人知识生成的意会逻辑
波兰尼意会认知之旅

李永乐　著

出版发行：	知识产权出版社有限责任公司	网　　址：	http://www.ipph.cn
社　　址：	北京市海淀区气象路50号院	邮　　编：	100081
责编电话：	010-82000860转8127	责编邮箱：	zhaojun99668@126.com
发行电话：	010-82000860转8101/8102	发行传真：	010-82000893/82005070/82000270
印　　刷：	北京九州迅驰传媒文化有限公司	经　　销：	新华书店、各大网上书店及相关专业书店
开　　本：	720mm×1000mm　1/16	印　　张：	15.25
版　　次：	2023年5月第1版	印　　次：	2023年5月第1次印刷
字　　数：	266千字	定　　价：	68.00元
ISBN 978-7-5130-8761-2			

出版权专有　侵权必究
如有印装质量问题，本社负责调换。

迈克尔．波兰尼

（1891—1976年）

目　录

第1章　批判与解构——意会认知论的哲学背景 　1

1.1　对客观主义的质疑 　2
- 1.1.1　开放的客观性 　6
- 1.1.2　人文的客观性 　11
- 1.1.3　注重知识生成过程的客观 　16

1.2　对怀疑论的批判 　22
- 1.2.1　哲学史上重要的怀疑论思想 　22
- 1.2.2　对怀疑论的批判 　24
- 1.2.3　信托哲学的怀疑观 　28

1.3　信托哲学的真髓 　36
- 1.3.1　信托哲学 　37
- 1.3.2　信托哲学的信念观 　41
- 1.3.3　信托哲学的寄托观 　43

第2章　人性化——意会认知的新视角 　50

2.1　科学划界的人性化视角 　50
- 2.1.1　近现代科学划界标准 　51
- 2.1.2　科学与非科学划界的一个新视角 　52

2.2　SSK意蕴——意会认知论对科学活动的人性化考察 　63
- 2.2.1　意会认知论对科学知识社会学的影响考证 　63
- 2.2.2　波兰尼的哲学思想与SSK思想同异辨析 　66
- 2.2.3　波兰尼的科学知识社会学思想 　67

2.3　意会认知论形而上学的人性化主张 　72

- 2.3.1 哲学史上的形而上学 ……… 72
- 2.3.2 科学与形而上学 ……… 74
- 2.3.3 意会认知论的形而上学 ……… 75

第3章 "三位一体"——意会认知的结构模型与运作逻辑 ……… 82

3.1 意会认知论的主要概念 ……… 82
- 3.1.1 意会认知论的核心概念 ……… 82
- 3.1.2 意会认知论的中间概念 ……… 85
- 3.1.3 意会认知论的边缘概念 ……… 86

3.2 "三位一体"结构模型 ……… 89
- 3.2.1 意会认知的模型结构——"三位一体" ……… 90
- 3.2.2 焦点意知与附带意知的区别 ……… 92
- 3.2.3 焦点意知与附带意知的对立统一 ……… 93

3.3 意会认知的运作逻辑图解 ……… 96
- 3.3.1 意会认知中人的三种存在模式 ……… 97
- 3.3.2 附带意知与焦点意知的整合 ……… 98
- 3.3.3 "三位一体"结构的意知运作 ……… 100
- 3.3.4 意会认知的三种运作逻辑图辨析 ……… 104

第4章 隐喻——意会知识言述化的最佳途径 ……… 111

4.1 意会认知与隐喻认知 ……… 111
- 4.1.1 中西隐喻研究的历史与现状 ……… 111
- 4.1.2 意会认知与隐喻认知的共同基础 ……… 114
- 4.1.3 意会认知与隐喻认知对"真"的观点 ……… 119

4.2 意会认知与隐喻认知的差异 ……… 128
- 4.2.1 认知主张背后的层次差异 ……… 128
- 4.2.2 映射与散射 ……… 129
- 4.2.3 语境与场(情)境 ……… 132

4.3 意会认知与隐喻认知的互解 ……… 136
- 4.3.1 策略和本能——再加工与原生态 ……… 136

4.3.2　意会认知是隐喻认知的支持理论 …………………………… 140
4.3.3　隐喻是意会知识言述化的最佳途径 ………………………… 143

第5章　从言述到意会——知识生成的意会历程 …………………… 147
5.1　哲学史上的知识观述评 ………………………………………… 147
5.1.1　西方前现代知识观 ……………………………………………… 148
5.1.2　西方现代知识观 ………………………………………………… 152
5.1.3　中国哲学史上的知行观 ………………………………………… 155
5.2　中西哲学史上关于意会理念的评论 …………………………… 159
5.2.1　中国哲学史上对意会的认识 …………………………………… 159
5.2.2　西方哲学史上关于意会的背景理论 …………………………… 166
5.3　知识生成的意会历程 …………………………………………… 171
5.3.1　依赖意会认知的三类学习 ……………………………………… 172
5.3.2　语言的意会成分与个人参与 …………………………………… 177
5.3.3　知识生成的意会历程 …………………………………………… 182

第6章　革命性影响——认识论与知识生成焦点的历史性转换 …… 202
6.1　认识论的历史性转换 …………………………………………… 202
6.1.1　认识论史上的笛卡尔革命和康德革命 ………………………… 202
6.1.2　波兰尼的认识论革命 …………………………………………… 206
6.1.3　对波兰尼认识论革命的再认识 ………………………………… 213
6.2　知识生成焦点的历史性转换 …………………………………… 216
6.2.1　知识生成焦点的转换 …………………………………………… 217
6.2.2　发展潜科学的认识论 …………………………………………… 221
6.2.3　面向隐性知识——知识管理的焦点转换 ……………………… 227

参考文献 ……………………………………………………………… 232
一、主要中文著作 …………………………………………………… 232
二、主要中文期刊文献 ……………………………………………… 234
三、主要英文著作文献 ……………………………………………… 234

第1章 批判与解构
——意会认知论的哲学背景

意会认知论以对客观主义和怀疑论的批判与解构作为自身展开的背景。通过对客观主义知识观和科学观的批判解构之后构建了意会认知论的客观观，展现出意会认知论对客观的认识和理解。意会认知论主张的客观性涵盖了客观主义拒斥的个人激情、幻想、信念、寄托等因素，显示出一种对客观的开放性的态度和主张。这一主张认为，客观性是科学的内在属性，也是知识的一种内在属性，在科学框架内求知的人们都是在自觉与不自觉地追求着客观性。因此，那些被客观主义拒斥的个人非理性因素实际上是追求客观性所不可或缺的重要成分，这些成分的加入使意会认知论的客观性呈现出一种人文特色，是一种具有人文性的客观性。它的人文性主要体现在认知主体在追求客观性的过程中所表现出来的人文精神和对人文精神的依赖，求知欲、满足感、责任、良心和使命，对信念和寄托框架的依赖，对独立思想与人格的要求和尊重，对内在美的追求，理性与激情的结合，对传统和权威的依赖与批判，这些都表现出与客观主义迥然不同的人文客观性。然而，客观性毕竟是一个具有一定刚性的评价标准，意会认知论在柔化和拓展客观性的内涵之后，提出了一个注重知识生成过程的客观性，把客观主义的刚性"断层"客观标准放入完整的过程中，从而展开了对知识客观性的哲学观念。

在一手批判解构客观主义的同时，意会认知论的另一手也在批判并且解构怀疑论，通过对怀疑论的批判解构构建起了意会认知论的信托哲学框架。信托哲学成为意会认知论的深层哲学主张，波兰尼的知识观是建立在个人意会认知基础上的一种信托知识观。信托哲学认为，知识的生成是个人信念和个人在信托框架内进行的统一连贯认知活动，信托框架是求知过程得以展开和进行的深层基础和走向普遍有效性的通道。信托哲学框架的构建和主张进一步拓展和深化了意会认知论的哲学背景。

1.1 对客观主义的质疑

客观主义哲学观大致包含两个主要方面，一是客观主义的形而上学论，二是客观主义的认识论。客观主义的形而上学论认为，外部世界是客观存在并且具有固定特性的实体，构成外部世界的物体之间存在固定的关系。物体受其本质特性决定，具备了该特性该物体才能称为该物体，否则不行。而物体呈现出来的某些偶然特性并不决定该物体就是该物体。客观主义者还把一组或一类具有共同特性的实体归为一个范畴，认为范畴与范畴之间存在稳定的逻辑关系，这种逻辑关系是纯粹客观的，不会因为人为而改变。人对外部事物的认识是外部事物与符号、范畴之间建立一种约定俗成的映射关系，人的理性只有在正确反映出外部事物之间的逻辑关系时才是正确的。

客观主义的认识论主张摈弃认知活动中人的非理性成分，认为人的情绪、心理活动、想象、主观意象以及非逻辑化和非形式化语言表述都应当剔除在外。客观主义认识论还主张外部世界的客观存在和事实都独立于人的认知能力之外，并不依赖人的信念、知识、感知、理解等认知活动而存在。人类的知识由两部分构成，一是对外部世界事物的正确认识并对之概念化和范畴化，二是掌握外部世界事物之间及其范畴之间客观存在的联系。[①]

客观主义的形而上学论和认识论使之形成并且结合了实证主义的实证方法作为自身探索和认识外部世界的重要方法，在纯粹客观和实证原则的基础上展开对世界的认识和对认识结果的评判，在摈弃心灵思辨、个人主观和唯心成分等因素的情况下，固守与纯粹客观等价的普遍必然性和实证检验方法，形成了一套关于认识和知识的评价理论。这套理论标准所设定的界线尽管难以做到，但是通过这套标准评判过的认识与知识在很大程度上确实具有相当的可靠性和稳定性，因而受到尊崇和被普遍接受。当科学发展到一定程度之后，客观主义更加具有了理论支持和证据支援，它日渐成为人类认识和知识的最高追求。

于是，知识的客观性成为人们追求的一种目标和理想，绝大多数求知的人们往往认为对某种事物的认识一旦具有客观性或者发现某种规律的客观性就可以万事大吉、高枕无忧，就可以停止对它的探索或者把这种客观性作为放之四海而皆准的真理。其实这是一种教条主义的理想和方法，世间万物变动不居没

[①] 蓝纯著：《认知语言学与隐喻研究》，外语教学与研究出版社2005年版，第48—49页。

有可以停留的客观性。人的认识从头到尾都不一定保持完全的客观性，所以任何认识都不一定具有完全和纯粹的客观性。

回溯历史可知，自17世纪以来，逐渐形成了一种强调科学的"超然"品格，标举科学的"非个体性的"特征的客观主义科学观和知识观。客观主义以绝对的客观性作为知识的理想，强调人类认识、科学研究过程中所有个体性的成分都应当被视为有悖于客观主义知识理想的否定性因素，即使难以彻底根绝的话，也应该尽量克服和减少。几个世纪以来，由于启蒙运动和现代实证主义的推波助澜，人们对客观主义的知识理想已经视若当然，客观主义的科学观和知识观已经成为人们看待知识的主导性观点。

发端于19世纪的实证主义哲学思潮，对知识的客观性具有明确的规定。实证主义主张的客观性通常是指对知识的一种明确的哲学态度，它不关注知识的获得过程，不提供关于知识的心理学和历史学基础，而是提出一套关于认识活动或者鉴定知识的规则与标准。实证主义者都具有这样的共同信念，即认为任何以不可见的力量去解释世界的努力都是徒劳的，不能为用无法清楚表达的东西去解释自然过程而留下的痕迹。

实证主义对待知识的态度和评价标准使得客观性成为知识的首要特性，客观性成为检验一切认识是否合理的唯一标准。这种态度和方法一方面有力地反击了数千年来占据统治地位的形而上学，在哲学理想中树立了知识客观性的大旗，起到了推进和澄清知识发展的作用。但是，随着这种坚持逐渐精致和完善反而扼杀了知识来源的开放性，形成教条窒息了知识的发展。实证主义主张完全的客观和纯粹客观，实证主义这种对于知识客观性的态度和评价标准抑制了知识来源的广泛性，同时也拒绝了那些无法满足其客观性标准但具有内在合理性和普遍性的观念或者理论成为知识的可能，在这点上显示出它对知识的反动。

波兰尼反对实证主义主张的纯粹客观性和完全客观性，纯粹客观和完全客观实际上是对客观的抗拒和反动，纯粹客观和完全客观无法提供一个完整的认识图景和一幅完美的世界图景。客观性作为一种方式和理想是可能的，但是它又受到人本身的限制和认识手段的限制。在实证主义者看来，必然的知识并不告诉我们世界实际上是什么样子，不包括任何存在性的判断，也不涉及世界中所发生的一切现实的过程。而这一切在波兰尼看来却是需要知道的，而且是知识生成和知识具有客观性必不可少的东西。

客观主义的知识观明显存在理论上的封闭性和实践上的困难，它在理论主张和实践上都产生了消极的后果，事实与价值的二分、科学与人文的断裂等都与客观主义知识观有一定关系。波兰尼显然具有改变实证主义主张的纯粹客观性的强烈愿望和主张，他对此做了自己的理论陈述。波兰尼用他的个人知识理论来替代客观主义知识理想。他认为，在科学研究中科学家的个人性介入（personal participation）不仅不是一种缺陷，反而是科学知识不可或缺的、逻辑上必要的组成部分，个人性是走向客观性的必然途径。在他看来，客观性是每个人的一种能力，而不是一个固定半径的套环。波兰尼主张的知识客观性是从个人走向群体的客观性，是从主观走向客观的客观性，是放弃教条的客观性。他的知识客观性主张中突出了客观的个人性，尊重从主观到客观的整个过程，提出了鉴定知识更为合理的标准。他对于知识客观性的观念显示出人文性、过程性、个人性、开放性。可以这样说，波兰尼主张的知识客观性是开放的客观性、人文的客观性、注重整体过程的客观性。波兰尼对知识客观性的一系列主张，是对实证主义纯粹客观性和完全客观性的解构和对知识客观性主张的重新建构。客观性从何而来？自我在追求客观性的过程中处于何种地位？个人的认识优势与劣势如何？如何超越自我实现客观性的普遍延伸和检验？这些都是波兰尼在知识客观性中非常关注的问题。

数个世纪以来，客观主义科学观与知识观成为一种具有高度稳定的框架呈现在人们面前，所有科学活动和知识的鉴定的决定权都要在它的框架之内才被认为有效。客观主义的知识观被视为当然，它成为人们看待知识的最高标准。

然而，作为一个资深的科学家和善于思考的思想者波兰尼却有自己的看法。结合自己的科学发现经验和经历以及对科学知识生成过程的深刻了解，加上他对科学本质、科学前提和科学发现过程的考察得出，客观主义知识观存在着整个逻辑上的缺陷和为了保持所谓的客观并不客观的事实。于是，波兰尼大胆地对这种知识观提出了批判和解构。

波兰尼向客观主义知识观发起了挑战，他说："我要突破这一高度稳定的框架（客观主义科学观和知识观），并进入具有合法途径的、能通向客观主义禁止我们达到的现实的大道。"[①]

他以科学实例来解构客观主义科学观，尖锐地指出为了维持这种观念的高度稳定人们所做的有损客观性的事实。一些科学理论和科学实验常常把与之有

[①] Michael Polanyi, *Personal Knowledge: Towards a Post-Critical Philosophy*, University of Chicago Press, Chicago, 1958, p292.

矛盾的"异常"加以掩盖或者回避，其目的是维持在他主张的范围之内的客观性。这种为了维护其稳定性的做法"得到周转圆式储备的维持，并把种种可替代的观念扼杀在萌芽状态"[1]。这种为了维持所谓客观性的稳定状态而采用的扼杀与回避的手段和态度并不是真正意义上的客观主义态度，这并不利于客观性在科学知识中的传播和发扬光大，反而使得坚持客观性走向了死胡同，成为一个毫无生气的教条横亘在科学活动和知识的面前。波兰尼非常清楚地看到了这一点，然后开始了自己的大声疾呼："我正在寻求建立的另一条出路是重新恢复我们精心维持未经证明的信念的能力。"[2]实证主义加深了人们对于知识的纯粹客观性的观念和教条，波兰尼深感人们以此态度对待知识产生的后果，他下决心要改变人们对于知识的信念。他在自己的著作中不遗余力地展开了对实证主义知识观的批判。

实证主义认为客观性知识来源于客观性科学，实证主义的客观性科学观否认思辨与理性直觉，不承认超越经验检验的理论存在的事实。在《个人知识》一书中，波兰尼用爱因斯坦发现相对论的过程来批驳这种观念。波兰尼证明爱因斯坦相对论发现建立在思辨和理性直觉基础上，而不是建立在实验基础上，其动机是个人的求知满足感，以此例强调思辨、直觉和个人求知满足感是知识生成的方式与动因。同时，波兰尼还竭力澄清相对论在接受实证检验之前就获得人们认可和接受的事实，其目的是指出实证主义客观性的偏颇与僵化。

他用爱因斯坦发现相对论和相对论被人们接受的事实来批判实证主义主张的客观性。爱因斯坦的相对论最初并不是来自经验事实，发现之后也并没有立刻接受经验检验，这在实证主义来说是不能接受的，也是不成立的。爱因斯坦的思想在相当大程度上是被实证主义断然否定的，然而爱因斯坦的理论恰恰又是被实证主义者马赫所预言的，这是一个非常有意思的矛盾。实证主义者预言了一个理论，但这个理论却不是按照实证主义的方法和观念去生成的，它的发现方法与理念被实证主义纲领所否认，按照实证主义的纯粹客观性主张，要在相对论得到客观实证之后才予以承认，但是实证主义者之外的人们却提前相信了这个理论。然而后来的事实证明这个理论是一个非常优秀的理论。至此，

---

[1] Michael Polanyi, *Personal Knowledge: Towards a Post-Critical Philosophy*, University of Chicago Press, Chicago, 1958, p292.
[2] Michael Polanyi, *Personal Knowledge: Towards a Post-Critical Philosophy*, University of Chicago Press, Chicago, 1958, p268.

实证主义的纯粹客观性大厦轰然倒地。波兰尼认为，不管实证主义如何快速而且奇妙地把爱因斯坦相对论发现的原始意图改编得多么符合客观性，那也是无济于事。实证主义的"客观性"陷入了自己制造的悖论困境之中。波兰尼的高明之处在于不但澄清了相对论的发现过程，而且有效地反驳了实证主义的"宗教"——纯粹客观性。波兰尼并没有把视觉停止在此处，进一步指出，实证主义的掌门人马赫本人从来都没有自觉，在自己的骨子里就一直隐藏着犹如幽灵一般的"前兆"或者是对宇宙理性的直觉。他以实证主义的科学观反对牛顿的绝对时空观，并且预示了爱因斯坦的伟大理论幻想。波兰尼暗自嘲讽了马赫的"麻木"，一个在不知不觉中运用了自己理性直觉的实证主义科学家、哲学家。尤其吊诡的是，这个不自觉运用了自己理性直觉的马赫，却竭力祛除使自己发挥巨大科学想象力的源泉，竭力扼杀被自己有效利用了的人类共有的心灵能力——也就是个人的直觉、领悟、感官冲动等这些具有客观性却不被实证主义认可的东西。他说："科学也并不能被简化成一套精确的、可证实的表述，变成实证主义者的科学概念中所假设的样子；正好相反，与实证主义者的看法严重相左，科学拥有思索发现之能力。"[①] 在对马赫进行讽刺和幽默的同时，波兰尼进一步加固了他所主张的客观性的事实基础和理论基础。

1.1.1 开放的客观性

所谓开放是相对于客观主义的教条而言，波兰尼主张的客观性比客观主义主张的客观性具有更为开放的内容和形式，波兰尼主张的客观性显得比客观主义主张的客观性要更为重视整体和过程。用一个比方来做说明：知识好比一棵苗，波兰尼注重这棵苗从萌芽到长大的这个过程，还重视与这棵苗生长有密切关系的事物，他认为这些事物和苗本身都与这棵苗的成长有相当重要的关系，脱离了这些关系根本无法正确认识这棵苗。然而，客观主义却直接把成长起来的这棵苗拿过来放在案桌上指着其中一部分说，这才是符合我们需要的那棵苗。显然两者的态度有截然的差别，后者的态度导致的直接结果是人们无法获得对知识的整体认识，间接结果是让很多人失去了对知识的热情、好奇和动力。

培育一棵苗并且对它自始至终进行观察与研究而获得关于它的知识，显然比取一棵现成的苗仅从它的部分获得关于它的知识要深刻和全面得多。这两者

---

① [英]波兰尼著：《科学、信仰与社会》，王靖华译，南京大学出版社2004年版，第95页。

之间最大的差别就在于前者有研究者全程的个人参与，研究者和苗之间形成了一个带有心灵交通的整体。而后者研究者只是参与其中的部分，研究者与苗之间是一种认识与被认识、研究与被研究的关系。于是，个人参与成为知识生成和鉴定的重要组成部分。这就是波兰尼主张的客观性与客观主义主张的剔除个人性的纯粹客观的区别。

波兰尼作为一名优秀的、资深的自然科学专家，深知个人参与在科学知识生成中的重要作用。他指出科学研究中排斥个人的因素是不合理也是不可能的，如果向纯粹客观性要求的那样竭力排除科学中人的参与价值，不仅无法获得真正的客观性，也不利于科学的发展。他认为个人的介入普遍地存在于科学知识生成的各个环节，并强调"即使在最精密的科学运作过程中，也都有科学家个人必不可少的参与"。[①]

于是，与个人有关并且在科学知识生成过程中起着重要作用的一些因素出现在波兰尼主张的客观性之中，从而显示了其开放性。激情、幻想、寄托、领悟、信念等这些个人所具有的出现在整个科学研究过程中的非理性因素成为波兰尼主张的客观性之一部分，这不仅使得人们对于科学知识生成过程中人的地位和作用有了深入的认识，也使得人们对于客观性有了新的认识和观念。

把激情、幻想、寄托、领悟、信念等这些个人因素加入客观性之中，显然是对客观性的一种大胆构想，甚至对之前任何客观性观念都是一种颠覆。客观主义者为捍卫纯粹的客观性而肢解了整个客观性，波兰尼还原了客观性的全貌反映了真正的客观，尽管他所主张的激情、信念、幻想等个人因素在知识生成过程中不一定产生客观性认识，但是它们确实是知识生成过程中的客观存在，在这一点上波兰尼是全面的和客观的，也是危险的。

在《个人知识》一书中，波兰尼这样描述发现客观真理的科学过程，运用感观经验作为线索，又超越这一经验，通过对某种合理性的领悟，油然而生对这种合理性的敬意，从而引起我们的沉思和仰慕，并对我们感观得到的印象之外的现实进行幻想，从而引导我们不断做出对现实更深刻的理解。这是客观真理发现过程中的事实，但是客观主义给人的教育却不是这样，而且持有这种观念的人也会被嘲讽和指责。但是波兰尼却非常坚决，他说道："以上对科学过程所做的这番描述会普遍地被人不屑一顾，被认为是过时的柏拉图主义，是故弄

---

① [英]波兰尼著：《意义》，彭淮栋译，台湾：联经出版事业公司1981年版，第34页。

玄虚……然而，我要坚持的正是对客观性所做的这种构想。"[1] 这段话反映了波兰尼的客观性观念和对自己持有这种观念的坚决态度。

加入了客观主义拒斥的这些个人因素之后，科学知识和科学理论的客观性似乎很难把握和评判。波兰尼主张的这些个人因素虽然在科学知识的生成过程中是客观的，但是客观的东西不见得一定必然产生客观的认识和结果；相反，客观的东西可能产生负面的主观影响而损害客观性。带有主观倾向的客观因素如何追求客观？这些东西在何种程度上能够保证科学理论和科学知识的客观性？开放的客观性是不是毫无原则的客观性？这些都成为人们质疑波兰尼哲学思想的方方面面。

对此，波兰尼给予了这样的回答。首先，客观性是科学理论和科学知识的内在属性，它不会因为个人的这些因素而变化。那些参与很多个人性成分的东西，如神学、宗教、巫术、迷信等之所以不是科学，就是因为它们并不具有内在的客观性。其次，波兰尼给出了评价科学理论的客观性标准，不是客观主义的僵死教条而是个人的求知满足感。因为内在合理性和普遍有效性能够满足个人的求知热情，所以科学理论与科学知识才被人认为具有客观性。

波兰尼认为，科学理论的客观性不是在客观主义固定的框架范围内产生的，而是在个人与隐藏的现实之间建立起联系之时就随之而来的。个人发现隐藏的现实并且建立关于它的意义的理论，这就是在追求客观性。

波兰尼认为，"理论知识比直接经验更客观"。[2] 所以，发现隐藏现实的意义理论就是在追求客观性。他把哥白尼体系和托勒密体系做比较后认为，"在两种不同的知识形态中，较大程度上依赖理论而不是依赖更直接的感性经验的那种知识才是更客观的"。[3]

在《个人知识》一书中波兰尼从这三个方面给予了论证：第一，理论是独立于个人之外的包含各种规则的体系，越是完备的理论，越能全面地表达这些规则。因其独立于个人之外，即便是在运用中证明它是错误的，它也是客观知识。也就是说，客观知识是可错的。即使是错了，它仍然具有客观性。第二，

---

[1] Michael Polanyi, *Personal Knowledge: Towards a Post-Critical Philosophy*, University of Chicago Press, Chicago, 1958, p6.

[2] Michael Polanyi, *Personal Knowledge: Towards a Post-Critical Philosophy*, University of Chicago Press, Chicago, 1958, p4.

[3] Michael Polanyi, *Personal Knowledge: Towards a Post-Critical Philosophy*, University of Chicago Press, Chicago, 1958, p4.

理论具有严格的形式结构和稳定性，它不受个人主观心灵因素，如心情、欲望等影响。第三，对理论的肯定不受认可这一理论的人的状态影响，理论的构筑与个人接近经验的正常途径无关。

通过上述三个方面的论述，波兰尼展示了这样三层意思。第一，尽管个人与理论的发现与构筑有非常重要的关系，开放客观性所包含的那些因素，如激情、欲望、信念、领悟等可能产生非客观影响和错误，但是这样的理论仍然是客观知识。第二，接近经验的途径不是判别一个理论是否客观的标准，从被客观主义排斥的途径获得的理论，仍然可以是客观知识。第三，追求理论的严格形式和保持其稳定性是客观性行为，主观动机仍然是为客观性服务。

于是，波兰尼砸开了客观主义的大锁，向人们展示其主张的客观性：客观性是相对的，不是绝对的铁板一块。条条道路通客观，不是"自古华山一条道"。追求科学知识的主观目的和个人动机的最终目的是为了客观知识。

因此，根据波兰尼的客观性主张我们可以这样认为，客观性是科学理论和科学知识的内生属性，个人对科学理论和科学知识的种种意见不是要损害它的客观性，而是要增强客观性。

当然，我们可以理解并且支持客观性是科学理论和科学知识的内生属性这个观点。但是，对于个人的种种意见是否就是一定为增强客观性而不是在削弱或者损害客观性仍然心存疑虑。波兰尼给出了答案：个人求知满足感是评判客观性的标准。

波兰尼时刻没有放弃对客观主义的批判，他认为建立可证实、可否证、可验证的客观性标准是幻想，也是脱离人性的，建立这些标准是在推脱人的责任。[①] 这个观点或许表明了波兰尼对自己理论的狂热和痴迷，或许又说明波兰尼是一个具有大历史观和大视角的科学智者，他看到了更远处更为客观的等待。但是，他确确实实是希望所有的人都改变客观主义评判客观性的标准，相信个人的求知满足感是评判客观性的最优化标准。按照他的这个标准，客观性是不确定的，其评判标准也是流变的，个人的求知满足感是动态的，评判客观性的标准也是动态的。

波兰尼在鼓动人们抛弃客观主义桎梏般的评价标准之后，却把人们带入了一个相对性的泥潭，人们失去了可操作的评判标准。一个完全因人而异的求

---

① Michael Polanyi, *Personal Knowledge: Towards a Post-Critical Philosophy*, University of Chicago Press, Chicago, 1958, p64.

知满足感如何操作，如何剔除其主观性并通过个人性达到客观性，仍然是一个悬疑。

实际上，波兰尼以求知满足感作为评判标准有一个前设——求知者是理性的，他是在科学理论与科学言述的框架下追求科学知识，而不是在其他言述框架下，也不是追求与科学知识无关的其他知识。另外，充满主观性和个人性的满足感是在两种或者多种理论和知识的比较中获得的，而不是纯粹主观的感觉。同时，这种满足感是追求合理性与普遍有效性的产物，而不是追求生理欲望的产物。因而，求知满足感是追求理性的动因，又是追求理性的产物。这样，求知满足感的客观性悬疑得到消解，逐渐走向客观性。

但是，如何消解个人性对客观性的副作用，使个人求知满足感这个评判标准更为客观，仍然是波兰尼理论存在的一个问题。他给出了下面的回答。

波兰尼看到，人们拥有比客观主义知识观允许具有的广泛得多的认知能力。信念、知识、词语意义的个人性通过对事实进行逻辑推理就显示出来了。信念、知识、意会的个人性具有合理性和有效性，同时也具有真实性和客观性。去个人性的主张和行动都可能陷入教条主义之中。

如果没有对合理性和有效性的追求，知识的个人性和评判客观性的方法就会遭到这样的质疑："自娱自乐""自以为是""你尽管相信你认可的东西""自我标准的悖论"。波兰尼认为这些质疑具有一定的合理性，但是他坚决反对客观主义主张的评价方法。他认为，通过意会得到的某种信念和对该种信念合理性证实的方法只有"采纳信托方式的方法才是自相一致的"。按照客观主义者的标准排除其中的个人性根本不可能，也是发现与辩护不一致的表现。

波兰尼反对纯粹客观，认为那是不可实现的梦想，也是对个人性的禁锢。他竭力主张把人从客观主义中解放出来，鼓动人们拒绝客观主义和教条主义。他告诫人们，在脱离这些束缚又不存在一个固定的外部标准时要坚决依赖自我。在这种情况下，表现出来的个人判断是一种"自我依赖"。这个时候的求知活动是"在尽力令自己信服"[1]，而不是通过言述框架来求证。他始终坚持，"我们必须相信自己的判断，把自己的判断视为我们一切求知行为的最高仲裁

---

[1] Michael Polanyi, *Personal Knowledge: Towards a Post-Critical Philosophy*, University of Chicago Press, Chicago, 1958, p265.

者"①。

提出这个评判标准确实会遭受到来自方方面面的质疑，但波兰尼却鲜明地主张"求知满足感""自我依赖""尽力令自己信服"这些看似并不客观的标准和观点，其实他的这一主张是有一定道理的。从科学史上科学看理论的兴衰，从人类的有限认知能力和条件来看，从时间和空间的真实视角上客观地看待我们自己几乎是不可能的。正是因为时间和空间的限制，个人一生的精力和人类数代的精力都只是行进在寻找客观性的途中。"在同等注意力的意义上客观地对宇宙逐个考察……人们——包括科学家，是绝不会以这种方式看待宇宙的。无论人们对客观性作何口惠。"②因此，作为人，"我们不可避免地会从居于自我内部的中心看待宇宙，用人类的语言来谈论宇宙"。③

至此，波兰尼给足了"依赖自我"的所有理由。

1.1.2 人文的客观性

受到波兰尼的理论和其他相似理论的启发和影响，现在我们有理由和有信心相信客观主义主张的纯粹客观性是一个不可能实现的梦想和教条，它才是一个最值得客观主义自己去反对的形而上学主张。但是，我们仍然不可能放弃客观性，仍然会把客观性作为认识世界和评价知识的标准。然而，我们完全可能从纯粹和绝对的客观立场转向相对和比较客观的立场，这种转向依然是以消除主观性为要务的。即便是站在这个立场上，我们仍然不会把最可能产生主观性影响的因素作为客观性的考察依据。但是，波兰尼却这样做了，他实实在在地让人惊异。惊异之处在于，波兰尼主张的客观具有浓厚人文色彩。可以说，他主张的客观是人文性的客观。

英文"人文"一词源于拉丁语"Humanitas"，其核心思想是把人作为一切活动的出发点和归宿。《辞海》的解释为：语出《易·贲》，"文明以止，人文也。观乎天文，以察时变；观乎人文，以化成天下"。人文精神泛指对人类生存意义和价值的关怀，人文精神追求人生美好的境界、推崇感性和情感，着重

---

① Michael Polanyi, *Personal Knowledge: Towards a Post-Critical Philosophy*, University of Chicago Press, Chicago, 1958, p265.
② Michael Polanyi, *Personal Knowledge: Towards a Post-Critical Philosophy*, University of Chicago Press, Chicago, 1958, p1.
③ Michael Polanyi, *Personal Knowledge: Towards a Post-Critical Philosophy*, University of Chicago Press, Chicago, 1958, p1.

想象和多样化的生活，使一切追求和努力都归结为对人身的关怀。人文关怀的本质与人的尊严、价值、权利、心灵、理想、命运、精神、人格密切相关。[①]

自科学雄踞人类认识世界的舞台以来，人们就把科学等同于客观，把科学与人文视为两股平行的泉流。当科学与人文渐行渐远，两者之间的鸿沟越来越大的时候，人们也把客观与人文割裂开来。在绝大多数人眼中科学内部没有人文精神，只有科学精神；没有人文因素，只有科学成分。他们把科学与人文的鸿沟等同于客观与人文的鸿沟。

但是，波兰尼却持有与众不同的视角和观点。他看到了科学内含的人文因子，人文精神对科学活动和科学家的重要性，以及科学活动对"人文"的依赖。因而，他在力主客观性的科学活动中发掘出了深藏其中的人文性，在他的哲学思想中鲜明地体现出了科学的人性化特征，在他主张的客观性中体现出了丰富的人文色彩和人性因子。

在波兰尼的人文客观性思想中，体现出对人这个认知主体在追求客观性过程中不同层次的人性特征。对求知情感、信念、寄托的认同，对责任、良心与使命的要求，对独立思想与人格的尊重，对传统、权威的维护，对个人性的主张，对科学理论内在美的追求，这些都体现在他主张的客观里面，也显示出他所主张的客观具有浓厚的人文性。

在波兰尼主张的客观性里出现了两对看似矛盾又统一的主张，一是理性激情，二是个人性客观。这一主张显示了波兰尼所主张的客观观念具有柔性人文与刚性客观的对立统一特性。

理性与激情平常在我们的眼中是一对相互对立的情绪状态和反差巨大的认识方式，理性常常被视为客观的代名词，激情常常被当作主观的始作俑者。人们几乎很难想象这分居两极的认知状态能够合而为一，波兰尼把它们黏合在一起了。

在波兰尼那里，人是充满激情的动物。人的热情有性欲、食欲、爱情、友情、社交、消费等，理性激情与这些热情最大的区别在于理性激情是热爱真理的行为，理性激情是追求客观理论和客观知识的一种客观性感情。他认为尽管科学被视为建立在客观基础上，但是科学源于激情。激情赋予物体情感，使物体变得吸引人或者遭人厌恶。"理性激情绝不仅仅是心理上的副产品，它具有逻

[①] 刘大椿主编：《中国人民大学中国人文社会科学发展研究报告2006》，中国人民大学出版社2006年版，第31页。

辑功能，它给科学贡献了一个不可缺少的因素。它相对于科学命题中的一种基本性质，并可以相应地被认为是正确的或错误的。"[①]理性激情的逻辑功能和具有科学命题的基本性质使得它成为追求客观性不可缺少的成分。人文特征极强的激情与理性的结合既是客观存在又是追求客观的重要因素。

从其论著中可以看出，波兰尼主张理性激情是一种理性的情感冲动或者说是受到一定理性制约的激情。科学活动在绝大多数情况下是一种理性行为，但在某种程度上又可以说，科学理性是在这样一种非理性的情感驱动下向前延伸的。也可以这样认为，一个伟大或者平常的科学发现或者科学创造就是理性激情这种非理性情感和科学理性的完美结合。

理性激情是以追求客观性为目的的激情，是以理性作为后盾的一种情感方式。在常规情况下，"由于没有反对意见的阻碍，没有受到怀疑的干扰，这些激情处于休眠状态，但不是不存在。对事实所做的如何断言，本质上都有这些激情伴随"。[②]

波兰尼认为，理性激情在追求客观性的路上具有三种功能，它的动机和结果具有客观性，它表达的就是客观。这种理性在激情的推动之下实现三种功能从而达到其理性目的。第一，选择功能，即把科学事实与非科学事实进行区别，选择科学研究的方向。它能够肯定在种种不确定范围内关于未来发现的和谐事物的存在。第二，启发性功能，即能够唤起科学家针对某种具体发现前兆的功能，它引导科学家发挥个人不可言述的冲动和意会认知能力来跨越问题与解答之间的逻辑鸿沟，实现创造性发现。第三，说服性功能，即激励发现者相信自我，超越旧的理论范式，同时也激励发现者去说服科学共同体内部成员接受自己的发现和放弃原有的解释框架。

波兰尼以全面的眼光来看待理性激情，他认为理性激情可能对科学家进行的科学活动起着误导作用。在正确的猜测、错误的猜测和无效猜测面前，理性激情可能使科学家选择错误猜测和无效猜测而抛弃正确猜测而走入歧途。在理性激情驱动下的科学活动，其阶段性或者最终结果都要建立在科学事实基础之上，并且要接受科学检验。这种科学检验显然比理性激情滞后，这种客观存在

[①] Michael Polanyi, *Personal Knowledge: Towards a Post-Critical Philosophy*, University of Chicago Press, Chicago, 1958, p134.

[②] Michael Polanyi, *Personal Knowledge: Towards a Post-Critical Philosophy*, University of Chicago Press, Chicago, 1958, p27.

的滞后性使科学活动被理性激情误导成为事实。即使是没有被理性激情误导的科学活动，或者"甚至在最伟大的科学家们的理性激情中，也带有真实性的成分和谬误成分"①。科学家的科学研究就是不断剔除理性激情中的谬误成分而逐渐逼近其真实成分。

在波兰尼视角的基础上，笔者认为，理性激情又具有冒险性。科学活动是对未知事物和未知领域的探索。在某种意义上说，科学活动本身就是一种冒险。执着的理性激情是科学家对未知领域和自己研究生涯的双重赌注。哪怕是已经取得过伟大发现的科学家，也无法使自己在这种理性激情的引领下总是走在发现之途。在那些导致他发现相对论的思辨中，爱因斯坦凭借自己的理性激情首先把自己和人们从不合理的牛顿时空观中解放出来，并代之以更具美感的时空观。理性激情使他成为伟大的科学家，但是，恰好是理性激情又使爱因斯坦去追求"统一场"理论而与量子力学、量子场论、原子核物理学失之交臂，结果40年无所成就。②

然而，波兰尼对这种个人性情感表现出拥护和肯定。他认为自己承认那些科学家的正确工作，是因为受到与那些科学家类似的理性激情的引导。尽管这种热情可能错误，但它依然具有普遍有效性和强大的吸引力。在这里，我们看到波兰尼对理性激情的肯定。他说："在科学上这些热情肯定了科学的意义和某些事实的价值，与缺乏这样的意义和价值的其他领域形成对照。"③

同时，波兰尼又以客观动态的眼光来看待这种个人性情感。他认为，理性激情在追求客观性的过程中不是单一模式和凝固不变的。在不同情况下，这种热情一旦与其他成分结合在一起就会发挥不同的功能。这种热情与科学意义和价值相结合就具有了选择性功能，不再是中立或者仅仅是单纯的冲动。如果这种热情中被加入了意会成分，它就具有了启发性功能。具有启发性功能的激情成为原创性和科学研究的向导，成为一种动力推动着科学家。"这种力促使我们放弃一种公认的解释框架，使我们在跨越逻辑鸿沟的同时把我们自己寄托于并

---

① Michael Polanyi, *Personal Knowledge: Towards a Post-Critical Philosophy*, University of Chicago Press, Chicago, 1958, p144.
② 参见王玉仓著：《科学技术史》第2版，中国人民大学出版社2004年版，第333页。
③ Michael Polanyi, *Personal Knowledge: Towards a Post-Critical Philosophy*, University of Chicago Press, Chicago, 1958, p159.

运用一种新的解释框架。"① 当科学家在取得新的科学成就时，也就是这种激情与新的科学发现结合在一起时，这种激情开始转化为说服性热情，并且不得不变成说服性热情。它力图说服不在这个解释框架之内的其他人放弃自己原来的解释框架而相信新的解释框架。于是，这种热情也就成了"一切基本争端的主要动力"②。

按照我们已经接受的关于纯粹客观性的教育来看，个人与客观和理性与激情一样又是一对矛盾，一对不可能走向客观的组合；客观主义和实证主义常常把个人与主观结合起来，又给个人与客观划清界限；认为具有个人性的东西根本不可能客观，坚持个人性根本就是对客观性的破坏。

其实，事实并非如此。非个人性的不见得就是客观的，而个人性的东西往往具有一定的客观性和真理性。波兰尼主张的客观性就包含着这样的思想。

波兰尼认为，个人性是实现客观性的首要途径。他给出了在个人性的作用下从主观走向客观的合理化道路，在他主张的个人性里面包含着很多人文成分，就是通过这些个人性人文成分的参与才逐步达到客观目的和追求到了客观性。客观实际上是由众多个人性成分构筑起来的客观，而不是排斥个人性毫无人性的僵化客观。他主张在科学理论和科学知识生成过程中个人参与、个人情感、个人直觉与思辨、个人信念、个人性鉴定、个人责任和良心等具有人文特征的个人性成分，这些成分体现了客观的人文性和个人性。波兰尼打破了一个关于客观的教条，毁坏了一个僵硬的客观性面具，向人们展示了一个全面的客观和人文的客观。

坚持个人性实际上是坚持科学理论和科学知识生成的人性化和人文性。波兰尼所处的时代，正好是实证主义由盛转衰而逻辑经验主义崛起的时代。中世纪以来的实验方法促成了近代机械论世界观的形成，机械论世界观在现实生活中的成功反过来又为实验方法和客观主义提供了合法地位。客观主义把外部世界置于主客体二分的纯粹客观性之中，拒斥带有个人性的东西。

波兰尼反对把科学看作僵硬冰冷的一个言述框架，他主张科学活动具有感情色彩、科学具有个人性，反对纯粹的客观性和机械决定论。他认为，"试

---

① Michael Polanyi, *Personal Knowledge: Towards a Post-Critical Philosophy*, University of Chicago Press, Chicago, 1958, p159.
② Michael Polanyi, *Personal Knowledge: Towards a Post-Critical Philosophy*, University of Chicago Press, Chicago, 1958, p159.

图通过任何纯粹客观的形式程序来解释科学真理建立的科学方法论都注定要失败"[①]。"在传授其本身具有的杰出性时,科学所起到的作用与艺术、宗教、道德、法律和构成文化的其他成分所起的作用一样"[②]。笔者认为,科学与人类其他文化活动同样具有极强的人文性特征。一个科学理论就如同一件艺术品一样,既因其自身的美而引人注目又体现了经验事实。在人类的言述框架内,科学活动是一个复杂的情绪反应系统。我们并不需要证明科学活动具有感情色彩和人文特征,摒弃科学活动的人文特征并以此为依据来评价科学理论和科学知识的客观性是不合理的。这样做实质上就是连带否认人类其他文化活动中合理的感情色彩和人文成分的作用。

波兰尼在《个人知识》一书中开篇就讲客观性,其主要目的就是对纯粹客观性进行抨击和确立个人客观性的合理性,论述个人知识与客观性的紧密关系,以及个人知识在科学理论客观性中起到的作用。波兰尼主张的客观性并不否定个人性,反而鼓励与支持个人去发现这些客观性,个人在发现这些客观性的过程中,主要通过对科学客观真理的某种合理的领悟以及个人感观经验的作用而被发现。他认为个人与科学理论的客观性之间的关系,正如"皮革马利翁"与其所雕刻的少女之间的关系一样有着内在的联系,由此而立论科学理论的客观性离不开个人性的诸多属性。

1.1.3 注重知识生成过程的客观

客观主义和实证主义的共同缺点是无视科学理论和客观知识的产生过程,肢解了整个知识生成过程,只对最后的结果进行教条主义式的评价。在人类用教科书方式传授科学知识以来,其目的得到更加便利的实现。大众的头脑被充满客观主义和实证主义色彩的科学教育栽培出来,人们学习到的和看到的是教科书介绍的一系列完成之后的科学产品,而不是科学发现的全过程和科学知识生成的全过程。客观主义和实证主义不但割裂科学的历史,也无视科学发现和科学知识生成的人性化过程。通过这样的教科书教育出来的头脑无疑会产生对知识产生过程的偏见和一知半解。

---

① Michael Polanyi, *Personal Knowledge: Towards a Post-Critical Philosophy*, University of Chicago Press, Chicago, 1958, p135.
② Michael Polanyi, *Personal Knowledge: Towards a Post-Critical Philosophy*, University of Chicago Press, Chicago, 1958, p133.

英国科学哲学家玛丽·赫西（Mary Hesse）认为这种立场缺乏"历史的遐想——以思想时代的背景来了解历史"。科学历史学家罗伯特·魏斯特曼（Robert Westman）称这种粗糙的分割立场为"粗糙的胜利者"。库恩也指出这种立场不符合历史。①

波兰尼是比上述三者还要早注意到客观主义和实证主义这些重大缺陷的哲学家，他独立提出了追求科学理论和科学知识的人性化过程，注意到了个人性在追求客观性中的重要作用。他以真正客观的态度来论述从个人性到客观性的整个过程，没有回避个人性的可能后果，描述了个人在主观和客观之间的矛盾和转变，向人们展示了一个追求客观的合理过程和全景。分析其著作可知，波兰尼从个人性、个人性与主观性的关系、个人性对主观性的消解、从个人性走向普遍性、个人判断从主观到客观的连贯历程，这五个方面逐次递进地展示了知识生成这一客观的人性化过程。

在意会认知论的整个主张中，个人性是客观知识生成过程中最重要也是最关键的特性。它是知识生成从主观到客观的唯一桥梁。意会认知是极具个人性的认知方式，由意会生成的非言述知识是个人知识的绝大部分。在言述与非言述的一切知识生成过程中，个人性集主观性和客观性于一身。个人热情、个人信念、个人承诺、个人鉴定、个人责任等都是波兰尼认为在客观知识生成中的重要个人性因素。

为了强调个人性和为非言述知识赢得被认可的权利，波兰尼做了这样一个假设："如果在任何场合都是非言述的东西最有决定权的，即未说出的却是决定性的，那么，不可避免的结果是：已说出的真理本身的可靠性就被相应地否定了，超个人的真理的理想就不得不重新解释，以便考虑到宣布真理的行为里含有内在的个人性。"②波兰尼这个为了知识决定权的假设，就是必须承认任何真理都一定包含着对个人性的认可，也包含着对个人知识本领的鉴定，真理必须依赖个人性，不存在超个人的真理。

波兰尼的这个假设显得有些偏颇。非言述的东西不可能在任何场合都具有决定权，言述的东西也不是在任何场合都具有决定权。为了强调个人性，波兰尼作了一个偏激的假设。但是，这个假设确实起到了提醒作用——真理或者真

---

① ［美］兰西·佩尔斯等著：《科学的灵魂》，潘柏滔译，江西人民出版社 2006 年版，第 46 页。
② Michael Polanyi, *Personal Knowledge: Towards a Post-Critical Philosophy*, University of Chicago Press, Chicago, 1958, p71.

实里面一定包含着个人性。

人类因为欲望、恐惧、意志、情感、理性和需要而求知，人类的学习具有一贯性。人类的求知具有强大的目的性，这种目的性受到个人自我的内在驱动和自我满足的冲动，还有深度的个人参与。它在实现言述的过程中得到了满足和自我认可。

在人类所有的求知活动中，作为最原始的求知方式，感知和内驱力扮演着重要的角色。感知是人类获取外界信息的通道。感知具有这样的特性，感知的结果满足感知者自我的标准。显然感知具有较强的主观性。可以说，每一个感知者都是自己的裁判，而每一个感知者又都是自己的运动员。因而，个人与主观就有了难以割舍的天然关系。

内驱力和感知作为人类学习的原始层次，具有极强的个人性，我们的经验和知识来自它们，尽管人类对经验和一切知识都力图做出最客观的判断。但是，作为人类经验和知识的一个共同根源，是无法避开其中夹杂的主观性和个人性的。"我们按照自己的理性标准来理解自己的经验"[1]，因此，我们必须依赖个人性与主观性之间的意会成分，"它应当恰当地调节我们以真理的言述形式承认真理的方式"[2]。也就是说，在主观性与个人性难以给予清晰化的认识之初，意会是其中的纽带，自己的理性标准是二者的分界。

波兰尼认为，求知是在求得和谐，而不是像客观主义那样片面截取其中的片段。求知和谐能够"比任何感性经验更深刻更持久地揭示出客观真理的存在"[3]。在主观情感的驱使下，追求比任何感性经验更深刻更持久地揭示出客观真理是人类求知的普遍性意图。正是为了获得这个普遍性意图，个人才不断实现了对自身主观性的超越，个人性才有意识地不断消解主观性。波兰尼把追求普遍性真理的行为视为个人义务，他认为在所有求知的过程中，都包含着某种具有个人性的鉴定，这种个人鉴定类似于数学公式的系数紧紧地附着在每一个求知行为之中。"在进行个人鉴定的过程中弥合了主观性与客观性之间的裂缝，它意味着人类在热情地努力完成自己对种种普遍性标准承担的义务时是可以超

---

[1] Michael Polanyi, *Personal Knowledge: Towards a Post-Critical Philosophy*, University of Chicago Press, Chicago, 1958, p98.

[2] Michael Polanyi, *Personal Knowledge: Towards a Post-Critical Philosophy*, University of Chicago Press, Chicago, 1958, p98.

[3] Michael Polanyi, *Personal Knowledge: Towards a Post-Critical Philosophy*, University of Chicago Press, Chicago, 1958, p16.

越自己的主观性的。"[1]

当以普遍性标准作为义务时,个人性走上了消解主观性的历程。为了保证这个义务的正确执行和最终走向客观性,波兰尼给个人的求知历程赋予了价值标准。他认为真正的求知者内心具有一种求知责任感,他们是以自己的良心和承诺来求得知识的客观性的。同时,他把这种责任感、承诺和良心也作为追求知识客观性的一个价值标准和必要程序来运用。他说:"正是结构丰满的寄托行为把个人知识从单纯的主观性中拯救了出来。"[2]"它超越了主观与客观之间的裂缝。"[3]这样,个人性就和主观性逐渐划清了界限。

波兰尼说,个人在发现之初的感知判断和他在科学知识生成过程中的责任感之间具有完整的连续性。也就是说,具有个人性和主观性的个人感知判断是在为追求客观性服务,而不是一味凭着个人主观前进,越来越背离其所追求的普遍性意图。随着科学发现过程的深入,主观性在追求普遍性的责任感强制之下逐渐边缘化,个人性逐渐向普遍性过渡。

在意会认知论里从个人性走向普遍性的过程中,寄托起着非常重要的作用。波兰尼认为,寄托是一种个人信念,是一种个人性的求知热情。寄托的个人性既非主观又非客观。

波兰尼承认,坚持寄托存在和寄托具有合理性是自己的信念。承认寄托就可以名正言顺地承认个人性,"就避免了严格的与个人无关的虚假主张"[4]。

波兰尼认为癖性、妄想和精神错乱产生的感情与幻觉并不是寄托。界定一种个人信念或者一种个人行为是不是寄托,首先要看这种个人行为是不是具有原创力。其次,寄托最大的一个特点是:它是一种个人选择,但是这种个人选择最终寻求和接受的不是个人主观情感和主观臆断,而是"某种被认为与个人无关的被提出来的东西"[5]。其中的主观性只是寄托行为所有过程中的个人所属

---

[1] Michael Polanyi, *Personal Knowledge: Towards a Post-Critical Philosophy*, University of Chicago Press, Chicago, 1958, p16.

[2] Michael Polanyi, *Personal Knowledge: Towards a Post-Critical Philosophy*, University of Chicago Press, Chicago, 1958, p65.

[3] Michael Polanyi, *Personal Knowledge: Towards a Post-Critical Philosophy*, University of Chicago Press, Chicago, 1958, p300.

[4] Michael Polanyi, *Personal Knowledge: Towards a Post-Critical Philosophy*, University of Chicago Press, Chicago, 1958, p300.

[5] Michael Polanyi, *Personal Knowledge: Towards a Post-Critical Philosophy*, University of Chicago Press, Chicago, 1958, p302.

的状态。可见,波兰尼主张寄托是一种个人信念,是一种个人性的求知热情。寄托最终追求的是一种普遍有效性,它是负责任的行为。同时,寄托的个人性既非主观又非客观。

寄托成为从个人性走向普遍性的保证,使个人为追求科学知识的普遍性而被加以强制性责任心。这种责任心"使具有主观性的个人随意做出决定的自由被负责任的个人所必须做的自由否定了"[1]。在意会认知论的主张中,接受普遍性检验既是对个人知识的鉴定,也是对个人寄托行为的检验。

于是,寄托是求知者追求客观性的个人热情与行为,它成为沟通个人性与普遍性的桥梁。

波兰尼认为在求知过程中,个人要服从外在于自己的世界,求知是个人对主观世界之外的现实世界的认识活动。"就个人因素服从于它自己认为是独立于自己的要求而言,它不是主观的"[2]。但这种个人性也不是客观的,因为在求知过程中,它始终受到"个体的热情引导"[3],尤其是在求知新发现时期,对某种知识的发现方式、发现程序和断言完全依赖个人的信念、情感、心理、知识积累等个人因素,而不是像后期对于该种求知新发现进行辩护和判决那样遵循一套客观的程序和方法。在此,波兰尼道出了一个从主观走向客观的认识论过程,一个既包含唯心成分又包含唯物成分的认识论,一个看似矛盾却真实可信的认识论。它与人们以往常规的二元割裂认识论相区别,与纯粹主观或者纯粹客观的认识论相区别,形成了一套有机的认识论和充满人性的认识论。他的认识论架起了主观和客观之间相互交通的桥梁,他主张的个人性填补了主观与客观之间的逻辑鸿沟。

然而,在追求客观知识的过程中个人性判断并不必然带领发现者朝着客观性方向笔直地前进,而是可能把发现引入歧途,产生错误的判断。产生错误判断有两种可能,一是在时机条件不成熟的情况下轻率仓促下判断,二是当断不断失去时机。

波兰尼认为个人在对事物做出判断的时候,可能出现这四种情形:(1)客

---

[1] Michael Polanyi, *Personal Knowledge: Towards a Post-Critical Philosophy*, University of Chicago Press, Chicago, 1958, p310.

[2] Michael Polanyi, *Personal Knowledge: Towards a Post-Critical Philosophy*, University of Chicago Press, Chicago, 1958, p300.

[3] Michael Polanyi, *Personal Knowledge: Towards a Post-Critical Philosophy*, University of Chicago Press, Chicago, 1958, p300.

观上合理的正确判断,这些判断来自在真实的体系内取得的正确推理;(2)具有正常标准的错误判断,就是合理的错误,其原因是在真实的体系内产生了错误推理(比如一个能干的专家犯的一个错误);(3)主观的、虚幻的判断——主观上合理的错误判断,因其正确运用一个错误的体系而得出的结论,但其结果具有主观有效性;(4)精神错乱的思维中毫无意义的判断,特别是在精神分裂症中观察到的不连贯与迷乱。[①]

之所以会产生这些情形是因为求知者个人受到自身内驱力的驱使。波兰尼认为每个求知者个人都有一个"理性中心"[②],正确和错误的鉴定都归咎于这个理性中心。在内驱力的驱使下,求知者为了满足某种需求而使这个理性中心做出上述情形的判断。

之所以产生上述四种情形,这与个人的寄托框架有很大的关系。为了避免主观、虚幻和毫无意义的个人判断,必须选择寄托框架和正确运用寄托框架。笔者认为选择和正确运用寄托框架首先必须由当事人来做出并鉴定自己的行为,这种鉴定需要依赖当事人能否批判地判断个人主张的真实性,否则不可能生成客观正确的知识。其次需要当事人与其评论者之间的相互交流、提问、学习、批判、说服对方,通过这种途径来获得客观正确的知识,舍此别无他途。

为了使一个"理性中心"能够产生符合客观真实的判断,波兰尼用承诺、责任心和良心来约束这种非理性的内驱力。除此之外,笔者认为还需要强调具有客观性的检验标准和一定的经验和知识储备。对于这两个部分波兰尼并没有给予特别的强调,只有这些个人的和非个人约束合在一起才能够形成一个合理连贯的客观性判断。面对某一事实或者事物,个人依据自身的一定经验和知识储备,形成对这一事实或者事物的个人判断,然后在承诺和责任心的制约下反思并检验自己的判断是否合理(此时的合理还具有相当的主观性和个人性),当个人认为自己的判断具有普遍合理性之后公布自己的结果,之后再接受客观性检验。这样,个人判断就从上述的第(3)种情形反溯到第(1)种情形逐步消解了主观性和个人性,完成了从主观到客观的历程,最终形成了具有客观性和普遍性的知识。

---

① Michael Polanyi, *Personal Knowledge: Towards a Post-Critical Philosophy*, University of Chicago Press, Chicago, 1958, p363.
② Michael Polanyi, *Personal Knowledge: Towards a Post-Critical Philosophy*, University of Chicago Press, Chicago, 1958, p362.

波兰尼反对客观主义和实证主义主张的纯粹客观,他主张的客观具有开放性、人文性和过程性。尽管是反对纯粹客观,但是波兰尼并没有否定自己对客观的主张,并不是主张用主观来代替客观。他突出了个人性在追求客观性过程中的重要作用,把个人性作为连接主观性和客观性的桥梁,以个人性来消解主观性从而走向客观性。在意会认知论中,凸现出他本人对客观的独特观念。他并没有把客观和客观性绝对化,研究他的思想可以发现,他给予客观和客观性的意见包括:(1)普遍性意图;(2)普遍性检验;(3)普遍有效性。实际上,波兰尼主张的是一种相对的非强制性的客观观。普遍有效性就是客观性,某一科学理论、观念、规律是否具有客观性要看它是否被普遍接受认可,在实际运用中是否普遍有效。检验某种科学理论、知识、规律是否客观的手段是普遍性检验,而不是判决性检验和绝对权威的观点,这种普遍性检验把对客观性的认可放在一个相对长的时期内,而不是绝对判定。它既带有证实的方法,也带有证伪的方法,同时也把检验的手段不仅仅限制在逻辑之内,这些显示出这种检验的合人性。普遍性意图是追求客观性的一种个人主观情感,它虽然具有一定的主观性,但是它的目的和方向是追求客观性,而不是其他。普遍性意图促使主观个人建立起一个形而上的反思标准,而不是迷信,保证了目标和方向的正确。由此可以说,波兰尼提出了一个新的客观观,他主张的认识论因而具有革命性。

1.2 对怀疑论的批判

哲学家张东荪有一首关于怀疑论的诗,这首诗表达了他对怀疑论的批判。诗是这样写的:"悬而不断却非慵,万有存疑不启蒙,非数非名非各派,可怜从此起颓风。"[①] 张东荪对怀疑论的消极作用有非常清楚的认识,他认为,怀疑论的逻辑结果是虚无主义,它使得知识和道德变得不可能,剩下的只有信口雌黄和巧言令色。同样,波兰尼也发起了对怀疑论的批判与解构之旅。

1.2.1 哲学史上重要的怀疑论思想

哲学史上的怀疑论从古代经中世纪、文艺复兴时期到近现代虽然发生了很

---

① 张汝伦编著:《诗的哲学史——张东荪咏西哲诗本事注》,广西师范大学出版社2002年版,第64页。

大的变化，各种怀疑论流派纷呈。但是其核心思想仍然没有放弃否定确定性、反对信念，持怀疑论者仍然以怀疑作为武器来捍卫其虚无理想，以怀疑来作为自己的认知理据而否定正确，以怀疑为工具来苛求绝对客观。

张汝伦把古代怀疑论重要代表人物皮浪的思想概括为：(1) 确定性不可能；(2) 智者不作判断，不求真理，只求内心的宁静；(3) 既然一切理论都可能是假的，最好接受当时当地的神话和习俗。皮浪认为，感性直觉因人而异，表象对不同的人不一样，所以无法确定任何东西。

古代怀疑论的另一系统——柏拉图学园派代表人物阿凯西劳斯认为：(1)"因为感觉和理性都不能发现真理，因此聪明的人应少下断言，多加怀疑"[①]；(2)"感觉往往欺骗人们，理想的态度应对形而上学问题不作判断。"[②]

古代的怀疑论思想一方面反映出人们在认识中存在的矛盾，它对于批判独断论有一定的积极意义。但在另一方面它却蔓延了虚无主义，尤其是否定感知与理性的主张，为宗教和神秘主义的传播提供了便利的思想。

漫长的中世纪使宗教和以宗教为依托的经院哲学的教条占据了哲学的主流，文艺复兴时期的怀疑论主要是对教会和经院哲学所宣扬的各种教条采取怀疑论态度，他们怀疑的主要对象为宗教信仰而不是理性。其主要目的是把理性与信仰分开，使理性成为认识和研究现实的主要手段。这一时期的怀疑论对科学理性的催生具有极为重要的意义。

近现代怀疑论思想的主要代表人物是笛卡尔、休谟、康德，他们的怀疑论思想在认识论历史上具有重要的影响。

"我思故我在"，我怀疑故我在。笛卡尔的怀疑论是一种普遍的怀疑论，一种理性主义的主观理想，一种产生虚假怀疑的思想根源。他的怀疑论受到后来哲学家的严厉批判，但是作为近代理性主义怀疑论的代表，其目的是为通过怀疑建立确定无疑的知识。从这一点来说，他超越了古代为怀疑而怀疑的怀疑论。

近代怀疑论在英国哲学家休谟那里变得温和而非彻底，"作为经验论者的休谟并不是一个彻底的怀疑论者，他称自己的怀疑论为温和怀疑论"[③]。他对知觉的来源持存疑态度，认为绝不可以超越经验，一旦超越经验就没有任何可以判定为正确的知识。同时，他还认为建立在因果关系上的关于事实的知识没有确

---

① [法] 让·布兰著：《柏拉图及其学园》，商务印书馆1999年版，第13页。
② 袁义江、谭鑫田撰，中国大百科全书哲学卷网络版，中国人民大学图书馆，"怀疑论"词条。
③ 张志伟主编：《西方哲学史》，中国人民大学出版社2002年版，第459页。

定性。休谟的温和怀疑论较之于彻底怀疑论少了很多危害，反而多了益处。

现代学者把休谟的怀疑论和康德的怀疑论统称为不可知论。康德给人的认识能力划分了界限，否定人能够认识物自体，因而其怀疑论是不可知论。他主张调和经验论和唯理论，既同意一切知识来源于经验的经验论原则，又同意唯理论对经验论的评判——对科学知识来说仅有经验是不够的，它的普遍必然性只能是先天的。他的怀疑论具有摇摆在唯物主义和唯心主义之间或者调和唯物主义和唯心主义的特点。

近现代科学的飞速发展提供了丰富的哲学思想资源，这个阶段的很多哲学家对怀疑论颇有微词，多持否定态度。著名哲学家罗素是其中的一个代表人物，他鲜明地表达了自己对怀疑论的反感。他认为，"怀疑主义自然地会打动许多不很哲学的头脑。……怀疑主义是懒人的一种安慰，因为它证明了愚昧无知的人和有名的学者是一样的有智慧"。[①]

哲学家皮尔士认为怀疑是一种心神不安、令人不满的状态。他反对普遍怀疑原则，认为人们不可能怀疑所有东西。相反为了获得真正的知识，人们首先必须具有某种信念，只有在经验与信念发生冲突时，真正的怀疑才会产生，任何将普遍怀疑方法简单运用都会产生虚假怀疑。

1.2.2 对怀疑论的批判

波兰尼反对怀疑论，从笛卡尔、休谟、康德到穆勒这些人的怀疑论思想都是波兰尼批判和解构的对象，他与怀疑论争论的焦点在于对信念的观念。波兰尼批判和努力解构怀疑论的原因在于：其一，怀疑论否定信念；其二，怀疑论最终会导致虚无和不可知论。鉴于这两点波兰尼才竭力反对怀疑论。波兰尼虽然反对怀疑论但是并不主张消灭怀疑，他说："信托哲学并不消灭怀疑，而是（像基督教一样）说我们应该坚持我们真正相信的东西。即使……意识到这一事业的可能性是超乎想象的遥远。"[②] 在怀疑与随意对待自己的信念之间，波兰尼主张选择怀疑而不是随意对待信念。他说，"虽然怀疑可以变成虚无主义，并因此而使一切思维自由陷入险境，但是……抑制自己的信念总是一种求知探索的

---

① [英]罗素著：《西方哲学史》上卷，商务印书馆 2003 年版，第 297 页。
② Michael Polanyi, *Personal Knowledge: Towards a Post-Critical Philosophy*, University of Chicago Press, Chicago, 1958, p318.

行为"①。可见，波兰尼对怀疑论的批判是理性的，对信托哲学的执着也是真诚的。波兰尼批判和解构怀疑论主要从下面这三个方面入手。

第一，普遍怀疑没有意义。普遍怀疑方法和原则经笛卡尔而确立。随着时代的推移和人们对世界认识的加深和扩展，普遍怀疑原则在笛卡尔之后多遭诟病。就其建立之初以怀疑为武器对漏洞百出的经院哲学的毁灭性打击来说，这一原则是极具勇气和富有创新精神的。它奠定了主体性原则和理性主义根基，在当时促进了人们认识的发展，就是在现在仍然具有一定的认识论与方法论意义。但是，企图通过普遍怀疑来建立无可置疑的依据，却导致了虚无主义和不可知论，直接阻碍了人们对于知识的自由寻求和反对了人类的自然信念，并不符合人类认知的实际，因而被批判和反对。

第二，普遍怀疑不具有可操作性。普遍怀疑原则要求对任何单一信念的每一个元素都要无异议是不可想象的，也是不具有可操作性的。波兰尼承认，对一个信念体系从整体上进行怀疑是可行的，非欧几何的建立就是人们从整体上怀疑欧氏几何的成功。但是，对每一个信念体系的所有元素进行怀疑，"所有的信念都应当同时受到这样的操作，这种观点则是不可想象的"②。

同时，因操作难度而拒绝并且抛弃有矛盾词语和抛弃隐含在有矛盾词语中的有价值理论同样是不可行的。这种无补偿的抛弃，会导致人类信念体系和言述手段的减少。"这种类型的怀疑可能最终会导致放弃一切现存的言述手段。它会使我们忘记所有的迄今惯用的群体语言并使这些群体语言传达的所有概念消失。"③

再者，按照普遍怀疑原则，怀疑行为本身也值得怀疑。如此一来，普遍怀疑最终把怀疑带进了一个无限循环的怪圈，而不知何物应当确立。以眼睛对事物的感知为例，波兰尼说，"我们对事物的每一次感知，特别是我们的眼睛的感知，都包含着关于事物本质的可能是虚假的隐含意义。"④

---

① Michael Polanyi, *Personal Knowledge: Towards a Post-Critical Philosophy*, University of Chicago Press, Chicago, 1958, p271.
② Michael Polanyi, *Personal Knowledge: Towards a Post-Critical Philosophy*, University of Chicago Press, Chicago, 1958, p294.
③ Michael Polanyi, *Personal Knowledge: Towards a Post-Critical Philosophy*, University of Chicago Press, Chicago, 1958, p295.
④ Michael Polanyi, *Personal Knowledge: Towards a Post-Critical Philosophy*, University of Chicago Press, Chicago, 1958, p296.

最终，普遍怀疑会导致虚无主义和盲信。虚无和盲信并不是获得客观真理的方法和获得知识的理性途径。波兰尼认为"现代盲信根植于极端的怀疑论之中。如果增加普遍怀疑的分量，这种怀疑论只会被加强，而不会被动摇"。[①]

第三，怀疑本身就是持有信念。怀疑论者为了避免虚无主义的指责，把自己的怀疑说成是合理怀疑，给普遍怀疑披上了合理性的外衣。波兰尼并不否认合理的怀疑对于发现客观真理的作用，但是，把普遍怀疑粉饰为合理怀疑却是一种"阴谋"，是一种主张自己信念的行为。

波兰尼分析 1922 年罗素在康威演讲中以哲学怀疑痛击俄国社会民主工党和教权主义两种教条时讲的那句话："合理怀疑若能发生，单凭它就能引进至福一千年。"在波兰尼看来，合理怀疑根本没有合理可言。罗素所谓的合理怀疑实际上就是传播他自己的信念——讨厌并否定天主教教义，抵制暴力革命的教导。其他主张合理怀疑的论调都与此类似。

波兰尼否定了普遍怀疑的合理性，同时也认为不存在怀疑论者声称的"合理怀疑"。他认为合理怀疑是怀疑论者主张自己信念的"阴谋"手段，"由于怀疑论者并不认为自己相信的东西被怀疑是合理的，所以鼓吹'合理怀疑'只不过是怀疑论者鼓吹自己信念的方法罢了"[②]。之所以说是一种"阴谋"手段，主要在于怀疑论者"他们实际上要求的东西不是被他们宣布的原则表达出来，而是被隐藏在这些原则之中"[③]。

既然合理怀疑并不存在，为何还有信念的改变？对于这个问题波兰尼认为，信念的改变是正常的和经常发生的。信念之所以发生改变，是信念持有者选择的结果，而不是普遍怀疑的成功。怀疑是在强化自己的信念，而不是提供正确的信念，因为"没有什么怀疑原则会为我们发现两种内隐信念中的哪一种是正确的"。[④]

怀疑论排斥和否定信念，但波兰尼却这样说："接受怀疑与不接受怀疑一

[①] Michael Polanyi, *Personal Knowledge: Towards a Post-Critical Philosophy*, University of Chicago Press, Chicago, 1958，p298.
[②] Michael Polanyi, *Personal Knowledge: Towards a Post-Critical Philosophy*, University of Chicago Press, Chicago, 1958，p297.
[③] Michael Polanyi, *Personal Knowledge: Towards a Post-Critical Philosophy*, University of Chicago Press, Chicago, 1958，p297.
[④] Michael Polanyi, *Personal Knowledge: Towards a Post-Critical Philosophy*, University of Chicago Press, Chicago, 1958，p294.

样，都是持有信念的行为。"①休谟、康德、穆勒等人坚持的怀疑原则实际上都是在表达和坚持个人信念。

波兰尼认为，当客观主义者坚持对任何言述知识进行怀疑的时候，也就是"怀疑"成为客观主义者信念的时候。他们坚持怀疑，也就是在坚持自己内心承认的"怀疑"信念。这恰好落入了波兰尼对"信念"的主张，被波兰尼编织的"信念"之网打捞进去了。被打捞进波兰尼信念之网的只是客观主义者的一个"宏"信念，对于每一个具体外显陈述的怀疑，客观主义者内心之中是否还有一个"微"信念呢？波兰尼没有对此做出论述。

坚持怀疑就是持有信念。因此，"怀疑"与"信念"具有同等意义。他说，"对任何外显陈述的怀疑，只不过是暗示要否定这一陈述所表达的信念，而尝试着去赞成别的目前不被怀疑的信念而已"。②在此我们可以做一个假设：如果说一切知识都来自怀疑，知识随着怀疑而产生、稳定、消亡的话。那么，信念也会与怀疑共舞、同起伏共进退，怀疑与信念正如逐次逼近坐标轴的双曲线的两支。但实际上并非如此，一切知识并非来自怀疑，所以怀疑并不能决定信念，信念也不会因为怀疑而消失。

人之所以产生怀疑，主要是因为他所见所闻的事物与他的经验或者信念相冲突。任何怀疑的依据都是自己的信念。比如说，冷战时期共产主义国家会怀疑资本主义国家的一些做法，怀疑他们这些做法的意图所在，认为他们的某些行动是在腐蚀或者演变共产主义；反之，资本主义者也是以同样的眼光来看待社会主义者，认为他们的举动是要颠覆资本主义。科学家怀疑占星术、催眠术等，认为他们并不符合科学真实，认为它们取得的成功是偶然和无效的，这是科学家在坚持他们认为科学的信念。如果怀疑不是在坚持自己的信念，那么他就会毫无保留地接受任何新事物或者否定一切新事物。怀疑在绝大多数情况下是在把自己的信念和另外一种信念作比较，其结果可能是更加坚定自己的信念，或者是修改自己的信念，或者是抛弃自己的信念。因此，波兰尼认为持有信念和怀疑具有同等意义。

---

① Michael Polanyi, *Personal Knowledge: Towards a Post-Critical Philosophy*, University of Chicago Press, Chicago, 1958, p294.
② Michael Polanyi, *Personal Knowledge: Towards a Post-Critical Philosophy*, University of Chicago Press, Chicago, 1958, p272.

1.2.3 信托哲学的怀疑观

在《个人知识》一书中波兰尼构建了自己的信托哲学框架，并在信托哲学框架内批判和解构了怀疑论。尽管如此，但他并不否定科学活动中应该存在怀疑。他在信托哲学里提出了自己的怀疑观，并根据言述和意会两种认知方式把怀疑分为显性怀疑和隐性怀疑。为了与导致虚无的怀疑论相区别，波兰尼把显性怀疑分为矛盾怀疑和不可知怀疑（包含暂时不可知和绝对不可知），把虚无主义和不可知论剔除出了科学怀疑的范围。鉴于科学与宗教的模糊关系以及科学与宗教都具有信念和意会等内隐心灵特征，波兰尼对两种怀疑进行了剖析以显示二者的区别，从而树立起一个清晰可见、明白可信的科学怀疑框架和信托哲学的怀疑观。信托哲学从以下四个方面展开其怀疑观和对怀疑论的批判。

第一，怀疑具有隐性与显性两种普遍形式。波兰尼认为，可以在科学、司法、宗教等多个领域内相当广泛的意义上讨论怀疑，但是在怀疑与"断言行为中，智力的言述形式尽管多种多样，但所有这些形式中都存在一定分量的隐性怀疑（tacit doubt）"。[1] 就是说，他把怀疑分成言述与非言述两种形式，以言述形式表达的怀疑为显性怀疑，具有外显性；以非言述形式表达的怀疑为隐性怀疑，具有内隐性。其中，隐性怀疑是所有显性怀疑的共同成分和基本成分。波兰尼给怀疑分类的依据是自己的意会认知论所主张的言述与非言述，即言述与意会的划分。

他进一步认为，隐性怀疑适用于所有以语言作为框架的言述行为。也就是说，隐性怀疑在所有的言述框架中都合理和适用，"它在言述的发源地就存在并控制着我们心灵存在的范围和方式"。[2] 按照波兰尼的意思，这种隐性怀疑是与人的信念一起土生土长的一对双胞胎。隐性怀疑与信念一样，受到人的生存环境、文化环境、语言、生活环境、制度等因素影响，和信念的产生一样自然，一样不可批判。隐性怀疑才真正是一种具有普遍性的非言述怀疑。

隐性怀疑不具有外显的可批判性和外在的普遍有效性，只有当怀疑外显，并且质疑与被质疑之后，才会使问题得到澄清。波兰尼认为外显怀疑（explicit forms of doubt）是，"我们对别人或者我们自己所断言的关于事实的外显陈述的

---

[1] Michael Polanyi, *Personal Knowledge: Towards a Post-Critical Philosophy*, University of Chicago Press, Chicago, 1958, p272.

[2] Michael Polanyi, *Personal Knowledge: Towards a Post-Critical Philosophy*, University of Chicago Press, Chicago, 1958, p272.

质疑"[1]。在波兰尼看来，外显怀疑与信念仍然具有无法割舍的联系。他说，"对任何外显陈述的怀疑只不过是暗示着要否定这一陈述所表达的信念而尝试着去赞成别的目前不被怀疑的信念罢了"[2]。波兰尼把外显怀疑分为矛盾怀疑和不可知怀疑。他通过对内隐怀疑与外显怀疑的分析完成了对怀疑论的批判和解构，构建了意会认知论的怀疑观。

第二，隐性怀疑具有个人性与内隐性。从波兰尼对隐性怀疑的定义可知，隐性怀疑具有两个最基本的特点，一是个人性，二是内隐性。隐性怀疑首先起于个人，以个人信念、经验、知识等为评判准则，具有极强的心理特征，以个人的心理活动为主。它可能是对别人陈述的怀疑，也可能是对自我信念、经验、知识等的怀疑。这种以个人为中心的怀疑活动可能极其短暂，也可能相当长久，但一般不会以言述的方式呈现出来，而是始终保持内在的非言述活动形式，表现出内隐性。只有当它以言述的方式表现出来时才成为外显怀疑，具有外显性。也就是说，它是个人对别人或者自我的信念、陈述、断言、行为进行怀疑的内在心理活动，怀疑者通过内在的批判来肯定或者否定被怀疑对象。

与怀疑论相区别的是，怀疑论的普遍怀疑原则是一个可能走向虚无和盲信的怀疑原则，它可以针对一个大的系统，也可能针对一个细枝末节。怀疑论怀疑的是外显的言述知识和陈述等东西，并没有看到怀疑的个人性与内隐性。而波兰尼却在科学之外的任何领域谈论怀疑的个人性与内隐性。

波兰尼把对客观主义和怀疑论的批判推向更为广阔的领域，在科学之外相当广泛的意义上谈论怀疑。最为重要的是，他利用怀疑的个人性和内隐性把客观主义需要更多时间、更多人力、更多辩护的怀疑引向了一个"瞬间"。他认为，"瞬间的犹豫都可以被描述为怀疑"[3]。和怀疑论思想相比，波兰尼更加细微、更加精致深入，他看到了怀疑的个人性和内隐性。客观主义和怀疑论坚持怀疑是为了追求外显知识（言述知识）的普遍必然性，因而需要在共同体中强调怀疑，展开怀疑，对言述知识进行辩难，过滤其个人性而谋求公众认可的普遍必然性。然而，波兰尼把"瞬间犹豫"认定为怀疑，其目的仍然是强调知

---

[1] Michael Polanyi, *Personal Knowledge: Towards a Post-Critical Philosophy*, University of Chicago Press, Chicago, 1958, p272.
[2] Michael Polanyi, *Personal Knowledge: Towards a Post-Critical Philosophy*, University of Chicago Press, Chicago, 1958, p272.
[3] Michael Polanyi, *Personal Knowledge: Towards a Post-Critical Philosophy*, University of Chicago Press, Chicago, 1958, p272.

识的个人性和内隐性。现实生活中的确存在无法或者不需要追求外显怀疑的事例,比如雕刻家每一次下刀之前的停顿,射手从瞄准到扣扳机之前的犹豫,诗人对字句的修改,画家对于造型、颜色、线条的补充修改等。这些瞬间性怀疑都是个人的、内隐的,也是客观主义和怀疑论思想忽视掉的。这恰恰显示出了波兰尼视角的独特性,他看到了另外一种具有普遍性的怀疑,即一种普遍存在于个人的、内隐的,很难甚至无法给予检验和难以设定外显标准的瞬间性怀疑。在这一点上波兰尼比客观主义和怀疑论要细微、要特别,更深入。在对普遍性的追求上,波兰尼又和客观主义、怀疑论有一致的地方,但是路径不同认识不同,对普遍性的要求也不一样。客观主义和怀疑论追求外显知识的普遍必然性,力图把这种普遍性作为某种标准固定下来,成为人们行为的准则。而波兰尼追求的却是揭示内隐知识(个人知识)的普遍有效性,力图让公众看到它、认识它、尊重它。站在各自的角度来看,都是在向对方挑战和发难,甚至排斥对方,似乎有水火不容之势。但站在人类知识总的角度看,又不是如此。恰如一枚钱币的两面,都不可或缺,也可以并行不悖。若论这两种普遍性怀疑的先后,显然波兰尼主张的个人内隐怀疑应当在前(它在言述的发源地就控制着我们心灵存在的范围与方式),个人和共同体的外显怀疑在后。并且在种种言述形式中,都存在基本的隐性(内隐)怀疑,真正的求知怀疑是从个人到共同体、从内隐到外显、从特殊到一般的连续过程。

第三,显性怀疑具有两种形式。与怀疑论哲学思想不同的是,意会认知论的怀疑观按照言述与非言述方式把怀疑分为显性怀疑和隐性怀疑。在此基础上波兰尼按照能否最终肯定,又把显性怀疑分为两种形式。波兰尼认为,显性怀疑具有矛盾怀疑和不可知怀疑两种形式。[1]

对于命题或者事实陈述P——人总是要死的,有甲说"我相信P",有乙则回答"我怀疑P"或者"我相信非P"。在这种情况下,乙的断言与甲的断言形成矛盾,但是,在甲和乙之间又存在足够的根据让他们做出选择,以给予P较为确定性的判断。也就是,在矛盾中间断言者能够找到足够的根据为自己的断言负责。这种情形下,"我相信非P"的怀疑就是矛盾怀疑。

在矛盾怀疑中总存在一个可能肯定的选择或者答案,因此波兰尼认为矛盾怀疑中的"肯定与矛盾具有同样的特性和同等的逻辑意义,对这两种形式的断

---

[1] Michael Polanyi, *Personal Knowledge: Towards a Post-Critical Philosophy*, University of Chicago Press, Chicago, 1958, p272.

言接受还是拒绝都是通过相似的测试来决定"。① 这两种情形在科学活动中有相当广泛的存在。对于一个科学问题，既可能从其正面寻求解答，又可能从其反面寻求解答。当肯定的方式难以得到陈述，否定的方式则可能是最佳选择。既可能以可能性为设想的基础，也可能以不可能性为设想的基础。在一正一反之间通过相似（或者对等）的测试求得对科学问题的肯定或者否定阐述。因而，矛盾怀疑是可知怀疑。

对于命题或者事实陈述 P——人总是要死的，有甲说"我相信 P"，有乙则回答"我相信 P 是未经证实的"。在这种情形下，乙反对把 P 断言为真实的，并且否定在 P 与非 P 之间存在足够的根据让人做出选择。也就是说，乙不相信有足够的证据来使断言者为自己的断言负责。这种怀疑被波兰尼称为不可知怀疑。

波兰尼认为，不可知怀疑由两部分组成。第一部分为矛盾怀疑，第二部分则显得隐晦甚至不会给人以清晰的暗示。因此，他说："不可知怀疑则较为复杂。"②

波兰尼把不可知怀疑分为暂时不可知怀疑和最终不可知怀疑。在第一部分矛盾怀疑的基础上断言"我相信 P 是未经证实的"，留下了 P 还可能在将来得到证实的可能；而在"我相信 P 是不可能被证实的"这个断言中，则否定了 P 是能够证实的，也就是说 P 不可知。这就正如康德在他的哲学体系中设立了"物自体"，又明确否认人们可以认识"物自体"一样。

波兰尼认为，暂时不可知怀疑和最终不可知怀疑都没有说出任何与 P 的可信性有关的东西，它们只能代表对 P 的非结论部分，而不代表对 P 有关的任何可信性结论。从此波兰尼实现了他对怀疑论和虚无主义的批判。尽管看到不可知怀疑的虚无，但是，波兰尼仍然认为坚持不可知怀疑是一种持有信念的行为，不可知怀疑也具有信托性。他说，"在对某一特定陈述的不可知怀疑并没有对其可信性说出什么东西的时候，它也仍然具有信托性内容。它暗示着对证据可能性的某些信念的接受"。③ 这说明不可知怀疑本身就是一种信念，再次证

---

① Michael Polanyi, *Personal Knowledge*: *Towards a Post-Critical Philosophy*, University of Chicago Press, Chicago, 1958, p273.
② Michael Polanyi, *Personal Knowledge*: *Towards a Post-Critical Philosophy*, University of Chicago Press, Chicago, 1958, p273.
③ Michael Polanyi, *Personal Knowledge*: *Towards a Post-Critical Philosophy*, University of Chicago Press, Chicago, 1958, p273.

明了波兰尼的所谓的信托哲学无处不在、无孔不入、无法避免,任何试图对信念进行排斥和否定的思想理论都只能是理想或者妄想。怀疑就是以不相信为信念,因此怀疑论被信托哲学打败了。

第四,自然科学中有偏见的怀疑是客观存在的,怀疑没有启发性和优劣性之分,而科学怀疑与宗教怀疑却有极大差别。波兰尼发现在自然科学领域内经常存在这样的状况:无法解释的现象常常发生,但是很多科学家对此视而不见或者不屑一顾。相反的事情也时有发生,一些科学家留意了这些怪异的现象而获得成就。

究其原因,波兰尼认为是科学家的个人信念和怀疑论思想在作怪,在很大程度上是信念与可知怀疑共同作用的结果。

结合这两种因素,就能够解释这三个问题。(1)自然科学中,一个主张是如何提出来的?(2)科学家对科学问题的选择依据是什么?(3)科学家证明一个主张的常用手段是什么?为什么有的主张被证明了,别的科学家仍然不相信或者不承认?

然而,信念根深蒂固,可知怀疑却显然带有一定的偏见。波兰尼认为,科学家在个人信念基础上,结合可知怀疑对无法解释的现象做出肯定或者拒绝。在自然科学领域中,科学家必须对他自己研究领域内提出来的重要主张表态,要么接受要么拒绝(对于无法解释的事情或者认为不屑一顾的实验)。肯定与拒绝都包含着科学家对某项陈述的怀疑或者科学家怀疑过该项陈述。

在自然科学的诸多领域中,一个主张的证明不可能像它通常在数学中那样严密。在信念与怀疑中包含着众多的个人因素,科学家的个人信念、对某个现象的兴趣和热情、对该现象的相关知识、该现象可能给科学家带来的结果等因素共同作用于科学家,使得科学家对该现象的肯定和拒绝都不可避免地带上一定的偏见。

波兰尼认为,在科学活动中存在这样的情形。他说:"只有当一个主张完全处于他可能做出反应的兴趣范围之外时,科学家才能对这一主张采取毫无偏见的怀疑态度。严格地说,只有在他所知甚少且毫不关心的课题上,他才是不可知的"。[1]也就是说,波兰尼基本上否认科学活动中存在不可知怀疑。科学的求真精神和大自然的无定限没有给科学家留下不可知怀疑的地盘,科学家和哲学

---

① Michael Polanyi, *Personal Knowledge: Towards a Post-Critical Philosophy*, University of Chicago Press, Chicago, 1958, p276.

家不一样，科学家的使命就是解决不可知。

因此，循着波兰尼的基本观点可以认为，在自然科学领域不存在真正的不可知怀疑，只存在矛盾怀疑，而且这种矛盾怀疑是带有偏见的怀疑。其实，要科学家无偏见的怀疑是不可能的。首先，在科学家有兴趣和能够做出主张的领域，无法严密的证明必须加入个人带有偏见的断言。其次，当一个主张完全处于科学家能做出的兴趣范围之外时，科学家在这个主张面前的状态，正如一个不懂科学的人在科学知识面前一样，是被动的，他要么根据自己的基本信念完全接受，要么抛弃。此时的怀疑，并不是对该事物的深层次鉴定，而是选择自己的基本信念。因而，在自然科学领域有偏见的怀疑是真实的和正确的。

《论语·述而》有句，子曰："不愤不启，不悱不发。"朱熹注曰："启，谓开其意；发，谓达其辞。"后来，"启发"一词意为"引起联想而有所领悟"。那么，启发性就是能够使人引起联想有所领悟的性质。

亚里士多德说知识起源于好奇，波普尔认为科学始于问题。显然，怀疑不是好奇的起点，但可能是问题产生的出发点。纵观科学发现和技术发明的历史，可以看到很多的科学发现都是科学家受到了某种线索的启发而通过坚忍不拔的努力取得的。牛顿受到苹果落地的启发而发现万有引力定律，瓦特受到蒸汽顶翻茶壶盖的启发而发明了蒸汽机，凯库勒在梦中受到咬尾巴的蛇启发而发现苯环结构。

分析这些受启发引起的科学发现和发明可知，启发是由某种线索触动并且动用了大脑的普遍联系功能而形成。而怀疑呢？则是怀疑者自身信念、知识、经验等与事实相矛盾而对之产生的不确定态度。怀疑是与原有信念、经验、知识等对比的过程和产生的结果，而并不提供某种新的线索使人产生联想和因此有所领悟。所以，怀疑是被动之后的主动，并不是启发，也不具有启发性。当然，引起怀疑的线索，可能也会是产生启发的线索。

波兰尼认为，"在自然科学中并不存在什么有效的、会给人推荐信念或怀疑以作为开辟发现之通途的启发性准则"[1]。也就是说，怀疑不具有启发性。

怀疑在科学活动中有着非常重要的正面和反面作用，在科学发现过程中科学家个人的怀疑大多起着正面作用。那么在科学发现过程中，怀疑是否有优劣之分呢？科学家能否判断什么样的怀疑为优什么样的怀疑为劣呢？

---

[1] Michael Polanyi, *Personal Knowledge: Towards a Post-Critical Philosophy*, University of Chicago Press, Chicago, 1958, p277.

对此，波兰尼说："不存在什么规则能够把真正小心翼翼的怀疑和毫无想象力的教条主义的怀疑区别开来"[①]。因而，怀疑没有优劣之分。

科学发现存在两种情形，一是发现现行科学框架内缺乏的某种基本的东西，二是发现现行科学框架之外的东西。波兰尼认为，无论哪种情形都没有现存的路线和规则来作为科学发现的指示。因此，也就不存在判断哪种怀疑为优，哪种怀疑为劣，谁的怀疑鲁莽，谁的怀疑谨慎这样的标准。科学活动中怀疑没有优劣之分。

随后，波兰尼把信托哲学怀疑观的视角转到与宗教怀疑的辨析上。通过对宗教怀疑的分析，波兰尼给读者展示出了宗教怀疑和科学怀疑的本质区别。

他认为，宗教行为是一种内居而不是科学肯定。宗教依靠信仰来维持着自身和信仰者之间的关系。上帝（神）无法观察和证实，上帝（神）存在的意义在于让人去相信和供奉。"上帝（神）存在"是一种认可性陈述，而非事实陈述。对认可性陈述的断言依据来自对它的信心而不是可重复的事实检验，要么否定，要么肯定。对"上帝（神）存在"之类认可性陈述的怀疑只能是一种内隐性怀疑，而无法构成外显怀疑的主题。

概括波兰尼对宗教怀疑的看法可以这样认为，宗教信仰者对上帝（神）的怀疑表现为内隐怀疑，它具有两种形式。第一，信仰者自我相信上帝（神）存在的信心程度。信心越大怀疑就越少，信心越少怀疑越大。这种对上帝（神）存在的怀疑只能是一种隐性怀疑。因为，上帝（神）存在对于宗教信仰者来说，是崇拜和信仰的前提，在信仰者中禁止这样的怀疑，怀疑上帝（神）存在被视为有罪。对于非宗教信仰者来说，上帝（神）存在既不可观察，也无法证实，不具备构成可以外显怀疑的陈述，既无意义也不必要寄托信心。第二，宗教怀疑是信仰者在明确终极信仰的情况下，对自我的怀疑。信仰者怀疑的不是上帝（神）是否存在，而是在绝对相信上帝（神）存在的情况下，怀疑自己是否在接近上帝（神），自己的信仰是否完美。宗教信仰给信仰者设定了一个永远无法达到的精神终点，它让信仰者坚信继续走下去的必要。在这条路上"信仰包括它本身和对它本身的怀疑"，"而它在绝对自信方面所缺乏的部分则可以

[①] Michael Polanyi, *Personal Knowledge: Towards a Post-Critical Philosophy*, University of Chicago Press, Chicago, 1958, p277.

第 1 章　批判与解构——意会认知论的哲学背景

被描述为它自己的内隐怀疑"。[①]

因此，波兰尼认为宗教怀疑"只能以不同程度的信心被发出，它的断言在充分自信方面所欠缺的部分就可以被视为说者附加在自己断言上的怀疑"[②]。这就是说，在宗教信仰中不存在外显怀疑，即使存在内隐怀疑也只是信仰者个人非言述的犹豫。"'上帝（神）存在'这样的话也只有在隐性犹豫的意义上才能够受到怀疑"[③]。所以，可以这样说，宗教怀疑是宗教信仰者在"我相信"的前提下对自我信仰程度的内隐怀疑。

在宗教信仰者那里"'上帝（神）存在'这一表达是不可批判的，且不具有外显的可疑性"[④]。但是，在这种情况下会表现出对宗教的外显怀疑。当信仰者"这种必不可少的内隐怀疑增大至完全摧毁其信仰的程度"[⑤]时，也就是宗教信仰者在动摇或者决定改变自己原先的信仰时才存在对宗教的外显怀疑。这时，"上帝（神）存在"或者"此神存在，彼神不存在"才可以被说成是真实或者虚假的。综合波兰尼思想可知，宗教怀疑只有在信仰者改变信仰的时候才表现出外显性，在宗教信仰内部，宗教怀疑始终表现为内隐性。

结合波兰尼关于科学怀疑的思想可以给出科学怀疑与宗教怀疑的本质区别。第一，怀疑建立的基础不同。科学怀疑建立在对事实陈述进行断言的基础上，宗教怀疑建立在对认可陈述是否接受的基础上。科学是对可观察事实的断言，对事实陈述的判断，而不是对认可陈述单纯的接受或者否定。第二，内隐怀疑和外显怀疑在两者中所占比重不同。科学怀疑从根本上具有内隐性，但是这种内隐怀疑在科学追求和对自然界的探索中不占主要，外显怀疑才是科学活动的主要成分，科学活动通过外显怀疑来实现对事实陈述的评判和检验，最终成为大众知识。而宗教活动禁止怀疑上帝（神）的存在，所以宗教怀疑绝大多数表现为信仰者的内隐怀疑，几乎不存在外显怀疑。第三，科学的外显怀疑大

---

① Michael Polanyi, *Personal Knowledge: Towards a Post-Critical Philosophy*, University of Chicago Press, Chicago, 1958, p280.
② Michael Polanyi, *Personal Knowledge: Towards a Post-Critical Philosophy*, University of Chicago Press, Chicago, 1958, p280.
③ Michael Polanyi, *Personal Knowledge: Towards a Post-Critical Philosophy*, University of Chicago Press, Chicago, 1958, p280.
④ Michael Polanyi, *Personal Knowledge: Towards a Post-Critical Philosophy*, University of Chicago Press, Chicago, 1958, p281.
⑤ Michael Polanyi, *Personal Knowledge: Towards a Post-Critical Philosophy*, University of Chicago Press, Chicago, 1958, p285.

多为矛盾怀疑,是依据个人信念、知识、经验、兴趣等综合因素做出的选择。而宗教的外显怀疑仍然是信念的选择和认可选择,不具有科学的依据和科学理性。第四,科学的怀疑无法实现对宗教的检验。宗教以说教和奇迹来强化自身,而科学则通过证明来得到保证。奇迹本身具有唯一性和超自然特征,"试图用自然的东西来检验超自然的东西,这是不合逻辑的"。[①]

1.3 信托哲学的真髓

怀疑论思想在现代得到了继承,客观主义、实证主义、马赫主义等都有怀疑论思想。怀疑论思想蕴涵的怀疑精神是一种值得赞扬和传承的求真精神,但是怀疑精神终究并不等同于怀疑论,怀疑论的危险在于它把人引向了虚无,引向对一切的否定和认识的懒惰。

追求客观性是追求真理的重要途径,可以这样说,没有客观性就不是真理。但是,以纯粹的客观性为判断真理的唯一依据,以纯粹客观性作为认识的唯一标准,显然存在极大缺陷。客观性并不能够提供一个完整的世界图景,客观性自身存在能力的限制。人类的认识能力有限,纯粹客观只能是理想,"怀疑的方法是客观主义的逻辑结果"[②],纯粹客观性的终极形式就是哲学上的怀疑主义。波兰尼看到了两者的联系,因而在自己的后批判哲学中竭力对二者加以批判和解构。

波兰尼主张信念,力主用自己的信托哲学来批判怀疑论。信念是既具有主观性,又有个人性,还有形而上学特性的东西。它可能来源于先验,可能来源于经验,可能来源于教育,可能来源于神话,还可能来源于内在冲动。总之,它是一个来源广泛而且复杂的东西。信念有一个最大的特点,持有信念者心灵深处一定怀着对该信念毫不怀疑和确定的情感,它在一定时期或者相当长的时期内具有稳定性。因而,信念的这个最基本特点一经显现,就必定成为怀疑论怀疑和反对的对象。波兰尼这样说道:"从严格意义上讲,怀疑原则完全禁止我们沉溺于任何信念的欲望之中,并要求我们应该让我们的心灵保持空白,而不

[①] Michael Polanyi, *Personal Knowledge: Towards a Post-Critical Philosophy*, University of Chicago Press, Chicago, 1958, p284.

[②] Michael Polanyi, *Personal Knowledge: Towards a Post-Critical Philosophy*, University of Chicago Press, Chicago, 1958, p269.

是让除了无可辩驳者以外的任何信念占领它们。"①但是，信念在追求客观真理过程中的有效性又使得它成为反对怀疑论的有力武器。皮尔士持先有信念然后才有怀疑的观点，并以此反对怀疑论。波兰尼也是用信念作为利器来解构怀疑论的，他在自己的意会认知论思想中构建了信托哲学，展开了对怀疑论的批判和解构。

人具有认识世界的本能冲动，但在无法确知世界时又常常会被焦虑所困扰。有史以来人对世界的认识林林总总不胜枚举，但在科学诞生之后人们越来越倾向于用理性和实证的方式来认识世界和说服别人接受自己对世界的认知。而人恰恰又生活在一个无法随时都具有充分证据来证实自己观点的局限中，证据的局限仍然使人无法摆脱焦虑的困扰和限制人们认识世界的欲望。何种方式既能弥补证据的不足又能远离焦虑呢？波兰尼认为，信念和寄托合理地具有此种功能。持有信念与寄托是个人在对世界不具有充分认识的情况下，以非理性的个人感知为证据的辩护行为。它的最终目的是实现个人的普遍性意图——"希望宇宙是充分可知的，并能为之提供合理的证明"。信念和寄托对个人认为真实的东西赋予正确性，然后在这个正确性的激励之下深入个人的举证行动。在这个举证的过程中追求普遍性的良心和责任感使其逐渐消解主观性和个人性，在接受普遍性检验之后，最终超越个人性走向普遍性。

1.3.1 信托哲学

"信托"在《个人知识》一书中为"fiduciary"，"fiduciary"一词的意思是：基于信用的，信托的，受信托的；被信托者，受托人。它的同根词"fiducial"的意思是：基准的，根据信仰的，信托的。另外，"fiduciary relation"意为：信托关系。

"信念"在原文中为"belief"。

"寄托"在原文中为"commitment"，"commitment"的意思为：交托；承诺，承担义务。"commitment"的动词形式为"commit"，含有两层意思：把……交托给；答应负责。

信托哲学（fiduciary philosophy）是波兰尼意会认知论信念观和寄托观的总称，波兰尼意会认知论的深层哲学思想就是知识的信托观，即信托知识观。在

---

① Michael Polanyi, *Personal Knowledge: Towards a Post-Critical Philosophy*, University of Chicago Press, Chicago, 1958, p269.

意会认知论中，持有个人信念和对之予以寄托是连贯和统一的认知行为，两者结合构成的信托哲学是意会认知过程得以展开和进行的深层基础和走向普遍有效性的通道。波兰尼在《个人知识》一书中明确地提出了"信托纲领"（fiduciary programme）[1]这个概念。他认为，人类对世界的认识从图腾崇拜到对神的崇拜，从对神的否定到对法律、经典、权威的依赖，再到唯科学主义，这些表明了一个不断否定的过程，同时也显现出一个自我依赖的过程。这个过程给人类的启发就是："'究竟谁令谁信服'？这个问题，它简单的回答就是，'我在令自己信服'。"[2]接着，波兰尼表明了自己信托哲学的中心思想，"自我认可本身就是我自己的一种信托行为，它反过来又证明了我把自己所有的最终设想转化为我自己的信念的宣言是正确的"[3]。最后，波兰尼肯定这就是为什么把《个人知识》一书的副标题定为"迈向后批判哲学"的原因。他承认，这是他心中早有的转折。

波兰尼的信托哲学是以信念和寄托作为理论基础，对信念和寄托在人的认知活动中的作用进行肯定和认可的哲学。波兰尼独具慧眼，看到并且强调了信念在人类行为中的决定性作用。他以科学信念为依托，对信念进行了更大范围更为广泛的探索。并且充满自信地说："尽管从休谟及其先驱一直到古代的皮浪都有种种怀疑论存在，但在20世纪自由社会的科学家中却不存在自我怀疑。相反，人们对科学的信念却处于最高地位，成为唯一保持实际上不受挑战的信念。"[4]尽管波兰尼的这份自信显得有些过度，但是，信托哲学还是给人耳目一新的感觉。信托哲学沿着从信心等级—个人判断—个人信念—信念传递—信念的本质特性分析—个人信念的寄托与落实，这条线索对信念进行分析，对怀疑论进行批判和解构，从而建立起信托哲学的信念观和寄托观，展现了一个有层次附合实际的信托哲学框架。

在科学活动乃至于其他人类活动中，人们常常需要对某些事实陈述下判

---

[1] Michael Polanyi, *Personal Knowledge: Towards a Post-Critical Philosophy*, University of Chicago Press, Chicago, 1958, p264.
[2] Michael Polanyi, *Personal Knowledge: Towards a Post-Critical Philosophy*, University of Chicago Press, Chicago, 1958, p265.
[3] Michael Polanyi, *Personal Knowledge: Towards a Post-Critical Philosophy*, University of Chicago Press, Chicago, 1958, p265.
[4] Michael Polanyi, *Personal Knowledge: Towards a Post-Critical Philosophy*, University of Chicago Press, Chicago, 1958, p238.

断，以断言其接近真实的程度，从而确信或者怀疑它。与此同时，人们常常还需要对别人已断言的事实陈述重新下自己的断言。这样，断言成为一种参与个人信心的行为。波兰尼认为，这种给事实陈述下断言的行为需要个人信心，并且他对其中参与的个人信心划分了等级。划分依据就是断言者对关于该事实陈述已有断言的相信程度和对自己的信心。

在普遍性意图的框架内，当断言者对某项事实陈述断言的把握性和确定性越大，表现出来的他个人的信心就越大。当断言者的把握性和确定性越小，表现出来的他个人的信心就越小。当断言者个人对该陈述的已有断言越肯定，表现出来的他个人对已有断言的信心寄托就越大。当断言者对该陈述的已有断言越不肯定，表现出他个人对已有断言的信心寄托就越小。波兰尼认为，这种信托框架"将把我们自己断言的普遍性意图与不同的人或相同的人在不同时刻同样强烈的确信感之间的歧异统一起来了"。[①]

人们不可能总是在怀疑中生活、在怀疑中运用知识、在怀疑中肯定。确定一个陈述的真实性，是人们常常面对的难题，也是怀疑论者怀疑的对象。人是所有动物中，唯一能够用语言进行欺骗的动物。对于一个事实的陈述，无论是最初的观察者对事实实事求是的反映，还是转述这个事实的人真诚而且充满善意的表达，甚至是一个说谎者有意而为，这个事实陈述的真实性都同样值得怀疑。

波兰尼把对一个陈述真实性的肯定分为两个部分：一个是观察者不受外显规则的指导，基于自我信心的意会行为；另一个是通过各种相应的规则与经验进行比较的言述行为。波兰尼认为这两个部分都具有个人的意会性判断，在这两个部分中进行的判断都具有个人信心，尤其在第一部分中个人信心占的比重最大。当某一个陈述的真实性得到了普遍肯定之后，它就成了真实、可信并带有权威性质的事实。人们因此对这个事实产生信心，并以此为据，接受它是真实的，然后使用和传播这个事实。波兰尼把人们接受事实的这种行为称为"做出了一种寄托或签署了一个协定"。[②]也就是说，获取知识在很大程度上是一种信托行为。此种行为最终表现为对他人或者自我的信念寄托，信念的持久性与

[①] Michael Polanyi, *Personal Knowledge: Towards a Post-Critical Philosophy*, University of Chicago Press, Chicago, 1958, p32.

[②] Michael Polanyi, *Personal Knowledge: Towards a Post-Critical Philosophy*, University of Chicago Press, Chicago, 1958, p254.

稳定性表现为参与者的个人信心寄托程度,越持久越稳定,则越表现出参与者对之寄托的信心等级越高;反之则反。然而,对他人或者自己的深信不疑是存在危险的,认识上的深信不疑容易形成一种固有的经验信念,它完全可能是认识上的信念之巫。

《个人知识》一书向读者充分展示出个人信念在个人知识形成过程中的重要作用。他主张的信念并不是单纯指向科学信念,而且包含人们对于科学之外的信念。波兰尼对个人信念的感性基础做了较多的论证,他看到在宗教、神学、巫术、科学之中都广泛存在着个人信念,因而重视了信念的个人性和人文性。

波兰尼本人是一名优秀的科学家,他在思考个人信念的时候参照了自身体验和经验,但忽略了自身科学素养在他的个人科学信念和其他信念形成过程中的潜在作用,着重强调了非科学成分的作用,在这一点上显得不够全面和唯物。作为科学家不够重视实践在个人信念形成过程中的关键性作用,多少让人遗憾。

归纳总结波兰尼对个人信念的论述可以这样认为,他主张的个人信念是:(1)个人信念具有强烈的个人性,是个人的独特认识;(2)个人信念主要指个人关于科学的信念,但也包括其他非科学的个人信念;(3)个人信念来源于文化、宗教、神话、传统、体验、经验等,即使是科学信念也不仅仅是来自科学活动本身,文化对个人信念的形成具有重要作用;(4)个人内在情感是个人实现其信念的原动力;(5)个人信念具有排他性和劝导性。

波兰尼并没有在其著作中全面系统地论述信念的来源,但是综合其思想可以概括出,他认为信念是文化的产物。波兰尼认为信念广泛存在于宗教、神话、巫术、科学,甚至蒙昧之中。在这些众多信念源之中,信念通过言述与非言述两种方式传递。波兰尼非常重视文化传统在信念形成和传递过程中的作用,他坚持信念可传递的观点。他这样说,"众多未经证明的信念从最早的孩提时代就被灌进我们的脑海里了。宗教的教义、古人的权威、学校的教导、幼儿园的格言,所有一切都联成一体而成为传统。我们接受这些信念是因为它们以前被人持有,而那些人也想让我们把它坚持下来"[①]。

洛伦·艾斯利(Loren Eiseley)认为,科学要通过学习规矩、措施、技巧,要借助教育来传授给下一代。波兰尼持同样的观点,并且还前进了一步。他进

---

① Michael Polanyi, *Personal Knowledge: Towards a Post-Critical Philosophy*, University of Chicago Press, Chicago, 1958, p269.

一步指出科学知识和科学信念要靠实例和学习者个人的意会来传递，科学知识和科学信念不能单纯依靠言述性方式来传递，更多还要类似于某些民间绝活一样师傅对徒弟口传心授和需要徒弟积极调动个人意会能力。他看到并且主张了科学知识和信念传递的意会性。波兰尼还注意到信念在群体中传递的意会性和共享态度，他用"欢乐神契"（conviviality）来描述这个过程的意会性结果和接受程度。这种类宗教的情感词语表达了信念传递意会性与共享愉悦的顶点。

1.3.2　信托哲学的信念观

通过对休谟、康德、穆勒等人怀疑论的批判，波兰尼认为他们这些人实际上都是在坚持自己的信念，一种怀疑未知、追求理性的信念。他们这些人"声称严格地不相信任何可以被反驳的东西只不过是给自己的信念披上虚伪的自命严格自我批判的外衣罢了"。波兰尼进一步指出，"一切基本信念都是不可辩驳和不可证实的，证明或者反证的考验与接受或者拒绝基本信念无关"[①]。

信念是人类的高级情感活动，人们的怀疑、理性和感性等诸多认识世界的方法和手段都是在为证实或者通向自己的信念服务。在人类众多的言述体系中，每一种信念又受制于该种信念产生的具体言述体系。波兰尼认为，一个人一出生就在逻辑上预先接受了一个特定的术语集，这个术语集正如其父母一样，不是他自己能够选择和决定的。随后他与现实有关的一切东西，就是从这一术语集建立起来的。这个术语集就是他的信念诞生的母体。这样，不同的语言、不同的时代、不同的生活方式就会产生不同的信念体系，也就具有了不同的信念范式。从这个意义上讲，持有不同的信念和把自己寄托在某个信念体系上是不可批判的。也就是说，人持有信念是自然的也是自在的。在这个层次上讲，怀疑毫无意义，怀疑论者对于持有信念者的批判也是毫无意义的。

信念存在于人们的观念框架之中和语言之中，也就是说，信念是一个具有"范式"的存在。一定的观念框架和一定的语言会产生与之相应的信念，而不是与之相反的信念。波兰尼说："我们最为根深蒂固的信念是由我们用以解释我们的经验并建立我们的言述体系的群体语言决定的。"[②] 人们之所以坚持自己的

---

① Michael Polanyi, *Personal Knowledge: Towards a Post-Critical Philosophy*, University of Chicago Press, Chicago, 1958, p271.

② Michael Polanyi, *Personal Knowledge: Towards a Post-Critical Philosophy*, University of Chicago Press, Chicago, 1958, pp286–287.

信念，是因为在逻辑上预先接受了一个特定的术语集和观念集，一切与现实有关的东西都围绕这个术语集和观念集而建立。因而，信念内生于其中。宗教、神话、巫术、科学，甚至于某一地区的土著人的信念都内生于这一观念框架和术语集之中。由此，波兰尼揭示了信念产生的文化环境因素，这个环境包括语言、文化、生产方式、社会制度、生活方式、个体经验等。同时，也说明了此观念框架和术语集为何不能产生属于彼观念框架和术语集的信念。

用唯物主义的观点看，信念是长期文化的积淀，是观念和语言的产物，同时伴有强烈的情感色彩和意识形态倾向，个人信念是知、情、意三者的有机结合。因此，信念一经形成和确立，绝不轻易改变，它具有比其他任何观念都要强的稳定性甚至顽固性。

波兰尼看到了信念的这个突出特征，对信念的稳定性做出这样的分析。他认为，信念的稳定性主要表现在，信念持有者对于不利证据冲击的顽固抵抗和对信念体系的自我扩张。他从这四个方面做了分析：（1）拒斥的态度。信念持有者对于不利于自己信念的证据和驳斥采取拒斥态度来维护自己的信念。波兰尼以阿赞德人维护自己信念为例来说明这种拒斥态度的普遍性，同时也指出无法用其他观念框架和术语集来表达自己的思想是拒斥的原因之一。（2）环形性论证。信念持有者可以根据自己的解释框架和观念框架对反对意见逐条驳斥，形成循环论证从而加强信念本身。（3）解释体系的自我扩展。"当他们承认某种观念框架是有效的时候，就会把这一框架包罗万象的解释能力视为它的真实性证据。"[1]通过这种方式来使自己信念的解释体系能够包罗万象自圆其说。（4）否定对立观念可能根植于其中的任何根据。

在波兰尼的后批判哲学里，他认为持有科学信念者与其他非科学领域内持有信念者一样，都是在为自己的信念做辩护，都是在试图强化该种信念的稳定性。不同信念持有者在强化其稳定性时依靠的都是相当类似的逻辑结构。波兰尼认为二者最大的区别在于，"科学在运用这一过程时常常是正确的，而阿赞德人在运用它来维护迷信时是非常错误的"[2]。持科学信念者同样会采用上述四种方式来加固自己的信念，波兰尼列举了科学内部出现的反经验的种种理论是如

---

[1] Michael Polanyi, *Personal Knowledge: Towards a Post-Critical Philosophy*, University of Chicago Press, Chicago, 1958, p288.

[2] Michael Polanyi, *Personal Knowledge: Towards a Post-Critical Philosophy*, University of Chicago Press, Chicago, 1958, p294.

何运用上述逻辑捍卫其稳定性的。科学家对待"异常"的常见态度和方法、科学家涉入某个未知领域的动因、科学家对自己理论的解释等都显示出信念持有者为捍卫其稳定性所具有的这些共同特征和心理。

综合波兰尼对于信念的观念，信托哲学信念观具有这三方面主张：（1）基本信念不可批判；（2）信念内生于文化环境；（3）信念具有稳定性。

除此之外，他所主张的信念还具有这些相关特性。（1）外显性。相对于信念内生于文化而言，具体信念在实践过程中会通过观念、语言、行为、选择等方式外显出来，被别人知道和明示外人。（2）多样性。由于观念框架和术语集的多样性以及个人的特殊性，在人类的整个文化框架内信念自然显现出多样性，有宗教信念、科学信念、巫术信念等诸多形式。（3）可错性。信念具有极强的主观性和个人性，持有信念是普遍现象。但是，并不是所有信念都是正确的和可实现的，很多信念是虚假的和错误的。尽管信念不可批判，但是只有经过客观检验和具有普遍有效性的信念才是正确的和有效的。他这样说道："我们可以承认一种语言以及由它传达的观念体系的完整性和综合性，就如我们在谈及阿赞德人对巫术的信念时那样，但这并不以任何方式意味着这一体系是正确的。"[1]（4）可变性。因为信念可错，所以可变。波兰尼对改变信念持两种态度：（1）宁愿坚持怀疑态度，也不要随意决定和随意抛弃自己的信念；（2）理性看待信念。在批判一个前马克思主义者和一个前弗洛伊德信仰者时他说，"只有当他们丧失对它的信仰的时候，他们才觉得它的能力被过分夸大了，是华而不实的"[2]。

1.3.3 信托哲学的寄托观

波兰尼用寄托表达了自己对世界的一种敬畏和认知。在他的心目中存在一个关于世界的"上帝"，这个上帝不是现存的任何教派所主张的那个上帝，而是"真理与伟大"[3]。他认为，对这个"上帝"的态度和方式应该是寄托。他说人在真理与伟大的天空底下，如果脱离了寄托，那么"人统治着的世界就是他

---

[1] Michael Polanyi, *Personal Knowledge: Towards a Post-Critical Philosophy*, University of Chicago Press, Chicago, 1958, p292.

[2] Michael Polanyi, *Personal Knowledge: Towards a Post-Critical Philosophy*, University of Chicago Press, Chicago, 1958, p288.

[3] Michael Polanyi, *Personal Knowledge: Towards a Post-Critical Philosophy*, University of Chicago Press, Chicago, 1958, p380.

本人不存在于其中的世界"[1]。

"一个寄托的诸元素不能被用非寄托性术语来定义"[2]，波兰尼赋予寄托以本体论[3]意义。因为，他认为个人的感官及其成长的文化框架和个人的意会认知在本体论意义上促成了寄托行为，而寄托行为则凭借这些条件来实现普遍有效性。

寄托的本体论建立在召唤、含有责任的个人判断、自我强制和良心的独立、普遍性标准这一系列连贯的行为和概念之上。"所有这一切都被证明只有在一个寄托里面相互有关的时候才是存在的，如果从非寄托的角度看，它们就消失了。"[4] 由此可知，寄托的本体论是在个人认可的连贯行为中才被承认才有效，也只有在信托哲学框架之内才具有本体论层次的意义。

波兰尼把寄托的本体论从求知领域扩展到生物学。他认为，生物学家按照自己接受的评价标准来承认生物的纯种性、同等潜能、操作原则、内驱力、感知力和动物智力，是一种在本体论意义上的寄托。因为，对生物成就的认识，是以个人非言述的连贯性认可为基础的，如果认为与个人无关，试图用与个人无关的术语来言述这些生物成就，那这些生物成就就消失了，寄托的本体论也就没有了根基。所以，寄托的本体论是在信托框架内用寄托的元素来定义和认识的本体论。

波兰尼考察了整个生物学之后认为，"寄托甚至可以在植物层次上辨认出来""寄托可以按照不断增强的意识性被分成等级，即从存在、运作和成长中心的原生的、植物性寄托发展到能动感知中心的原始寄托，并因此而进一步再发展到能进行有意识的刻意思考的个人负责任的寄托"。[5] 从对有机体到人都普遍具有的特性进行研究，波兰尼实际上提出了一个元哲学问题，寄托是一个普遍性的元存在，寄托的本体论是元意义上的本体论。

---

[1] Michael Polanyi, *Personal Knowledge: Towards a Post-Critical Philosophy*, University of Chicago Press, Chicago, 1958, p380.

[2] Michael Polanyi, *Personal Knowledge: Towards a Post-Critical Philosophy*, University of Chicago Press, Chicago, 1958, p379.

[3] Michael Polanyi, *Personal Knowledge: Towards a Post-Critical Philosophy*, University of Chicago Press, Chicago, 1958, p379.

[4] Michael Polanyi, *Personal Knowledge: Towards a Post-Critical Philosophy*, University of Chicago Press, Chicago, 1958, p379.

[5] Michael Polanyi, *Personal Knowledge: Towards a Post-Critical Philosophy*, University of Chicago Press, Chicago, 1958, p363.

在赋予寄托本体论意义之后，波兰尼进一步认为寄托的本体论具有一个连贯性的结构，它由个人信念而进入：个人求知热情—建立为追求普遍性的责任感（面临每一个未定选择时）—个人判断—有信心的话语—认可的事实—反思。这是一个在信托框架内有效的连贯性求知结构，这个结构的实在性和普遍可实践性使之区别于宗教寄托，完全区别于宗教寄托的纯粹主观情感、形而上学和神秘不可检验以及反思的非普遍性。个人通过对实在事物、实际事实、外部现象等来实践对它们的个人信念，最终获得具有普遍有效性的认可。

寄托的连贯性结构使之具有以下诸方面特性和坚持较高水平的求知伦理道德。

（1）责任、良心和使命感是求知寄托的伦理道德约束，这种约束具有自我强制特性。寄托框架内的责任、良心、使命感主要针对求知的普遍有效性而言，它要求个人必须为知识的普遍有效性负责，科学发现获得的知识必须具有普遍有效性，求知的个人不可以编造、杜撰知识，不可以凭借政治力量造作和推广对人类社会没有进步意义的所谓的知识。求知者求取和建立的知识，一定要是纯粹意义上的知识，求知者要有为人类进步而求知的使命感。

（2）寄托是信托框架内的一种隐性自我依赖。这种依赖以自我承认为寄托行为为前提，以连贯性结构为表现形式。在寄托结构的整个路径内，最初一个朦胧模糊的信念实际上就是对事物的一种猜测，这个猜测并没有告诉求知者任何明确的方向、方法和规律，直到最终呈现出一个具有普遍意义的知识。在整个过程中，会出现无数次的反复、修正、试验，然后才能一步步前进。其中必须依赖个人的无数次综合判断，而这些判断都只能依赖自我并且隐性运作。

（3）寄托具有深浅程度之分。寄托是一个具有固定结构模式的连贯性行为，但是对每一个具体的求知过程而言，它不是唯一的和总是保持在固定认可程度上的。每一个寄托都相对于某一具体个人信念而言，信念不同，个人持有寄托的内容就不同。对同一个信念，在相同的寄托结构中，个人寄托的程度也不同。波兰尼说："寄托的深度可以通过我们的观点的变化而得到衡量"[①]。在整个寄托结构中，"当我们这样从核实过渡到批准并越来越依赖内部而不是外部证

---

① Michael Polanyi, *Personal Knowledge: Towards a Post-Critical Philosophy*, University of Chicago Press, Chicago, 1958, p318.

据的时候，寄托的结构始终保持不变，但它的深度变得更大了。"① 可见，寄托深度的变化是以个人对信念的认可深度和对自我依赖的程度为判据的。

（4）寄托具有的自我强制性、深度差别、自我依赖使得寄托行为表现出认知过程中的主动性、继发性和识知特征。道德伦理约束、自我判断、自我认可等个人性极强的认知约束和要求，必须建立在个人的主动性之上。而整个意会认知过程是在原发信念的基础上进行的继发性认知，不可能总是停留在原发层面或者逆转到原发层面。在超越原发层面的同时，认知主体表现出来的意会认知能力也超越了完全本能的觉知层面，进入感性与理想、本能与目的结合的认知层面。

寄托的结构表明，寄托是消除主观性走向普遍有效性的个人求知途径。波兰尼认为，寄托有两极，一极连着个人信念，一极连着科学标准。连着个人信念的一极具有主观性和个人性，连着科学标准的一极具有普遍有效性，寄托使得这两极实现了一个从主观到客观的辩证。

求知最初的个人信念实际上是个人对事物的一种朦胧猜测，这种信念具有极大的主观性和个人性。波兰尼认为，在个人信念的背后隐藏着一种预设，但"预设究竟是什么？对此我们却没有明晰的知识，而当我们试图对这些预设作出解释时它们却似乎很难让人信服"②，显然这种预设从本质上讲是非言述的。波兰尼的追问值得思考。当然，他的追问目的是要回到寄托那里去。不过，按照这样的分析与思考，回到那里还是有理由的。任何一个可操作或者可被操作的预设都不是在天上的，也不是不可触及的。它也不是纯粹形而上学的思辨，否则科学不予接受。因为它最终要接受检验。正如我们无法在科学活动中预设上帝的存在，然后通过一系列的科学实践活动去找到上帝并且验证它的存在。这本身就是一个很荒谬的事情。

"那些假定的科学预设是非常无效的，因为我们的科学信念的实际基础是一点也不能断言的……我们把它们毫无批判地接受下来……它们不是被断言的，也不可能被断言，因为断言只能发生在一个我们对之认同的框架内。"③ 于是，

---

① Michael Polanyi, *Personal Knowledge*: *Towards a Post-Critical Philosophy*, University of Chicago Press, Chicago, 1958, p321.
② Michael Polanyi, *Personal Knowledge*: *Towards a Post-Critical Philosophy*, University of Chicago Press, Chicago, 1958, p59.
③ Michael Polanyi, *Personal Knowledge*: *Towards a Post-Critical Philosophy*, University of Chicago Press, Chicago, 1958, p60.

波兰尼找到了认同的框架和断言的依据，那就是寄托。寄托使个人信念、个人断言、个人认同在寄托的结构中被搁置和反复斟酌，而不是予以最终的判决性认可和断言，从而给出了一个可行的具有人文性、开放性、过程客观性的求知途径。

从个人主观到普遍有效性，从个人信念到科学标准，在这个过程中，以责任、良心、使命感为约束和保障，在这个过程中，"我们的全部责任，即把自我处理掉的责任，使得客观上不充分的根据具有了强制性"。[①]"正是结构丰满的寄托行为把个人知识从单纯的主观性中拯救了出来"，进而实现了主观与客观的辩证、个人性与普遍有效性的连贯。

波兰尼认为，寄托的结构要在寄托的框架下才有效，在非寄托框架下该结构不存在。那么，意会认知论判别寄托与非寄托的依据是什么呢？

意会认知论判别寄托与非寄托的依据主要有两条：第一，内外之别。波兰尼认为，寄托与非寄托的最大区别首先在于寄托是持有并认可个人信念，个人深入情境并对情境中的事实予以认可。非寄托恰恰相反，非寄托怀疑并排斥个人信念，割裂情境，认为情境中的事实是纯粹称谓的事实。所以寄托是个人的内在行为，非寄托是排除个人的外在行为。

案例：现实生活中的寄托与非寄托

贵州苗族人有表演傩戏的传统。2007年夏中央电视台10频道播放了对傩戏大师龙宗树的实地采访，龙宗树现场表演了"仙人分竹"这个节目。两片厚约0.2cm、宽约3cm、长约80cm的青竹片，任意两人手持竹片置于腰间对面而立。表演之前：龙大师请神（吹牛角）、画符、点谶，然后对着竹片口中念念有词。第一次表演失败，之后龙大师解释说是自己对神的心意不到，没有请到神助。第二次又重新开始，只见两竹片在龙大师的隔空指挥下慢慢贴合，然后又慢慢分开。事后问当时持竹人有什么感觉，说感到有好大一股力在操纵竹片，本来在大师合竹的时候有意让竹片分开，却发现根本由不得自己。

龙大师的回答是自己有神助，而且无论是在国内还是在国外表演，他

---

① Michael Polanyi, *Personal Knowledge: Towards a Post-Critical Philosophy*, University of Chicago Press, Chicago, 1958, p320.

都要先请神、画符、点谶。同时,该处苗人表演上刀山等非常危险的节目前祭师也有类似的举动。表演者和祭师都持有这样的信念,他们是神的使者,神会使他们免受伤害。

他们的回答就生动地表现出一种寄托行为。首先,他们相信有神并持有神助的信念;其次,他们把自己的信念寄托在上刀山的行动中表现为有信心的行为;最后,在每一次都没有受到伤害这样的事实面前愈加坚定了自己的信念。但是,一个相信科学的人却不这样认为。他会依据科学做出这样的判断:苗人持有的信念是主观的,上刀山不受伤是因为接触刀刃的脚底部有较厚的角质层,不受伤的事实不足以证明神的存在。显然,在波兰尼看来这个人的行为是非寄托的。首先,他反对神在的信念,认为这种信念是主观的;其次,他外在于表演情境,不是身处其中的一员;最后,他对不受伤的事实给予另外的解释。更为重要的一点是,他只给予了看似合理的科学解释,而没有像表演者那样亲自去体验。

从上面的案例中又引出了寄托与非寄托的第二个重要依据:寄托具有连贯性,非寄托不具有连贯性。波兰尼认为,从其发生机制来看寄托是具有连贯性的行为。他认为,从个人对某事物具有热情开始,到持有某种信念,再到说出对某事物具有信心的话语,再到认可描述某事物的事实,这是一个连贯的过程,自然形成整体不可分割。如果只是持有其中的片断就不是寄托。在这个连贯性过程中,寄托是持有个人信念的行为,非寄托则不是。寄托是一种设身处地、进入情境,非寄托是一种隔岸观火、雾里看花,外在于情境。

苗人的傩戏表演及其对傩戏的认识是现代人寄托行为的一种鲜活实例,但是,苗人的这种寄托行为多多少少带有神秘性和宗教特征。在现代人普遍认可的科学活动中,它的寄托行为与宗教的寄托行为又有怎样的区别呢?

意会认知论的寄托采用了宗教寄托的框架,但赋予的内在意义不一样。研究波兰尼的寄托观可知,意会认知论主张的科学认知寄托框架有三个地方借鉴了基督教寄托框架。第一,波兰尼借用基督教的言述框架来作为意会认知论的信托框架。他把个人信念的改变称为"皈依(convert)"[①]。他在《个人知识》一书中用"堕落"来类比"主观","赎罪"来类比"求取普遍性"。他说:"我

---

① Michael Polanyi, *Personal Knowledge: Towards a Post-Critical Philosophy*, University of Chicago Press, Chicago, 1958, p319.

们用以完全恢复自己求知能力的舞台是从基督教关于堕落与赎罪的方案中转借过来的。"① 他还说："信托哲学并不消灭怀疑，而是（像基督教一样）说我们应该坚持我们真正相信的东西。"② 第二，与基督教框架类似，意会认知论的信托框架内也有一个"上帝"。但这个上帝不是现存的任何教派所主张的那个上帝，而是"真理与伟大"。第三，寄托的本体论中有接受召唤这种说法，这与基督教神学类似。但在意会认知论中，发出召唤的不是基督，而是"真理与伟大"。

尽管意会认知论信托哲学的言述框架借用于基督教的言述框架，但是意会认知论主张的科学求知寄托与宗教寄托却有本质差别。这些差别表现为：第一，科学寄托具有多样性，宗教寄托具有唯一性。科学寄托是个人在自己的认知框架和信念框架内实施自我寄托行为，不同的个人对同一事物有不同的认知和信念，因而寄托的内容和深度也就不同，于是形成了寄托的种种不同体系，彼此之间由逻辑鸿沟分隔开。它们"在逻辑鸿沟的对面，各体系凭借自己的说服性热情互相威胁，为各自的心灵争夺生存空间"③。第二，科学寄托具有可变性，宗教寄托具有持久性。科学寄托在漫长和复杂的求知过程中不断变化，而对某种宗教的寄托一旦固定就不再轻易发生变化，它会持久而且不断深入下去。第三，科学寄托提倡怀疑，宗教寄托反对怀疑。科学寄托主张坚持信念，但并不排斥对该信念的怀疑，怀疑是寄托反思的必要环节，而宗教寄托则拒绝对上帝和神的怀疑，只讲相信。第四，科学寄托主张个人认知的能动性，意会认知论坚决反对取消个人认知的能动性去谈寄托。"超过这一范围，我就抵制它，把它视为迷信、愚昧、疯狂或纯粹废话连篇。"④ 宗教寄托则是纯主观的服从和在上帝与神面前的被动。

---

① Michael Polanyi, *Personal Knowledge: Towards a Post-Critical Philosophy*, University of Chicago Press, Chicago, 1958, p324.
② Michael Polanyi, *Personal Knowledge: Towards a Post-Critical Philosophy*, University of Chicago Press, Chicago, 1958, p318.
③ Michael Polanyi, *Personal Knowledge: Towards a Post-Critical Philosophy*, University of Chicago Press, Chicago, 1958, p319.
④ Michael Polanyi, *Personal Knowledge: Towards a Post-Critical Philosophy*, University of Chicago Press, Chicago, 1958, p319.

第 2 章　人性化——意会认知的新视角

人性化是意会认知论的主要特征，也是意会认知论的重要主张。意会认知论的人性化主张主要通过认识与行动的个人性来实现，其外在表现为人性化的科学划界方法、对科学活动和科学知识的人性化考察和主张、构建人性化的意会认知论形而上学言述框架。通过这些主张，意会认知论形成并凸显出其人性化视角。

2.1　科学划界的人性化视角

科学与非科学的划界标准问题是现代科学哲学研究的最基本问题。现代科学哲学流派众多，对于科学划界问题的研究，不同时期的科学哲学家给出了完全不同的答案，这给科学划界标准带来困难。

劳丹在《划界问题的消解》一文中指出："亚里士多德通过努力提出了一对科学划界的标准。科学通过它原理的确实可靠性与意见、迷信相分开，通过第一因的理解与技艺相分开。这一对相矛盾的标准支配着后来整个中世纪和文艺复兴时期有关科学本质的讨论，由此也为17世纪重新检视这一命题提供了一个重要背景。"[①]

劳丹把科学划界问题从现代拉回古希腊，用亚里士多德的观点来说明科学划界是科学与非科学之间的划界，是科学与技术之间的划界。纵观科学发展的历史和科学划界的历史可知，真正意义上的科学发端于哥白尼的第一次科学革命，由此科学独立于宗教、哲学、人文以及其他意识形态，而形成自己的形相、建制和存在方式。随着社会的发展进步，现代科学又呈现与以往不同的形相。科学在社会生产和生活中的变化，以及科学理论产生方式的多样性使得不

---

① L.Laudan, *The Demise of the Demarcation Problem*, R S Cohen, L.Laudan（ed）Physics, Philosophy and Psychoanalysis, D. Reidel Publishing Company, 1983, p113.

同的科学哲学家对科学有了不同的划界标准。综合分析历史上的科学划界标准可以看到这样一个大的走向：从模糊走向清晰，再由清晰走向模糊。从古希腊亚里士多德到近代实证主义，人们对科学的认识逐渐清晰，科学划界标准也趋于明确，实证主义哲学家把科学的边缘成分剔除得干干净净，只留下了实证这个刚性标准。从近代实证主义到后现代主义，哲学家纷纷提出了各自的划界标准，一边在打碎这个刚性标准的同时，一边却在众说纷纭中模糊了界限。

2.1.1 近现代科学划界标准

对科学划界实际是为了认识科学，为获取知识，为人类的认识正本清源。近现代对科学划界的标准多种多样，呈现出后者攻击前者的缺点并且另立标准或者提出与前者毫不相同的标准的局面。从实证主义到后现代，提出具有影响力的划界标准的流派主要有实证主义及其后续的逻辑经验主义、批判理性主义、历史主义、后现代主义，其中的代表人物有孔德与马赫、波普尔、卡尔纳普、库恩、费耶阿本德、劳丹等。

实证主义给科学划界制定了一套刚性标准，坚持实证原则拒斥形而上学。逻辑经验主义继承了早期实证主义传统，但逐渐放宽并且不断修正实证主义的正统观点，由科学的"可证实性"转到"可检验性"，亨普尔的文章《经验主义标准上的问题变化》从内部瓦解了实证主义捍卫的标准。

波普尔指出实证主义违背了一条简单的逻辑规则：任何有限数量的事实都不能够证实一个全称命题，因而实证主义的可证实性标准是一种乌托邦。他提出了科学划界的"可证伪"标准，于是科学划界标准由可证实性转变到可证伪性。"可证伪"标准打破了科学即真理的神话，更加符合人类在认识中的否定之否定这个辩证过程。但"可证伪"标准忽视了科学理论的坚韧性，证伪主义的拥护者拉卡托斯发展了波普尔的理论，提出精致证伪主义的划界标准。拉卡托斯的科学研究纲领彻底贯彻了证伪主义中的可错主义，否定了经验事实的确实可靠性和判决性实验的存在，但暴露出相对主义的倾向。

库恩根据科学活动在不同历史时期、不同社会形态以及文化生态等不同条件，用"范式"作为科学划界的标准，提出前科学—常规科学—危机—科学革命—新的常规科学—新的危机这个科学发展模式，认为范式之间不可通约。库恩的这种划界标准具有历史主义特征。

劳丹提出异质性科学观。他认为习惯上被视为科学活动和科学信念的内容都具有认识上的异质性,这就使得寻求划界标准的认识形式可能无效。科学是异质的,因此不可分界。劳丹用异质性消解了之前划界观追求同质性和一致性,但对异质性持同质认识论和不彻底的异质认识论的态度,他没有看到异质科学可以导致共生和模式。[①]

费耶阿本德说:"科学是一个复杂的异质的历史过程,它既包含着高度复杂的理论体系和诸种古老的僵化的思想,也包括对未来的思想体系模糊的不连贯的预期,它的要素有些以简洁的陈述给出,有些则是隐含的。"[②]最后费耶阿本德用他的"怎么都行"的无政府主义方法论消解了科学与非科学的划界标准。

由上述科学划界的大致脉络可知,科学划界标准的确是从模糊走向清晰,再由清晰走向模糊。之所以最终走向模糊或者多元化,主要在于科学这种人类活动本身就具有多元形相,其次科学理论的产生途径也非单一,而是多元的。因此,任何单一性划界标准都可能挂一漏万遭到攻击。

多元化、单一性、怎么都行这些都不是不得给科学划界的充分理由,只能说这些划界理论的出现,使人们有权去从多视角认识科学,但科学仍然有它自身的形相。

波兰尼从人性化这个崭新的视角展开了他对科学的认识和划界。他从人的最基本认知方式——意会认识入手,突出个人在认知中的重要性作用,按照个人意会认知的特点建立了科学活动的信托框架,以人性化的视角和方法从科学的前提进行追溯,把科学与人文纳入同一个连贯性框架之中,消解了科学与人文的鸿沟。在此视角下波兰尼持"文化同质性"立场,用个人知识作为切入点,认为科学是人的一种创造性艺术,并构建了全新的人性科学观。他从考察科学传统的观念开始,重新确立了科学的前提,之后从意识形态、可视情感因素、价值评价原则这些方面构建了一个科学与非科学划界的整体框架,从诠释传统到内在原则,形成了一套科学划界的连贯标准和人性化视角,在广阔的视野上形成了对科学的宏观认识。

2.1.2 科学与非科学划界的一个新视角

意会认知论关于科学划界的视角与标准显示出其独特性和人性化特征,波兰尼把传统、科学前提、意识形态、可视情感因素纳入科学划界的考察范围之

[①] 参见陈健:《异质性与科学划界——L. 劳丹的划界理论》,《哲学研究》1994年第9期。
[②] P. Feyeanoand, *Against Method*, NLB, 1979, p147.

内，站在一个大的视域和范围从外到内逐渐深入考察科学的划界标准，最后结合三个综合性价值评价原则形成了一个较为完全的科学划界理论。

以科学史上的案例和事件为例，波兰尼提出了意会认知论对待科学传统的人性化观念。他认为，在科学史上，对以前所做的评价表示认可还是修改，对当代闻所未闻的问题做出怎样的反应，最终还是落在当代人身上。尽管种种传统是过去留下来的，但是这些传统却是当代人自己对过去的解释，是在自己的切身问题的场境内得出的解释。[1]

他看到了解释科学传统的这种现有方式，同时也主张在当代人自己切身的场境内解释传统的态度和方法，突出了对人性的认可和对某些固有标准的扬弃，也为科学认识活动中的个人主体性地位开辟了空间。既然对待科学传统可以在自己切身问题的场境中做出解释，那么在自己切身的场境内对当代前所未有的问题做出解释就是合理的，放弃现有标准和模式，用个人认识对问题做出解释也就是合理的。于是，从对待科学传统的人性化观念和方法就合理过渡到对待当前问题的人性化观念和方法。一种因时变义和人性化的科学观展现在人们眼前。

从传统出发波兰尼切入自己的科学划界观，随即把考察视角深入到对科学前提的考察。《现代汉语词典》这样解释"前提"：①在推理上可以推出另一个判断来的判断，如三段论中的大前提、小前提；②事物发生或发展的先决条件。波兰尼认为，前提是一个逻辑范畴，指的是一个肯定，这个肯定在逻辑上先于另一个以它为前提的肯定。相应的隐含在一个科学发现的成就和建树里的一般见解和目的就是它的前提，尽管这些见解和目的可能与这项调查在最初得到严肃的考虑之前人们所持有的那些见解和目的不再相同。[2] 分析这段话可以得出，波兰尼主张科学的前提是隐藏的，不是外在的固定的东西。

波兰尼认为，科学程序并不能成为科学发现的前提。因为，科学程序是建立在多次成功基础上的，是在多次重复中提取出其共同成功经验而建立的一套规则。它类似于巫术中求神通天的程序、宗教里的崇拜程序，只对成功有效对失败无效，按照科学程序并不能取得科学发现。在科学程序规则的作用下，信

---

[1] Michael Polanyi, *Personal Knowledge: Towards a Post-Critical Philosophy*, University of Chicago Press, Chicago, 1958, p160.
[2] Michael Polanyi, *Personal Knowledge: Towards a Post-Critical Philosophy*, University of Chicago Press, Chicago, 1958, p161.

念和评价在科学发现过程中共同起到科学前提的作用。起到前提的作用，但并不就是前提。在波兰尼看来，前提是隐含的，不明确的，最初也是不严格和不完整的。科学发现过程中的某个信念可能就包含着前提或者就是前提，但是这个信念是否真正包含前提或者就是前提，还要在评价和程序规则的作用下，才能给予确定。

为什么波兰尼不确认科学信念和科学评价是科学的前提呢？其实，他并不否认它们具有前提的作用。他说："我们所采纳的科学程序的规则，与我们所持有的科学信念和评价是相互决定的，因为我们按照自己所期望的方式从事研究，我们根据自己的程序方法取得的成功而形成自己的预期。这样，信念和评价就在科学研究的追求中相应的起着共同前提的作用。"① 随后，波兰尼又对这个共同前提的准确程度提出了质疑。他认为，科学程序规则、科学信念和科学评价无法确定自身在科学研究活动中前提的准确度。一个没有意识到某种前提的科学家，在科学程序规则、科学信念和科学评价面前仍然会一无所获。

笔者赞成波兰尼的这个主张——隐含在一个科学发现的成就和建树里的一般见解和目的就是它的前提。笔者认为需要进一步做出说明的是，科学的前提在最初阶段的确可能隐藏在一般"见解"之中。但随着科学研究的深入，它可能逐渐明朗和有所改变。而"目的"是科学活动处于某个阶段的要求和方向，研究目的一旦确立，所有相关的科学研究程序规则、科学信念和评价标准都为它服务。但是这个目的是凭什么确定的呢？这里面或许有很多无法说明的原因。要么是出于幻想，要么来自经验，要么来自灵感，要么受到启发。这些都形成了科学家在科学发现之前对研究对象的一般见解和目的。还有很多的因素，包括科学家本人的心理、情绪、素质、身体状况等在这里起着综合作用，最后形成合力促使科学家把某项追求作为自己科学研究的目的。这样，一般见解和目的自然成为科学的前提。

再来考察一下，波兰尼为什么不愿意承认科学程序的规则、科学信念和科学评价是科学发现的真正前提。考察科学史可以知道，科学程序的规则、科学信念和科学评价都是可变的、历史的。从大历史角度看，三者是变动的。但在一定时期，科学程序规则和科学评价又是硬性的，对所有的科学发现和科学活动都是一个面孔。这种既定的模式性结构，不可能激发创造性的科学活动，

---

① Michael Polanyi, *Personal Knowledge: Towards a Post-Critical Philosophy*, University of Chicago Press, Chicago, 1958, p161.

第2章 人性化——意会认知的新视角

无法成为科学的前提。同样，科学信念也不能单独成为科学的前提。科学家在科学发现之前可以持有对自己科学发现的信念，坚信它的存在。虽然，信念对于科学家个人来说是肯定的。但是，科学家持有的信念较之于隐含在科学发现结果里面的一般性见解和目的，它又是高层次的，属于形而上的东西。单纯的信念还不能成为科学发现的逻辑起点，波兰尼认为它只是构成科学前提的一部分。而科学发现需要强大科学事实的支持和对科学事实的研究，使这些科学事实得到研究的起点恰好是在其未建立之前隐含于其中并对将来的科学研究具有影响的一般性见解和目的。因此，波兰尼没有肯定科学程序的规则、科学信念和科学评价是科学的前提，而提出了似乎对科学发现并不重要，而且也不明显的一般性见解和目的作为科学的前提。

那么，作为科学前提的一般性见解和目的，在科学发现活动中是如何运作的，又是通过何种方式被认识和确认的呢？

波兰尼认为，它们是隐含的、未知的，附带觉知的，在科学探索的实践中意会遵循的。对这些前提的认定是事后认定，是通过反思认为它具有意义，并且由事实和信念相互强化之后得以确定的。无法从一开始就把它们明白无误地辨识出来。即便是通过反思使之显性化并成为可以遵循的一定的准则，也无法在脱离其自身实践环境的情况下被成功应用。

在原来的基础上波兰尼进一步认为，只有隐含在有意义的线索中的那些一般性见解和目的才是真正的前提。而这个前提的获得是在事实与意义的认定之后推导出来的，没有人能够断言某个见解和目的就必然是科学的前提。在对一个重复出现的事物、现象等引起重视，或者因为这个事物、现象等对人具有重要意义而开始构建事实的时候，这个"事实的逻辑前提对我们是未知的或不为我们所相信的。它们是在我们建立事实的过程中通过反思才被认识的"[①]。也就是说，前提先前隐藏但可事后确认，意义是由目的来确定的。这样隐含在一般性见解和目的之中的前提具有一定的不确定性，隐藏的前提给它的结果增加了不确定性。

即使是持有坚定信念的科学家也不能妄自决定关于某些事实的设想就是科学的前提。波兰尼认为，在持有此种信念之前，科学家并没有获得比这个信念更早更明确的信念，也不存在这样的逻辑。最重要的一点是，"我们已经发现这

---

① Michael Polanyi, *Personal Knowledge: Towards a Post-Critical Philosophy*, University of Chicago Press, Chicago, 1958, p162.

些设想隐含于我们相信事实存在的这个信念之中"。也就是说，某种事实隐隐约约已经告诉科学家，这些设想隐含其中并且具有一定的内在合理性。只要持有这个信念并且坚持不懈地探索，总能够揭示它。于是，某种事实在一定程度上又强化了科学家的这个信念。

波兰尼认为，被事后确认的科学前提在其发生之初就在默默地起作用，科学家在承认科学追求的结果为真实时对它是意会遵循的。科学家确定科学前提的这个意会结构是非常独特的。"这个逻辑结构不仅适用于科学发现，也适用于更为具体的科学前提，事实上其适用范围远远超越这些具体的科学前提而深入一切非形式思维过程的逻辑前件，有些甚至进入了人类理性行为的各个方面。"① 在没有形成明确规则的技艺实践中，这个前提的意会结构的作用方式同样非常突出。和科学发现的前提一样，没有形成明确规则的技艺的前提仍然是隐含于技艺实践之中的一般性见解和目的，它被实践者意会遵循着，在实践过程中不被实践者当作焦点觉知，而是附带着起作用。只有在人们习得该项技艺并分析其成功时，才从焦点上识知了这些前提。波兰尼说："一项技艺的前提不可能先于其实践而在焦点上被发现，甚至也不可能在我们亲自经历这一实践之前通过别的实践者明确的阐述而理解该项技艺。"② 该项技艺在形成明确的实践规则之后，这个规则仍然不能使学习者按部就班地习得该项技艺。较之于规则形成之前，这个规则只能给予学习者极大的帮助，它在学习者掌握该项技艺的具体场境中被附带遵循。

至此，波兰尼明确指出了科学前提和习得技艺前提的意会性，也指出了掌握技艺的过程同样具有意会性，它在整个过程中被附带觉知。但波兰尼并不满足于把这种意会性锁定在科学发现与技艺习得这两种情形中，也不愿意让这个意会性深藏不露。他对自己的阐述做了修正和拓展，认为自己对科学前提的认识适用于更多非形式的思维过程，并做出了总结。他认为，种种逻辑前件是在对之应用的过程中被逐渐认识的。它们被从焦点上认识是后来的事情，是后来在分析其应用时才被认识的。从焦点上认识不仅仅是单纯的总结还包括对这个前提的发掘。一旦该前提从焦点上被认识，它们就在这个实践过程中被重新整

---

① Michael Polanyi, *Personal Knowledge: Towards a Post-Critical Philosophy*, University of Chicago Press, Chicago, 1958, p162.
② Michael Polanyi, *Personal Knowledge: Towards a Post-Critical Philosophy*, University of Chicago Press, Chicago, 1958, p162.

合而被用来指导这个过程，同时实践者的作为也被附带改变，并且在这个过程中发挥着新的作用。

波兰尼把这个过程拓展到科学之外的领域——音乐、法律等。然而，人们面临的最大困难却是无法确知某种一般性见解和目的就是自己需要确立的前提。如何克服这些困难，推进下一步的发展呢？波兰尼认为，"第一个步骤就是承认它的实例"。[①] 但是，面对众多的实例，如何辨别其真伪，如何确定什么是"事实"，什么是"科学事实"，什么是"音乐"，什么是"法律"呢？接下来第二个步骤就是要采取某种立场，并且对承认的事实进行反思。他说，"为了阐明隐含于事实特别是科学事实的建立这个过程中的种种设想，我们必须在可疑问题上采取某种立场，因为我们必须对我们承认为有效的事实和科学的成分进行反思，或至少对我们视为有效的断言尽管不是有效地建立的事实和科学成分进行反思"。[②] 第三个步骤就是把它放在该专业群体的面前，评判其有效性和价值，得到大众意见的分析。从最初隐讳含糊的设想发展到更高的准确性和确定性，在发现和验证的过程中，科学前提引导着科学家的判断，科学前提在内在规约着科学家的活动而不是其他，这样科学前提也就理所当然成为划界标准之一部分。

较之于科学前提，意识形态更具有主观性和个人性，更为难以进行直接辨识和形式化，但是意识形态可以被定性认识和以观念、立场、态度、主张等形式表现出，所以被波兰尼纳入了科学划界考察范围之内。

《现代汉语词典》这样解释"意识形态"：又叫观念形态，是在一定经济基础上形成的，人对世界和社会的有系统的看法和见解，哲学、政治、法律、艺术、宗教、道德等是它的具体表现。[③] 在这个解释中，虽然没有提及"科学"也是意识形态的具体表现，但是一经分析便知科学理所应当属于此列。

既然科学是意识形态的具体表现，那就有对它的观念、看法和见解，也有对它的立场和态度。既然有立场和态度，那就有肯定或者否定、有坚持或者反对、有捍卫或者抛弃。既然是观念形态，那就一定有形而上学的特征和基础。于是，以意识形态为划界标准之一，也就具有了一定的合理性。

[①] Michael Polanyi, *Personal Knowledge: Towards a Post-Critical Philosophy*, University of Chicago Press, Chicago, 1958, p163.
[②] Michael Polanyi, *Personal Knowledge: Towards a Post-Critical Philosophy*, University of Chicago Press, Chicago, 1958, p163.
[③] 中国社会科学院语言研究所词典编辑室编，《现代汉语词典》，商务印书馆2012年版，第1556页。

人们从事科学研究，应用科学成果，把科学理论作为知识和行动的指南，沉思科学，这些都旨在认识和把握科学。西方科学哲学为科学制定了多种划界标准，但是这些现有的划界标准大都存在一个重要缺陷，那就是比较多地关注具体的标准是什么，而对科学划界的形而上学标准几乎没有讨论。其实，探寻现代科学的本质，旨在从中认识现代科学的形而上学基础。

波兰尼在自己的意会认知论框架中，把科学的形而上学单独作为其划界的一个标准给予认识，显示了他对科学的人性化认识与独特性。波兰尼认为，科学作为一种意识形态是一种相信或者信念。也就是说，从事科学的人一定相信科学和持有科学信念。

"所有这些以及其他无数科学家或自称为科学家的人们，都对事物的本质以及对科学研究的正确方法和目的持有某些所谓的'科学'的信念。"[1] 在此，波兰尼认为，持有科学信念是科学家和科学研究者的一个共同特征，也是科学区别于非科学的一个界限。然而，这个界限又是模糊的，它没有能够清理门户厘清边界。因为，就连所谓的科学家也承认这个信念。显然，所谓的科学家在真正的科学家眼中是不称其为科学家的。所以是模糊的，不能够作为科学划界的一个清晰分界线。但是，它显示出了这个群体的一个特征，那就是相信自己所认识的对象、对认识对象的行为，以及研究所采用的方法和为什么要认识这些对象等思想、行为、目的都是科学的。这是一种效忠科学或者依附科学或者利用科学的意识形态，从事科学研究的人莫不以此种意识形态标榜自己和据此把自己与伪科学、非科学主动划清界限，形成他们独特的心理基础。它自然成为科学划界的一个意识形态分野。

意识形态是可变的、潜在的，一个说自己相信科学正在追求科学的人，或许正在毁坏科学、利用科学、迫害科学，他的所作所为并不是科学，他完全可能混迹于科学中，假装在为科学，实际在反科学。这种现象固然存在，但人们无法看见，也无法量化。因此，在意识形态这种划界标准之外，还要有其他的标准来与之共同作用。解决上述现象是有办法的，人们可以从这个人的行为和可视情感中给予辨析，把他的行为与情感过滤出来，考察其行为与情感之外是否有非科学的目的，比如名利因素、政治目的等。这就是波兰尼意会认知论中涵盖的另一个科学划界的可视情感因素——行为人是否具有追求真实的求知欲

---

[1] Michael Polanyi, *Personal Knowledge: Towards a Post-Critical Philosophy*, University of Chicago Press, Chicago, 1958, p160.

望。这个欲望一经在现实中得到认可，就比单纯从意识形态标准来看更为明确和更加可信，科学的边界也就逐渐变得清晰起来。

纵观人类发展的历史可以知道，人类有一个锲而不舍的目标，那就是求真。它在科学活动中具体体现为追求真实性的求知欲望。在我们的眼中，科学是一个绝对理性的行为活动，其实，这只是看到了科学理性的一面。科学感性的一面常常因为无法界定和测评而被有意或无意遮蔽。从根本上说，人类对自然、对自身、对社会等一切知识的欲望，才是科学的原动力，但是，人类求知的欲望并不是只在科学中体现。在科学逐渐成为人类知识的主要来源的时候，人们认为，求知欲就是为了追求科学知识，但是，在之前漫长的时代里，我们又如何能够认定追求巫术、学习求神不是在追求科学呢？在这里，波兰尼提出了一个可视指标——追求真实并以此为欲望。但一个具有强烈求知欲的人或者群体，不一定是在追求科学和从事科学研究。波兰尼认为，这要看这个人和这个群体是否在追求对外在世界真实性的认识。所以，追求真实性的求知欲望是继意识形态分野之后一个逐步走向清晰的可视性划界标准。

波兰尼认为，在使自己投身于对事物本质的连续性追求过程中，科学家的求知情感经历了种种深刻的变化。类似于视觉艺术从镶嵌图案到印象主义再到超现实主义一样巨大的变化。但是，"在这两种情形中有一种经久不衰的热情却发生了相似的超越。……那就是，在整体上越来越开明和越来越高贵的对真实性的求知欲望。这种对真实性的求知欲望是科学追求从中得以确定和隐含在科学成就中的那些设想能够得到辨认的总框架"[1]。

可见，对科学真实性追求的欲望是科学得以延续和科学家被后世尊崇的主要原因，这也是科学划界的一个标准。

对真实性的求知欲望显然已经在慢慢接近科学的内部。但是，具有追求真实性的欲望仍然无法把科学和非科学给予明确的界定。一个具有科学意识形态和良好科学动机以及正在追求真实性的人就是在追求科学吗？或者真实性就能够代表科学吗？

显然，人们对真实的理解并不一致。纵观科学史可知，真实是科学的一大品格，正是因为科学活动具有较大的真实性，才使之被人们承认和接受，人们才把公理、科学定理、科学定律视为反映自然界规律的真理。

---

[1] Michael Polanyi, *Personal Knowledge: Towards a Post-Critical Philosophy*, University of Chicago Press, Chicago, 1958, p165.

人类的理性，是建立在对真实的掌握、理解和寄托之上的。

但是，人们对于真实的发现手段与方法以及对真实的确定性理解显然存在偏差。在人们心目中都存在一个对真实的理解和定义，可是一旦面对具体的思想、理论、现象时就显示出理解的偏差。哥白尼日心说公开之后，在将近150年的时间里仍然难以击倒托勒密体系。托勒密的信众并不认为哥白尼体系是真实的，进而对哥白尼信众采取了迫害。引人注目的是，"争论双方都同意他们所用'真实'一词的意义，即真实性在于取得与现实的接触"[1]。

后来的实践检验证明，哥白尼的追随者在肯定这个新体系时是正确的。托勒密的信众在退而承认其只具有形式上的优点而并非真实，是错误的。显然，托勒密体系"用虚假的原因解释自然现象的确是极为荒谬的虚构"[2]。

科学史上的诸多案例表明，在判断真实性面前，我们还需要一个评价标准来检验一个活动结果或者理论对真实的反映程度，及其预言的真实性。这样我们才能够把科学与非科学进行彻底的区分。

波兰尼认为，科学的确定性（准确性）、系统贴切性（深刻性）、内在意义这三者共同构成了科学的价值评价标准，也是科学划界的一个重要内在标准。确定性、系统贴切性，是科学所固有的特性，比较容易确认和得到共识。而内在意义却是科学之外的一个评价科学的重要标准。[3]

内在意义进入科学评价标准是波兰尼对科学价值评价和科学划界的一个创举，他看到了刚性评价标准背后隐藏的这个重要指标。可以说，提出内在意义标准是对科学认识的一个突破。内在意义标准的提出，给实证主义和客观主义的评价标准充实了柔性，也使那些被刚性标准排除在外的重要题材、事实和研究成果具有了被关注和重视的可能。内在意义标准因其柔性而使刚性标准丰满充实并更加具备说服力，但是正是因为其柔性难于界定又给整个评价带来了操作上的难度。有些题材、事实、研究成果的内在意义并不是一开始就展现在人们面前，而且有的即使立即展现出来，也可能因为认识的差异和意识形态的差异而不被承认。尽管如此，波兰尼对内在意义标准的提出仍然是重要的理论突

---

[1] Michael Polanyi, *Personal Knowledge*: *Towards a Post-Critical Philosophy*, University of Chicago Press, Chicago, 1958, p147.

[2] G.Abetti, *History of Astronomy*, Longon, 1954, p73.

[3] Michael Polanyi, *Personal Knowledge*: *Towards a Post-Critical Philosophy*, University of Chicago Press, Chicago, 1958, pp135–136.

破。它使我们对外部世界的题材、事实和研究成果有了一个新的警觉和思考。在此可见波兰尼意会认知论的创造性和人文性，他提出来的内在意义标准无疑是一个"烫手山芋"，但又是一个具有普遍价值的更加具有合理性的科学价值评价标准。

对于三个标准如何操作，波兰尼认为，"在应用中，这三个标准同时使用，以便其中一个标准欠缺时由其余两个标准的杰出性来做补偿"[1]。可见，波兰尼在提出这三个标准时就想到了它们在操作上的困难。由此提出了自己的解决方法，即单有其中的一个标准并不被认可为具有极大的科学价值，而是至少由其他两个标准公共作用，并且是以这两个标准的杰出性来做补偿的。不具有杰出性的题材、事实和研究成果即使同时满足了两个标准同样不具有科学价值或者科学价值并不大。显然，这是波兰尼对实证主义和客观主义原有评价标准更具有合理性和解释力的提升。这三个标准共同构成了科学划界的内核。

波兰尼的科学价值评价三标准的操作原则可以归纳为：杰出性补偿和内在意义可独立原则。科学史上诸多的科学案例证明了波兰尼提出的三标准原则的合理性。我们可以用科学案例来对波兰尼三标准原则操作性作解释。

先是看杰出性补偿原则案例。瑞典物理学家西格班因其测量大大增加了原子 X 射线光谱波长的准确度而获得 1924 年诺贝尔物理学奖。尽管他的测量几乎没有揭示出任何本来意义的东西，但是他带来的杰出的准确性补偿了其他方面的不足，使之得到高度的科学价值评价。

再看内在意义独立原则案例。新达尔文主义在前两个标准的杰出性上有很大的差距，他们并没有提出更多直接的证据证明自身的科学性，甚至还有反面的证据使之被质疑，但是它提出了人类起源这样一个具有重大内在意义的主题，并且适合于机械论世界观，因此受到科学的高度赞誉和坚定信赖。

然而，科学价值评价并不是都按照这三个标准，就是按照这些标准，也存在科学价值评价的偏差。1914 年，美国科学家理查兹，因精确测定若干种元素的原子量获诺贝尔化学奖。1932 年，英国科学家弗里德里克·索迪[2]却认为这

---

[1] Michael Polanyi, *Personal Knowledge: Towards a Post-Critical Philosophy*, University of Chicago Press, Chicago, 1958, p136.
[2] 1910 年，F. 索迪最先提出了同位素概念，次年他又提出了同位素假说，即同一种化学元素有两种或两种以上的变种存在可能是元素存在的普遍现象。F. 索迪还在实验中独立发现过一些元素的 40 多种同位素。也因此，F. 索迪就获得了 1921 年诺贝尔化学奖。

些测定值毫无科学意义。因为在弗里德里克·索迪所处的时代，人们已经认识到原子量的值来源于自然界中该元素所有同位素所占的比率。一个似乎表现了宇宙根本特征的测量，在这时候变得毫无意义了。在现在看来，原子量的准确测定的确不存在内在意义，而且也不存杰出的准确性，因为这是按照每种原子在自然界中的所有同位素的比率来决定的。

但是，科学价值通常可以得到可靠的评估。在杰出性原则和内在意义原则之间，波兰尼认为，内在意义有时更重要。尤其是那些独一无二的事件的内在意义更应当受到关注。

在科学研究中科学家常常对规律性的事件有兴趣，对于那些毫无规律性独一无二的事件却并不重视。当然，对于独一无二事件的重视和投入研究精力本身就是一个较大赌注。相比之下，研究规律性的事件显然要安全得多。一个事件如果能够被重复或者能够预测其反复出现，这说明它具有一定的规律性，是自然界系统的一部分。它的可重复使得研究者对它的观察和测量变得更加可靠。无视与公认的科学知识体系相冲突的证据是科学家通常的行为。在现行科学知识体系中，还没有更好的办法避免对独一无二事件、题材、科学研究的正确评价。

波兰尼认为，"事实上内在意义可以比完全缺乏规律性更为重要"[1]。1572年，丹麦科学家第谷·布拉赫观察到一颗格外明亮的新恒星，他的发现对摧毁亚里士多德体系具有重要的意义。1828年，德国化学家弗里德里希·维勒人工合成尿素，这一发现强烈地冲击了形而上学的生命力论，为辩证唯物主义自然观的诞生提供了科学依据。[2] 1938年12月，有人在南非洲的东南海域捕获了空棘鱼。当时世界上没有一个学者相信这一事实。[3] 捕获空棘鱼的科学意义并不是给这个物种带来新的前景，而是具有找到了一切陆生脊椎动物的共同活祖先的重大内在意义。

"尽管此类发现并没有建立起新的普遍性法则，但是它们的科学价值却在于隐含的深远内在意义。它们反映了某种更隐晦而却更深刻的，对于更加广阔的

---

[1] Michael Polanyi, *Personal Knowledge: Towards a Post-Critical Philosophy*, University of Chicago Press, Chicago, 1958, p137.
[2] 同时维勒还提供了同分异构现象的早期事例，成为有机结构理论的实验证明。
[3] 因为空棘鱼在3亿年前生活在海中，约1亿年前数量逐渐减少，在7000万年前完全销声匿迹了。

领域内的经验的更为真实理解。"①

在这里，我们可以把杰出性补偿原则和内在意义独立原则与海森堡的测不准定理做一个比较。看起来，杰出性和内在意义在科学价值评价中很难完美结合，两者之间的关系似乎类似于速度与位置之间的测不准关系，确定一个量必然牺牲另一个量的准确性。如果这样类比，并以此为标准，显然不正确。位置与速度是两个实在物理量的关系，都是刚性可测的。但是，杰出性和内在意义之间的关系，在同一个系统中并不存在必然的冲突，既竞争又互补。相反，对于内在意义的重视，是对科学价值评价标准的有意义补充，也是全面提升科学价值评价水平的重要措施。对于发展科学，重视科学中的特殊题材、事件和研究具有重大意义。因此，三个标准共同作用下的杰出性和内在意义成为波兰尼科学划界观的一个人性化创举。

2.2 SSK意蕴——意会认知论对科学活动的人性化考察

如果从人性化这个视角来考察波兰尼的意会认知论思想内涵的话，前面所述波兰尼科学划界思想是对科学进行抽象的人性化认识，是一种远观和概略性认识，它适合于为科学与非科学分界，却没有深入到对具体科学活动内部进行分析和认识。波兰尼对科学的人性化认识并没有停留在此，而是接着深入认识了科学活动内部的情形，形成了对具体科学行为的人性化认识，批判了之前对科学活动的神圣性、严肃性、非个人性等专制观念，从科学知识及其行为的个人性、平等性、社会学特性等角度入手，揭示了科学活动及其理论的社会学特性，并成为之后科学知识社会学学派的先声。

2.2.1 意会认知论对科学知识社会学的影响考证

科学知识社会学（Sociology of Scientific Knowledge，简称SSK）的产生有一个大的时代背景。20世纪40年代末50年代初，面对"二战"给人们带来的深重灾难和痛苦，英国一部分科学家与人文知识分子就西方文明的未来展开了非常激烈的大讨论。讨论的焦点是科学用于解决社会政治问题的合理性。在这个大讨论的背景下，1959年物理学家出身转而成为作家的C.P.斯诺在剑桥大学

---

① Michael Polanyi, *Personal Knowledge: Towards a Post-Critical Philosophy*, University of Chicago Press, Chicago, 1958, p137.

发表了关于"两种文化"的演讲。[①] 此时,英国知识社会学和科学社会学正处在方兴未艾的时期。60年代后期,英国的一些大学开始逐步设立"科学的文化(人文)研究"这类研究机构。爱丁堡大学的科学元勘小组(Science Studies Unit)就在那时(1967年)成立,创始人是爱丁堡学派的巴恩斯(Barnes)和布鲁尔(Bloor),他们在吸取前人研究成果的基础上,共同创建了科学知识社会学的"强纲领"。[②] 由此SSK发端,走向兴盛转而后又进入理论困境。

通常认为,科学知识社会学(SSK)的学术思想渊源主要来自这四个方面:(1)德国的图宾根学派"教会编史学"的意见,认为应该对正统的思想与非正统的思想都给予中肯的对待。[③](2)涂尔干和曼海姆提出的对知识进行社会学考察的观点。(3)科学哲学的理论支持。库恩所提出的"范式间的不可通约性"[④],汉森的"观察渗透理论"的认识论原则,都在某种程度上为强纲领的提出起到了铺垫作用。(4)维特根斯坦后期的哲学思想的影响。维特根斯坦在晚年开始对自然科学知识享有免予社会学研究的特权提出异议,他指出知识就其本性而言是社会的。布鲁尔最早提出强纲领的文章也主要是融合后期维特根斯坦哲学和曼海姆的知识社会学思想而做的一个阐发。

除以上四个方面之外,还有一个人对SSK的影响值得关注。这个人就是波兰尼。从时代背景和思想渊源可以分析出波兰尼对SSK的影响,在这里可以肯定地说波兰尼的思想是SSK的先声。

考证依据如下:第一,波兰尼是英国20世纪40年代末50年代初这次大讨论的直接参与者,他的思想在欧洲和美国具有一定的影响力。第二,1959年波兰尼也作过以"两种文化"为题的演讲。同年6月初,波兰尼与C.P.斯诺共进午餐,探讨斯诺的著作"两种文化"。[⑤] 第三,知识社会学的主要代表人物曼海姆是波兰尼的好友,1944年4月,波兰尼会见社会理论家曼海姆。[⑥] 两人都是

---

① [英]C.P.斯诺著:《两种文化》,纪树立译,上海:生活·读书·新知三联书店1994年版。
② 其代表人物还有拉图尔、谢廷娜、伍尔格、柯林斯、夏平等人。
③ 刘华杰:《科学知识社会学的历史与方法论述评》,《哲学研究》2000年第1期。
④ Kuhn Thomas, *The Trouble with History Philosophy of Science*.*Robert Maurine Rothchild Lecture*,1992,pp8–9.尽管库恩后来竭力反对SSK,并且在演讲中大肆批判SSK,提出:"如果有人发现强纲领的主张是荒谬的,是一个发疯的解构实例,那么我就是其中的一员。"但是,双方的思想都因此而得到传播。
⑤ William Taussig Scott, Martin X.Moleski.*Michael Polanyi*:*Scientist and Philosopher*,Oxford University Press,Inc. Oxford, 2005, p236.
⑥ William Taussig Scott, Martin X.Moleski.*Michael Polanyi*:*Scientist and Philosopher*,Oxford University Press,Inc. Oxford, 2005, p240.

来自布达佩斯的流亡者，早在1915年两人在布达佩斯"星期天下午"这个组织就认识。他们曾经有过多次的私下交流，彼此之间有深入的思想影响。第四，库恩在1958年11月听过波兰尼讲述意会知识，也读过波兰尼的《个人知识》等著作。1961年7月，波兰尼应邀参加《科学革命的结构》座谈会。库恩请波兰尼做他的论文评论员。[①] 库恩在《科学革命的结构》一书中承认波兰尼的思想对他的启发。[②] 第五，我们从波兰尼的著作《个人知识》中可以发现很多与SSK类似的思想，有的甚至超出了SSK的主张。第六，从时间上推算，波兰尼的哲学思想成熟和著作出版比SSK发端大约要早十年。第七，强纲领SSK的另一个代表人物迈克尔·马尔凯在其著作《科学与知识社会学》中多次以波兰尼个人知识来论证自己的观点。由此可见，波兰尼对SSK的直接影响和间接影响，以及二者之间可能存在的一致性与共同主张。[③]

在波兰尼的科学哲学思想里，有一部分是针对科学活动本身的社会性而言说的。这些论述散落在他的著作的各个角落。他本人并没有对科学知识的社会性给予足够重视和单独强调，但是我们仍能从各个分散的地方看到这个思想轮廓。那就是波兰尼对科学知识社会性的先期认识。他的科学知识社会学思想，主要体现在他本人对科学知识个人性的主张，对科学活动内部及其外部论战社会性的体察，对科学程序形式规则和归纳方法的反思，对普通语言用于科学知识评价的社会性认识等方面。他试图通过对科学知识纯粹客观性的批判来揭示科学知识的个人性与社会性；通过承认科学内部与非科学同样具有传统和权威来揭示科学在神圣表面背后具有的非理性的一面，通过对科学程序所有形式性规则的歧义性来批判科学活动在逻辑上的完全正确。波兰尼的这些观点都暗合了后来SSK宣扬的主张，甚至在某种程度上就是SSK的主张。可以这样说，波兰尼不自觉地充当了SSK的先驱。

---

① William Taussig Scott, Martin X.Moleski.Michael Polanyi: *Scientist and Philosopher*, Oxford University Press, Inc, Oxford, 2005, p245。波兰尼评论说，"库恩的论文可能要遭致各种反对，但不会在我这里"。但是，波兰尼不赞成库恩关于常规科学与革命的科学的简单的二分，认为库恩没有讲清楚驱使科学家迈向发现的内在启发式冲动。
② ［美］库恩著：《科学革命的结构》，李宝恒、纪树立译，上海科学技术出版社1980年第37页脚注。
③ ［英］迈克尔·马尔凯著《科学与知识社会学》一书中，将波兰尼译为波拉尼。还有的译为博兰尼。李宝恒、纪树立在《科学革命的结构》一书中译为波朗依。

2.2.2 波兰尼的哲学思想与 SSK 思想同异辨析

比较波兰尼与 SSK 的观点，两者既有很多共同点又有极大差别。波兰尼并不是一个真正的强纲领 SSK 主张者，他与 SSK 在很多地方意见甚至完全相反。但是，他的思想里确确实实闪烁着 SSK 的主张。二者思想的共同点表现在：(1) 波兰尼反对纯粹客观性和机械论世界观。SSK 也指出，科学知识本身并不存在绝对的或超验的特性，也不存在诸如真理性、客观性、合理性、有效性这样的特殊本质。(2) 都反对科学程序形式规则与归纳法的指导性原则。(3) 两者都看到个人性在科学活动中导致的科学知识社会性。(4) 两者都认为科学论战的解决方式是导致科学知识社会性的一个主要因素。

波兰尼与 SSK 的差别在于：(1) 波兰尼重在批判客观主义、实证主义的纯粹客观性和机械论世界观，但是并不认为科学知识是人工制造的，他认为科学知识是对自然界的描述。(2) 波兰尼更强调科学知识的个人性，强纲领 SSK 更强调科学知识的社会性。波兰尼强调科学知识的个人性，但不渲染科学知识的社会性。(3) 波兰尼不认为科学知识是磋商的结果，尽管存在科学论战和论战中种种非理性的宣泄，但是他认为这是科学活动的一个环节，最终会得到正确的解释和被说服。(4) 波兰尼强调科学活动和科学知识的个人性不是为了抨击科学，而是为科学的客观性解蔽，仍然是为科学活动和科学知识作辩护。他认为，只有在人类所寄托的观念是真实的范围内，人类才是理性的，[①] 而人类的科学活动就是追求真实和真理的一种有效手段。SSK 强调，科学家的个人性是为了证明在科学知识的生成过程中科学家个人的情感因素、心理倾向、个人喜好具有重要作用。其目的在于强调人为因素和偶然因素在科学知识生成中起到的作用。

波兰尼不是 SSK，而是 SSK 的先声。他没有和他反对的东西决裂，反对是为了伸张自己的个人知识主张，仅此而已。他也赞成，"这些形式标准当然能够被合法地用作科学价值和科学程序的准则"。[②] 作为科学家，他深知科学程序的形式规则和归纳方法的重要性。他更多的是在拷问经验推理的公理性预设成为科学活动所依赖的指导性原则的合理性与合法性。他反对它们，但又不是坚决

---

① Michael Polanyi, *Personal Knowledge: Towards a Post-Critical Philosophy*, University of Chicago Press, Chicago, 1958, p170.
② Michael Polanyi, *Personal Knowledge: Towards a Post-Critical Philosophy*, University of Chicago Press, Chicago, 1958, p170.

抛弃它们，这反映了他的一种改良心态。从这个角度来说，他并非类似于 SSK 的"革命者"，而只是一个改良主义者或者自由主义者。

2.2.3 波兰尼的科学知识社会学思想

波兰尼反对科学用理性暴力去拒斥非科学，主张重视科学家视野之外的证据，他说"那些否定巫术存在的人一点都没有尝试过解释这些证据，而是成功地提出忽视它的强烈主张"[①]。他反对科学常常以理性和科学事实为据傲然漠视科学之外的其他人类文化活动，主张平等对待科学及科学之外的人类其他文化证据。

波兰尼主张把科学与宗教、迷信、巫术等其他文化都看成一种信念系统，认为它们都差不多，没有高下之分。他说："科学是我们所寄托的一种信念体系，它深深根植于我们的历史之中，并不是通过一个个公式而建立起来的，它是我们心灵生活的一部分。"[②] 波兰尼并不认为科学的信念比其他信念更具有理性。他认为，科学家往往按照自己所期望的方式从事研究，并根据自己的程序方法已经取得的成功而形成自己的预期。这种研究方法和心理预期同宗教、巫术、魔术并无截然差别。在这里，波兰尼向读者展示出科学家和巫术实施者对同一证据的判断存在明显不同的信念，这实际上就是后来 SSK 相对主义主张的一个出发点。他提出科学是心灵生活的一部分，也就是把科学和科学之外的人类心灵生活平等对待，他不认为科学应当在其他心灵生活之上或者占据我们心灵生活的全部。这也是后来 SSK 的一大信条，主张无偏见性对待各种知识，不论真或假、合理性或非理性、成功或失败，都要无偏见地加以对待。在这一点上波兰尼与 SSK 是一致的。

在 SSK 之前，科学哲学和科学社会学都没有对科学论战与科学知识的社会性之间的关系做过专门研究。波兰尼在《个人知识》一书中对科学争端的论述，揭示出了科学知识的社会性。作为人类生产实践的产物，科学和人类其他文化成果一样，在其内部与外部一直都存在着论战。这种论战双方各自的目的、回应的方式和解决手段都具有极强的社会性，而不是用人类普遍理性，更

[①] Michael Polanyi, *Personal Knowledge: Towards a Post-Critical Philosophy*, University of Chicago Press, Chicago, 1958, p168.

[②] Michael Polanyi, *Personal Knowledge: Towards a Post-Critical Philosophy*, University of Chicago Press, Chicago, 1958, p171.

不是科学理性。尤其是在一种新的科学理论诞生的时期，这种在外部为科学知识辩护，在内部为反对科学共同体的暴政而争取的事实，更多体现了科学活动的社会性。

在考察科学知识内部的社会性时，波兰尼提及了科学共同体对待科学知识的社会性特征。对这个特性的考察，他并没有给予长篇论述，只是作了专门的考察，但并不影响读者对他的这部分思想的认识。归纳起来有以下三个方面的表现：第一，为了争夺某一项知识的最先发明权或者个人在科学共同体中的地位，科学家之间表现出来的非理性争夺。科学家之间为了科学知识的辩护和地位争夺，常常采用社会性手段来求得速战速决，而不是诉诸理性。此类方式同人类其他社会性争夺方式并无二致。第二，群体对一项新的科学发现或者新的科学理论的暴政。科学共同体和其他人类共同体类似，具有外部斗争和内部竞争，一样存在暴政。科学共同体内部的暴政绝不是肉体的毁灭，而是占据大多数地位或者依据先有理论的群体对新发现、新理论的批驳与压制。波兰尼认为，科学争端是一种"求知动乱"，科学共同体的内部评议是"有组织的大众意见"。这种意见决定了一项新的发现和新的理论是不是科学。"每一次科学论战都变成了公认的权威与觊觎者之间的争论。在论战中，觊觎者迄至当时为止都被剥夺了科学家的地位，至少在处于争论中的各种方面是这样的。"[1] 在科学论战中，科学共同体内部那些对新的发现和新的理论有敌意的评判者，完全可能故意拒绝发现者和他的成果。这种人为障碍是不良社会行为在科学共同体内部的体现。科学共同体内部的暴政及其社会性由此而暴露出来。第三，科学共同体内部不同学派之间论战表现出来的社会性。科学共同体被其他共同体和个人视为一个比较特殊的整体。科学共同体之外的人们不可能设想科学共同体内部会具有如此频繁激烈甚至持久的论战，然而，作为科学家的波兰尼却很清楚这一点。他指出不同学派之间近似疯狂的攻击，主要是拒绝接受对方提出理论和相关根据。只在乎自己的理论与根据而反对甚至攻击对方的理论和根据，即使对相同的证据也给予否认。这里波兰尼所揭示的实际上就暗含了一个学派和其中的科学家对科学知识的社会性建构。他说，西方的科学家会因为李森科的生物学理论建立在马克思列宁主义基础之上而拒绝承认它。同样，李森科也会拒绝考虑孟德尔主义的统计式证据。后来的SSK在这一点上受到启发，直接提

---

[1] Michael Polanyi, *Personal Knowledge: Towards a Post-Critical Philosophy*, University of Chicago Press, Chicago, 1958, p164.

出了科学知识就是科学家基于社会性的建构。

波兰尼从科学活动的个人性对科学知识的社会性做了考察。科学知识生成具有个人性,这是他竭力主张和坚决强调的。他认为,科学知识首先是科学家个人的,具有强烈的个人信念、个人参与、个人判断、个人解释。科学家选择方法去做发现,选择理论来解释其发现,这里面就隐含着科学知识社会性的可能。更为重要的是,科学家在对待传统科学知识时体现出来的社会性。"在科学史上对以前就它们的结果所做的评价表示认可还是做出修改,并同时对当代闻所未闻的问题做出反应的任务,最终还是落在讲述它们的故事的人身上。……是我们在自己的切身问题的场境内得出的解释。"①这表明,波兰尼不仅认识到了科学知识的个人性,而且注意到了"自己的切身问题的场境"对科学知识的作用,也就揭开了科学知识社会性的面纱。波兰尼之后的强纲领 SSK 比他更进一步,他们直指科学知识的核心,认为科学知识的内容不是对自然界的描述,而是社会性建构出来的。科学研究所用的仪器、材料、药品、指标都是人为的,由此科学事实只能是人工事实,而建立在科学事实基础之上的科学知识也只能是人工制造(manufacture)、构造(construction),甚至编造、捏造(fabrication)的结果。②

在《个人知识》一书中,波兰尼向我们暗示了科学程序形式规则和归纳方法导致的科学知识社会性。他认为科学程序有可能使一个经验性命题的可能性增加至确定性。"科学程序的所有形式规则必定都被证明是有歧义的,因为它会被人们按照有关事物本质的、科学家赖以为指导的特定的观念而赋予不同的解释。"③波兰尼为了坚持科学活动的个人性而认为,牺牲个人性而追求形式化是错误的,这样可能走向极端。"把归纳推理的过程形式化的所有尝试正是在这一方面走上歧途的。"④波兰尼是这样认为的:科学不是一个由规则来支配的活动,科学家并不遵循一套能引导科学工作者独立发现真理的程序。后来的 SSK 在这方面与波兰尼具有更多的一致性。

---

① Michael Polanyi, *Personal Knowledge: Towards a Post-Critical Philosophy*, University of Chicago Press, Chicago, 1958, p160.
② 参见[美]科尔著:《科学的制造》,林建成等译,上海人民出版社 2001 年版。
③ Michael Polanyi, *Personal Knowledge: Towards a Post-Critical Philosophy*, University of Chicago Press, Chicago, 1958, p167.
④ Michael Polanyi, *Personal Knowledge: Towards a Post-Critical Philosophy*, University of Chicago Press, Chicago, 1958, p29.

之所以反对过分追求形式化，是因为波兰尼洞察到了科学发现的一个重要的非形式化途径——思辨。他认为，科学家取得真实而且重要结论的机会决定性取决于科学家所持观念的正确性和科学家个人的洞察力。他是受到了爱因斯坦以及德布罗意科学发现的启发，这一类发现是没有通过任何归纳过程而是受到具有内在合理性的评价标准引导取得的。波兰尼非常重视这两个科学案例的意义。

波兰尼看到在不同科学共同体之间以及同一科学共同体内部个人之间，尽管采用的都是科学程序和科学方法，但是各自的解释结论仍然存在争论的原因，是各自信念框架和观念框架的差异，他在这里实际上向读者揭示了科学程序和科学方法深层次的社会性。他认为，科学程序形式规则和科学方法是建立在科学家自己的信念体系之上的。按照他的理解，信念的认可等级表现了参与者的信念寄托程度，这种信念认可等级越高，参与者对之进行信念寄托的程度就越高，则越易形成认识上的经验信念，越易使参与者深陷其中而深信不疑。科学这种信念体系根植于历史，并且在现代生活被专门的机构培育。现代人对于科学的接受并不是通过学习公式和定律建立起来的，而是把科学视为自己心灵生活的一部分。从中可以看到，波兰尼把科学的信念体系视为人类社会活动的一种，注定具有社会性。

波兰尼还把自己的视野转向了非科学领域，进一步说明归纳法的社会性。它既可以为科学所用，又可以为巫术所用，还可以为人类文化活动的其他领域所用。科学归纳的结论并不完全具有唯一普遍合理性，他说，"我们应该记住，归纳法的规则在各个时代都给予科学信念相反的信念提供了支持"[①]。的确如此，史前的巫术和魔法所运用的那些理论里有归纳法的巨大功劳。有3000多年历史的占星术，其理论来源就是通过对已知经验的归纳。

后来的SSK则进一步认为，实验和归纳法不能为科学知识提供任何合理的认识基础。信念不同的共同体引导着不同的归纳法，各自的归纳法又受到各自的信念框架和生活传统支配。不同信念框架和生活传统之间的争论，实际上是不同生活形式的文化传统之间的争论。

除此之外，波兰尼的视角似乎比后来的SSK还要开阔一些，他对使用普通语言来评价科学知识给予了强烈的批判，认为这是一种"伪替代"（pseudo-

---

① Michael Polanyi, *Personal Knowledge: Towards a Post-Critical Philosophy*, University of Chicago Press, Chicago, 1958, p168.

substitution)。他特别反对用"简单、经济、可行、丰硕成果"这些普通的表示第二特征的词语描述科学。用"一致性（J.S.穆勒）、有限多样性（J.M.凯恩斯）"等词语来解释自然科学，他说，"这是科学理论被视为纯粹为了方便而对事实所做的描述，……所有这些解释都故意忽略了科学的理性内核"①。

波兰尼认为"简单"在科学家和平常人之间是不一样的，只有在"简单"被用于唯有科学家才能理解的那种特定意义上时，科学中的简单才能变得与理性意义相等。之所以这样做，是"客观主义"为了掩盖其解释框架的局限而进行的伪替代。显然，这里昭示了科学知识解释的社会性。波兰尼批判了"客观主义"的运作方式，"它们用表达科学优点的相对细微方面的术语给科学的优点下定义，然后又令这些术语起着与它们所取代的那些真实术语起相同的作用"。②

波兰尼反对用"丰硕性"来判断一个理论的真实性。他认为在科学领域之外的其他社会领域，都可以用"丰硕性"来评价一个结果和事件，即便是在科学领域错误的理论都可以冠之"丰硕性"。他说："在未得到最终事实检验的情况下，用'丰硕性'判定真实性是一种欺骗性替代。"③同样，用"丰硕性"来描述一个新的真实和真理的特性也是不充分的。

波兰尼揭露了使用普通词语描述和评价科学这种"伪替代"行为肯定这是一种欺骗。在这方面，他的态度似乎比强纲领SSK还要情绪化。不管波兰尼的用词是否过激，他都揭露了科学知识的社会性。他对类似"简单、节省"这样不够准确的科学用语的批判是独到的，也是有见地的。当然，他的目的仍然是为了自己的个人知识谋求合法性，却在无意中成就了SSK。

波兰尼坚持科学知识个人性的最大目的是为个人知识做辩护、为纯粹科学活动做辩护，是主张从各种途径发展科学，是为了强调科学活动的思辨性特征，而不是为了解构科学。从波兰尼《个人知识》一书中体现出来的思想可以这样给他定位，波兰尼仍然是一个站在科学哲学这端的科学家和哲学家，最多是一个另类，但绝不是SSK成员，也不是后现代哲学家。他给自己的哲学定位

---

① Michael Polanyi, *Personal Knowledge: Towards a Post-Critical Philosophy*, University of Chicago Press, Chicago, 1958, p16.
② Michael Polanyi, *Personal Knowledge: Towards a Post-Critical Philosophy*, University of Chicago Press, Chicago, 1958, p17.
③ Michael Polanyi, *Personal Knowledge: Towards a Post-Critical Philosophy*, University of Chicago Press, Chicago, 1958, p147.

比较恰当，说自己的哲学是后批判哲学。但是，这个站在科学哲学领域内的后批判哲学家却与传统科学观的解构者 SSK 有了神会。这不是历史的巧合或者偶然。在同一个时代背景下，在同一个国家，喜欢思想交流并且具有一定影响力的波兰尼不自觉地充当了 SSK 的先行者。

波兰尼和 SSK 都改变了人们对待科学知识的传统观念，使之产生了认识上的转向。但是，他们的目的和方向又具有巨大的差别。SSK 强调科学知识评价中情境的和偶然的因素，实际上是在提倡一种怀疑主义，目的是为了消解科学理性的合法地位，最终与反科学合流。由于其内在理论与外在实践之间的矛盾难以调和，招致了哲学、社会学和历史学等学科的强烈批评。自身的内部矛盾又导致 SSK 进一步陷入困境。为了摆脱困境，爱丁堡学派在 20 世纪末提出了一个新的研究纲领——社会学有限主义。

而波兰尼是为了弘扬自己的个人知识主张，弘扬意会认知这样一种人类确实存在的认知方式。他不是反科学，相反是为了发展科学，为科学清理门户。然而，他的意会认知论并没有像 SSK 那样在中国哲学界刮起一阵旋风，至今仍然不为学界理解。这不能不说是一个遗憾。

虽然都看到了科学知识的社会性，但是出于不同的目的和生命的有限，波兰尼与 SSK 失之交臂。值得欣慰的是，他不但发展了自己的意会认知论，而且无意中做了 SSK 的先声，启发了一个学派，并成为认识论历史上的一座山峰。

2.3 意会认知论形而上学的人性化主张

意会认知论为科学制定了人性化的划界标准，并且揭示出了科学知识的 SSK 意蕴，对科学活动本身进行了人性化认识和赋予其人性化因素，这些都还没有上升到意会认知论对科学人性化认识的最高层次。意会认知论的形而上学及其言述框架，显示出意会认知论形而上学的人性化主张，对心灵认识功能的主张和信托哲学框架的构建构成了意会认知论形而上学人性化主张的核心。

2.3.1 哲学史上的形而上学

"形而上学"一词的拉丁文为 metaphysica，英文为 metaphysics。词根 meta 的意思是"在之后"，physics 的意思是"物理学"。该词源于古希腊哲学家亚里士多德的哲学代表作《形而上学》。该书编辑者安德罗尼柯的本意是收集亚里士多德研究自然界运动变化之外的讨论抽象问题的文章。因而有"物理学之后"——"形而上学"的说法。

《形而上学》这本书传到中国后曾译作《玄学》,意在表明书的内容和中国魏晋时期的玄学有相似之处,都以超感性非经验的东西为研究对象。又由于中国《周易·系辞》中有"形而上者谓之道,形而下者谓之器"的说法,意思是,在有形体的东西之上的,凭感官不能感知的东西叫作道;有形体的,凭感官可感知的东西叫作器。据此,严复把"metaphysica(物理学之后)"译为"形而上学"。[①]

形而上学作为一个哲学概念分别在东西方有不同的原始定义,无论是东方还是西方对于它的含义在不同的历史时期和不同的哲学家那里都存在很多差异。把古希腊的"物理学之后"理解为中国的"玄学"或者"形而上学"也是值得商榷的。"形而上学"是哲学家使用最为频繁和意思最混淆不清的概念之一,这个概念在历史上也有很大的演变。可以这样说,形而上学在哲学史上从来都没有被交割清楚,对它的理解在很大程度上需要依靠学者去意会。形而上学所研究的问题通常也是充斥着争议和无法给予确定性结论。为此,在哲学史上出现了很多坚持形而上学的哲学派别和哲学家,如中国古代唯心主义及其代表人物庄子等。也出现了很多坚决反对形而上学的哲学派别和哲学家,如西方的逻辑实证主义及其代表人物石里克等。

形而上学遭人诟病的是它作为一种思维方法去看世界所产生的结果。逻辑实证主义认为它是思辨的缺乏实证性而拒斥它。经典作家认为它无视普遍联系,是孤立、静止、凝固而非辩证的并加以指责。然而,有一点是需要承认的,用形而上学思维方法看待事物的结果确实受到时代和视者本身的限制。

在科学产生之前,人们大多以思辨方法看待事物。除去一些朴素的唯物思想之外,其中充斥着巫术、神学、宗教思想,这些带着形而上学色彩的思维方法使其对事物的见解呈现出独断、孤立、静止、片面和抽象。在自然科学还不发达,人类生产的动力主要是水力、风力、人力、畜力等自然力的时期,自然科学中比较完善的只有力学,此时的自然科学还处于收集材料阶段。这一时期科学家为了深入认识事物的规律性,运用形而上学的思维方法对各种现象分门别类地收集材料,撇开它们之间的联系和变化,造成了一种孤立、静止、不变

---

① 参见中国大百科全书哲学卷网络版(中国人民大学图书馆)"形而上学"词条,赵凤岐撰。

的观察和分析。当科学发展到跨越材料收集和整理阶段,进入创造性研究和多学科交叉的研究领域之后,形而上学开始在一定程度上成为科学发展的阻碍。尤其是人们为了寻求事物发展变化的逻辑证据的时候,形而上学更被视为最大障碍。

尽管哲学史上反对形而上学的派别以及马克思、恩格斯所创立的唯物辩证法对形而上学的思维方式进行了深入的批判,但是形而上学的思维方法在人类思维发展的历史上却是不可避免的,同时又是在科学高度发达时期所不可缺少的。它在人类认识史上起过进步作用,在相当广泛的、各异对象的性质和大小不同的领域中是正当的,甚至是必要的。即使是在最坚持实证和逻辑的任何一项科学研究中都离不开形而上学的思维方式。

2.3.2 科学与形而上学

从历史上看,哲学中的形而上学传统与反形而上学传统一样悠久。形而上学在科学中的地位也是如此。人类的文化、每个人的思辨和想象力、情感和有限的认识手段等都是形而上学挥之不去的根源,我们根本用不着讨论哲学家和科学家坚持形而上学的理由,而是去看看反对者的理由就可以知道形而上学在哲学和科学中的地位。

西方分析哲学代表人物维特根斯坦坚决反对形而上学思想,认为形而上学的根本错误在于企图"说不可说的东西",其结果却是提出了一些"毫无意义的问题和命题"。有意思的是,维特根斯坦自己却是一个神秘主义者,他在自己主张的哲学之外仍然无法脱离形而上学的思维方法。

以维也纳学派为代表的逻辑实证主义是近现代科学和哲学上最有影响力的一个派别,是反对形而上学态度最坚决、言辞也最激烈的一个流派,其代表人物卡尔纳普断然地提出了"拒斥形而上学"的口号。卡尔纳普通过对罗素、维特根斯坦以及自身前期不足的指责,逐步地把科学问题归结于完全形式化的逻辑句法,重新构造出一个超越现实生活的语言本体世界。他的这些举措证明了两种情形,一是从罗素、维特根斯坦到卡尔纳普本人的反形而上学理论自身存在内在矛盾难以自洽,二是说明了他们反形而上学的做法最终客观地违背了反形而上学的初衷。[1]

---

[1] 参见鹿林:《论卡尔纳普拒斥形而上学之得失》,http://philosophy.cass.cn/chuban/zxyc/ycgqml/06/0606/060605.htm。

在那些反对形而上学的哲学家和哲学派别眼里，从亚里士多德、斯宾诺莎、莱布尼茨到康德、黑格尔等人的"综合哲学体系"通通都是毫无意义的抒情诗。但是，吊诡的是，他们最终又没有能够脱离自己坚决反对的形而上学。

形而上学不是科学，科学家的确不是从某种形而上学的哲学体系中逻辑地推导出自己的科学理论。但是，形而上学对科学的发展、科学发现、科学理论的形成都具有重要作用。在科学哲学家中波普尔是一个坚定的形而上学主张者。金吾伦认为，波普尔是最早积极维护形而上学的哲学家，也是当代形而上学复兴的先哲。波普尔坚决摈弃逻辑实证主义拒斥形而上学的错误主张，强调形而上学对科学发展的重要性。皮埃尔·迪昂（Pierre Duhem）在一定程度上反对形而上学，但是也赞成形而上学对科学的影响。他在其著作《物理学理论的目的与结构》中说："科学发现不服从任何既定的规则，……考虑周密的占星术在天体力学的发展中起着重要的作用。"[①]

由此可见，形而上学确确实实在科学中起着重要作用，科学要想拒斥形而上学几乎是不可能的事。然而，形而上学的思辨性和概念模糊性以及理解差异又都使得它在各个哲学家和科学家那里面目不同。笔者认为对待形而上学不宜一棍子打死，而是要用理性的宽容和实事求是的态度，既不放大其正面作用，也不夸张其副作用，在不同的理论体系和应用范围内加以区别。"首先，形而上学应该有多种存在形式，要力求避免独断主义。其次，先验的形而上学原理和范畴框架与经验的科学不应该被设想为相互对立的两极。最后，形而上学研究应该随着科学的发展而不断更新。"[②]

2.3.3 意会认知论的形而上学

其实很多哲学家和科学家都赞成形而上学，即便是反对形而上学的哲学家也潜在地运用着形而上学的思维方法。波兰尼是一个在科学领域有较多发现和创造的出色科学家，也是一个具有分析哲学思想的哲学家，他是一个主张科学和哲学形而上学的综合性代表人物。在波兰尼心中，某些先在的东西构成了科学发现的核心和动力，这些东西是关于真实（或者实在）的一些理想，这些理想指引着科学家对经验事实进行研究。按照逻辑实证的观点，这些东西并不构成科学自明的基础。但是，在波兰尼那里这些东西却是构成科学的前提和科学

[①] Pierre M Duhem. *The Aim and Structure of Physical Theory*, Princeton University Press, Princeton, 1991, p98.
[②] 刘杰著：《科学的形而上学基础及其现象学超越》，山东大学出版社1999年版，第84–85页。

发现的重要线索和推动力。这些先在的东西形成了波兰尼意会认知的形而上学基础和言述框架。意会认知的言述框架具有明显的形而上学特性，它通过这些带有形而上学特征的概念：心灵、信念、寄托、意会、求知热情、内居、雅与美、场域等构筑而成。

在波兰尼个人思想中潜藏着深刻的形而上学根源，他的母亲在其婚后不久这样评价他："……最后，他是一个神秘主义者。"可见，年轻时的波兰尼心中已经有了深入的形而上学思想。晚年的波兰尼内心一直有一个解不开的结，尤其是在生命快要走到尽头的时候。早年有很多人试图让波兰尼谈论"神"，想剖析他的意会认知论思想中是否有明确的对"神"的主张。对于这些试探，波兰尼都委婉避开了。

避开并不是反对，而是有意模糊，或者默认。其实，在波兰尼心中很早就有了"神"。但这个"神"随着他的经历、阅历、知识结构、人生观等的变化而不断发生变化，"神"在"基督""自然神""真理""自我"之间摇摆，因为摇摆，所以才避而不谈，才模糊处理，才默认。在波兰尼心中是有"神"的，甚至是多"神"的。晚年的波兰尼仍然非常谨慎地对待这个问题，他说"……用不着说上帝存在，因为这看起来没必要也不要增加愚蠢的事情"。

从波兰尼的往来书信、社会活动、朋友圈子、理论主张中可以看到波兰尼心中"神"的存在，这些是波兰尼思想及其理论具有形而上学特性的直接重要证据。从波兰尼的往来书信中可以看到"神"在。1944 年，波兰尼与好友卡尔·曼海姆深谈之后，去信回想了自己一生的转变：年轻时候是一个唯物主义者，深受 H. G. Wells 的影响；在 1913 年读了陀斯妥耶夫斯基的作品《卡拉马佐夫兄弟们》之后深感宗教兴趣有利于淡薄；后来在托尔斯泰的影响下干脆改信基督教；上帝在我心中从来都没有完全消失，但是救世主在我的信仰中却几乎不存在。从波兰尼参与的社会活动可以看出，他对"神"是有感情的。受洗之后的波兰尼虽然没有参与过大规模的宗教集会，也不是各种英国国教等宗教组织的成员，甚至不参加礼拜活动，但是他却与教徒、神学家、个别基督教组织有密切的联系。其中，两个宗教神学家对他影响很大，也是他的好朋友，一个是英国基督教领袖约瑟夫·奥尔德海姆（J. H. Oldham），一个是美国基督教新教神学家保罗·蒂利希（Paul Tillich）。奥尔德海姆与波兰尼相识并在以后将近 20 年的时间里和波兰尼保持了很好的关系，波兰尼参加了奥尔德海姆创办的穆特（Moot）小组，并且成为它的主要撰稿人。波兰尼本人系统的神学思想主要来源于保罗·蒂利希，蒂利希的著作《系统神学》是波兰尼神学思想来源的重要文本。在《个人知识》一书中，波兰尼大量引用和借鉴了蒂利希的神学思想和神学思想的言述框架。从波兰尼的思想理论中可以找到很多极具形而上学特性的概念、认识和理论框架。其中，对心灵的主张、对信托的主张，以及信托哲学框架对神学框架的借用，都是波兰尼哲学思想形而上学的直接证明。

波兰尼是一个天赋极高的人，是一个复杂而虔诚的人，又是一个具有深刻宗教情感的人，他的思想具有深刻的形而上学根源。他以严肃的态度对待上帝，他在自己的哲学思想和理论框架中表现出了这一点，这使他的哲学思想充满了形而上学特征。

从某种意义上说，波兰尼的意会认知论具有形而上学的心灵哲学特性。但是，它与西方当代心灵哲学又有较大的差别。它既不属于其中的某个特定派别，也不是反对其中任何一个派别，而是在兼容性的基础上具有较为传统的身心观念。

波兰尼非常重视心灵，他毫不隐讳地声称自己主张心灵的观念，他就是自己心灵哲学的实践者和拥护者。《个人知识》一书中宣称："本书的主要目的是为心灵取得一个架构，以便我可以在这个架构中坚定地坚持我相信是真实的东西……"[①] 同时，波兰尼还明确表示自己主张非言述智力的目的是要"在这一方面取得心灵可接受的平衡……"[②] 他认为心灵是一种具有超验的理性能力："现代物理学表明了人类的心灵甚至在接近经验世界之前就能发现并且展示统治着大自然的理性之能力，而先被发现的数学和谐只是到了后来才被揭示为经验事实。"[③]

由此可见，心灵在波兰尼那里既是自己的一个内在实在，又是他重视和主张的一个哲学概念。可以这样说，波兰尼实践了他自己心灵主张的科学思想和人文观念，为了自己的心灵成就而重视并且宣扬心灵是他的主要目的。

当代西方心灵哲学在传统哲学的身心问题研究的基础上产生，但几乎完全脱离了传统心灵哲学的研究方法和视域，主要形成了两个截然不同的研究方

---

① Michael Polanyi, *Personal Knowledge: Towards a Post-Critical Philosophy*, University of Chicago Press, Chicago, 1958, p214.
② Michael Polanyi, *Personal Knowledge: Towards a Post-Critical Philosophy*, University of Chicago Press, Chicago, 1958, p71. 也就是取得个人性与非个人性（真理即客观性）的平衡。
③ Michael Polanyi, *Personal Knowledge: Towards a Post-Critical Philosophy*, University of Chicago Press, Chicago, 1958, p16.

向。一个是把语言分析当作心灵哲学的基础和根本方法，以英美语言分析哲学家为主导。他们认为心灵哲学的任务不是提供新的知识，而是对有关的心理概念进行语言分析。心灵哲学的功能不是解释、预言，而是通过达到完全的明晰性使传统的问题完全消失。如认为不存在非物质的精神实体，没有独立于生理过程的心理过程，因而也没有心与身、心理与生理的关系问题。另一个是以科学为工具的科学主义心灵哲学研究，其代表人物为一些心灵哲学家或关心心灵哲学问题的自然科学家。其中又分为神经科学的心灵哲学与认知科学的心灵哲学，前者主要是在神经科学等具体科学的基础上开展他们的心灵哲学的研究工作，所提出的理论打上了这类科学的烙印。后者主要以认知科学、人工智能研究为基础，所提出的理论主要以这些科学中的新观点、新材料为论证根据。[1]

与语言分析哲学方法研究心灵哲学不同的是，波兰尼并不是要研究心灵哲学，而是以一种未参透的"着迷"情结主张心灵。因为他认为意会认知是心灵的作用，意会成就是心灵的结果。与语言分析哲学家相反的是，他重视心灵不是要消解心灵，恰恰是认为心灵具有解释和预言功能。语言分析哲学家研究心灵哲学试图消解身心关系、心理和生理的关系，但是波兰尼却进一步把身心关系紧密联系起来形成了自己身心合一的意会认知论，认为人类最基本的认知方式——意会是身心的统一而不是割裂。

波兰尼是一个特别关注心灵哲学问题的自然科学家，但是他又不属于以科学为工具的科学主义心灵哲学研究哲学家之列。差别在于，波兰尼对于心灵的重视和探讨并不是从有关的经验科学的详细研究中引出它的问题，而是从自己从事自然科学研究过程中的感觉和启发着手。波兰尼的心灵哲学思想中运用了神经科学和认知科学的成果，但是由于他本人这方面的知识结构存在一定不足而没有深入利用这些成果，只是在自己的想象力和身体化实践的基础上做了自己的解答。他非常赞成格式塔心理学在意会认知中的作用，却避开了心理学和神经科学对意会认知的解释。他并不像这类研究者那样认为，"如果不利用科学哲学，几乎不可能开展心灵哲学的研究工作（P. M. 丘奇兰德语）"。他的心灵哲学没有如此依赖科学哲学。

波兰尼没有把心灵哲学作为自己哲学思想的一个研究纲领，而是着重于更为实际和具体的意会认知研究，这与他从事自然科学研究具体物质有很大关

---

[1] 高新民，程先华：《应重视当代西方心灵哲学的研究》，《华中师范大学学报》哲社版，1997年第2期。

系。他利用经验科学的研究成果构建了意会认知的立体认知模型,但在他的意会认知模型中仍然具有传统心灵哲学的意蕴和相对稳定的问题和问题域。

第一,本体论问题——心身或心物问题。意会认知是身心高度统一而不是二元独立的认知主张。首先,波兰尼主张人是有心灵(mind)的,这个心灵是一切思维和判断的根基,同时心灵不可批判。他的主张与民众心理学的主张有很多类似之处,比如主张信念、相信、情绪(波兰尼主张激情、内驱力等)。波兰尼认为存在信念、寄托、情绪等东西,按照他的理解这些东西在身心活动中是独立存在的实体,而不是一种单纯的现象,它们始终在认知过程中发挥着一种实体的作用。然而,波兰尼对于这些东西的结构、形态和本质却没有做深入阐述和解释。其次,波兰尼认为心理的东西与生理的东西之间存在某种确实联系。他用遗传学和生物学知识对二者的关系做了一定的辩证解析,认为身体是通过DNA这种物质延续的,但是在此过程中可能突生人的某些心灵能力并且遗传下来。反之,他又认为心灵具有意向性,对于某些具体的身体活动,心灵为了达到某种目的而使身体利用工具通过反复努力实现个人认知结构的变化。总的来说,在意会认知论中,心和身是互为表里统一作用,不存在二者之间特殊的决定与被决定关系,人才是身心的主宰,内居是二者在认知过程中的高度统一和相互作用。

第二,认识论问题。意会认知本身就是一种认识论,它被称为"认识论上的哥白尼革命"。意会认知论作为一种认识论是一个有层级的认识论,它从唯心成分逐渐走向唯物成分形成一条连续的认识链,在走出唯心的过程中凸显出它的心灵哲学特色。它强调信念、寄托等心灵因素的东西,但没有解决这些东西的本质,最后有滑入神秘主义的嫌疑。心灵哲学的认识论问题中有两个最令人困惑的子问题,这两个问题几乎成为判别心灵哲学的依据。一是他心知问题。波兰尼的意会认知论中并没有坚决主张"我"以外还存在有"他心",但是也没有否认"我"之外就不存在"他心"。意会认知强调的"信念"从根本上讲是"我",但又有"他"。它强调的"寄托"既有"我"也有"他"。意会认知没有明确解决"我"的"信念"来自何处,凭什么以此作为行动的方向或者科学研究的方向。它同时也没有能够很好地解决"寄托"问题,按照常规理解"寄托"是一种对他者的依赖心理或行为,但在意会认知论中寄托主要是对自己的依赖,又包含对"他"的依赖,还有对意会认知论主张的那个上帝——真理和伟大的依赖。在意会认知论中,波兰尼赋予寄托以结构使之成为连接主观和客观的重要纽带，但是在整个过程中，并不是寄托在发生作用，寄托只是一个被悬置起来的概念框架，脱离整个概念框架，沿着寄托的结构仍然可以走向客观。对"寄托"的模糊界定使得"寄托"悬浮在形而上学中，也被人误解为这是意会认知论走向神学或者宗教的证据。其实，在波兰尼的心中和他的意会认知论中都有"他"，但是"他"的身份并不明确，在波兰尼心中和意会认知论中都没有给予明确指出，有时可能是基督，有时可能是自然神，有时可能是真理。在意会认知论中对"他"的确认，完全依赖个人的心灵，由此意会认知打上了心灵哲学的烙印。二是内省与自我意识问题，即内省能不能作为认识自己心理的方式和途径？有意识的存在是怎样得到关于自己的思想、情感、信念等的直接知识的？从信念、思想、热情中如何获得可以言述的知识是波兰尼意会认知研究的主要问题。在获得直接的言述知识的过程中，他提出了一些重要观点、方法和途径。其中，焦点意知和附带意知两种意知方式是认知和获取知识的重要手段。焦点意知是一种自我主动意识行为，附带意知是一种非完全主动意识行为，通过对这些运作的综合性意知就构成了心灵的一次观察。波兰尼认为人的知识形成过程中有的东西是默然而成、默然而会的，这种默然的东西不是自我的有意识行为和焦点行为，它就像数学或者物理学方程式的某个系数一样天然附着在人的认知行为中，是认知的意会系数。波兰尼在意会认知中很重视"沉思"的作用，在他看来"沉思"是学习和掌握自己没有亲身体验过的经验的途径，是一种获得知识的心灵内省。沉思者抛弃自我，全神贯注于忘我的心灵之中，"……沉思消解了屏幕，中止了我们度过经验的行动，把我们一下子倾注到经验之中，我们不再处理事物了；我们沉浸在这些事物之中"[1]。同时波兰尼认为，在获取知识的过程中，个人的同意行为在"本质上是不可形式化的、本能的心灵决定"[2]。而且他还坚持承认知识的不确定性就要在反对客观主义的基础上承认具有心灵的识知者。从以上分析可以看出，波兰尼的哲学思想具有心灵哲学成分。

波兰尼主张的心灵是"认知心灵"，而不是纯粹道德行为的"道德心灵"。但在意会认知论中，"认知心灵"被附加了"道德心灵"的意图。为了追求纯

---

[1] Michael Polanyi, *Personal Knowledge: Towards a Post-Critical Philosophy*, University of Chicago Press, Chicago, 1958, p197.

[2] Michael Polanyi, *Personal Knowledge: Towards a Post-Critical Philosophy*, University of Chicago Press, Chicago, 1958, p261.

粹的和上层的知识,意会认知论给心灵加上了责任、良心和使命感,这些东西的存在使得意会认知论主张的心灵具有了伦理道德的约束而具有这方面性质。尽管意会认知论重视心灵,而且蕴含心灵哲学的形而上学唯心成分,但是在波兰尼那里心灵不是完全形而上唯心的东西,在他的潜意识和意会认知论中肯定心灵存在一个物质基础,而且这个物质基础具有广泛性。他说:"人类拥有巨大的心灵领域,这个领域里不但有知识,还有礼节、法律和很多的技艺,人类应用、遵从、享受着这些技艺,或以之谋生……"[①]他认为,作为心灵载体的人可以通过教育这个途径提升心灵,从而成为有教养的心灵。人可以集实践、观察、解释这三种能力于一身而占据所有生物心灵的高端,这里体现出了波兰尼心灵哲学思想中的唯物部分。

蒙培元在《试论儒家的心灵哲学》一文中说儒家学说是一种心灵哲学。他认为儒家讲的"感应"或"感通",并不是以心为认知主体,以外界事物为认知对象,通过感觉器官与外物接触,对外界事物进行认识。而是心与外界事物相感而互通,外界事物的性质或意义潜在地存在于心灵之中,而后通过"感应"显发或显现出来。其实,波兰尼意会认知论所强调的意会或者默会的认知方式与儒家的"感应"或"感通"认知非常接近。在意会认知论主张中,心灵通过内居消解了生硬的主客体关系,外界事物的性质或意义以意会这种非言述方式默然存在于心灵之中,而后通过言述显现出来,最后接受普遍性检验。实际上,这就是波兰尼意会认知的心灵认知路径。

[①] Michael Polanyi, *Personal Knowledge: Towards a Post-Critical Philosophy*, University of Chicago Press, Chicago, 1958, p62.

第3章 "三位一体"——意会认知的结构模型与运作逻辑

3.1 意会认知论的主要概念

波兰尼一生传奇而富于创新,在其丰厚的人文知识遗产中,意会认知论是最具有创造性和代表性的文化成果。他的意会认知论被称为认识论史上的第三次哥白尼革命,在意会认知理论中涉及诸多创造性概念和被赋予新内涵的常见概念,这些概念构建了波兰尼意会认知论的话语体系和理论框架。按照意会认知理论的内容及其涵盖的思想,笔者将这些概念分为三个层次:核心概念、中间概念、边缘概念。这些概念都分散在本研究的各个部分,为便于理解,在此集中予以解释。

3.1.1 意会认知论的核心概念

核心概念是指紧扣意会认知论,有别于其他认识论的理论支撑性概念,它们是波兰尼意会认知论的话语体系和理论框架的基础与柱石。这些概念是:意会认知论、言述与意会、信念与寄托、焦点意知与附带意知、内居、真实与实在、普遍有效性。

1. 意会认知论

意会认知论是波兰尼独创的一套认识理论。它的最大特点在于:(1)认为人类知识由言述知识与意会知识构成,意会知识是母体;(2)强调意会在认识过程中的重要作用;(3)强调人身体化活动的求知能力,重视体验在知识形成过程中的作用;(4)构建了人的"三位一体"认知模型,把人的认知分为焦点意知和附带意知两种既相区别又相联系的两个部分,构成一对认知矛盾统一体;(5)强调从主观到个人性再到普遍有效性的整个知识生成过程,而反对客观主义、实证主义对纯粹客观性的单一主张和对认知过程的割裂；（6）坚持信念而反对普遍怀疑，认为寄托是走向客观性的保证，并构建了意会认知论的信托哲学；（7）主张认知的个人主体性，反对规划科学，由此而主张自由；（8）意会认知论内含人性化的科学观和主张科学的人文化，是沟通科学与人文的桥梁；（9）意会知识更多构成个人的隐性知识，意会认知论让人们重新认识隐性知识，并且认识到隐性知识在现代社会生产生活中具有重要性。

2. 言述与意会

言述与意会是按照人的交流方式、思维方式、学习手段、知识类别来进行的分类。在意会认知论中，言述是指运用语言、文字、图表、数据、公式、定理、定律等以语言、文字、文本为载体的可表达方式，用这些方式表述出来的知识称为言述知识。

意会是指语言、文字、文本之外的，依赖人的心理活动、身体活动、非逻辑思维，建立在体验与经验层次的一种认知方式和思维方式，它一般难以表达或者无法用语言文字表达。意会而获得的知识统称为意会知识，意会知识不具有言述知识的完全可表达特性。

3. 信念与寄托

信念与寄托是波兰尼意会认知论里的一对重要概念，两者结合而构成信托哲学。信托哲学既非以他人知识见解为自我信念，也非将此信念寄托于他人，而是以个人自我信念为信念，并将其寄托搁置，以自我个人的责任、良心、使命为承诺，而实现该信念的普遍有效性。

信念是个人对问题或现象的一种感知或认识，在意会认知论中它既明确又模糊，明确是指认识的贯彻深入是以信念为前导和支撑，直至最终落实；模糊是指其最初对于问题或现象的探索者而言可能只是一种感知、一种朦胧的认识，并没有触及本质，还有待于后期的继续研究。意会认知论中主张的信念极具唯心特性，但它又是知识、规律、真理等的肇始。

寄托是对信念的一种负责任的悬置处理方式，是从主观到客观、唯心到唯物的连接纽带。它包含个人对所探索问题或现象一定要追求普遍有效性的承诺，以个人对人类知识的责任感、良心和使命为保证，从而实现求知过程中主观与客观的辩证、个人与普遍性意图的辩证。

意会认知论的信托哲学区别于神秘论和宗教的信念与寄托，但借鉴了宗教的信托框架。信托哲学反对怀疑论，建立了自己的怀疑观和寄托观。

4. 焦点意知与附带意知

焦点意知（focal awareness）与附带意知（subsidiary awareness）是意会认知的两种方式，是最为核心的概念。在意会认知过程中，个人与这两种认知方式构成"三位一体"的认知结构，个人通过内居而与对象交通，达到我—我之境。两者对立统一，各司其职。

焦点意知主管确定目标、锁定范围、深究细节、集中注意，附带意知只在意大概全貌和线索起着导引、支援等辅助作用。两者既合作照应，又可游离分裂，在一具体情境中若主次易位即称为"崩溃"。（本研究第 4 章 4.2 节有详细论述）

5. 内居

内居是认知主体深入其中，与对象相互交融的一种"忘我"认知状态。内居使得主体与对象之间脱离了主客二分的对立关系，实现了主体与对象之间的互融，使主体与对象之间从最初的"我—它"关系，经"我—你"关系，而上升到"我—我"层次，从而实现对问题或对象的深层次认知。

6. 真实与实在

意会认知论的"真实"区别于认识论史上的其他观点的"真"或者"实在"，具有明显的拓展。它并不仅仅把可检验的存在视为真，而是认为意会而不可说的东西具有真实性，纯粹形式化的东西具有真实性，而背离题材的描述性词语和所指与意义相离的描述则不真实。意会认知论对真实意义的拓展，其目的在于为模糊朦胧的信念具有正确性和真实性奠定理论基础，使之具有合理性。

意会认知论对真实的判定以其对"实在"的定义为依据，波兰尼把可能性赋予"实在"，增加了"实在"的不确定性，却拓宽了"实在"的内涵。意会认知论认为："那些有望显现在将来不确定时空中的事物是为实在。"[①]言述陈述之所以能够与实在形成关联，主要是因为意会的存在。意会最先揭开将来不确定时空中的实在或者深入认识实在。"实在"的这个定义，是波兰尼意会认知论的基础。

7. 普遍有效性

意会认知论反对客观主义和实证主义对客观性的苛求，而主张普遍有效

---

① [英]波兰尼著：《科学、信仰与社会》，王靖华译，南京大学出版社 2004 年版。

性，视普遍有效性为客观性，并不谈普遍必然性。意会认知论主张的普遍有效性比客观主义、实证主义苛求的客观性要宽泛，比普遍必然性要淡化必然性，认为普遍有效即是客观的。意会认知论的普遍有效性并不反对检验、证实，而是以一种宽容的态度和方式把排斥于客观主义、实证主义之外的观念纳入了客观性范畴，扩大了客观性的内涵。

3.1.2 意会认知论的中间概念

意会认知论的中间概念将意会认知论向外延伸，使其在核心概念的基础上形成体系。这些概念主要有：言述知识与意会知识、行家绝技、内驱力、感知、理性激情、断言、线索。

1. 言述知识与意会知识

波兰尼以其独特见解把人类知识分为言述知识和意会知识两类。言述知识是通常所说的可以用语言、文字、图表、公式、数据等表达的知识。言述知识是人类概念化活动、逻辑推理、形式化的成果，以语言、文字、文本为载体，属于外显性知识。意会知识是除言述知识之外，无法用语言、文字、文本来系统表达的知识。意会知识主要是人类身体化活动的成果，以个体体验为主，多表现为个体经验技能，自己知道却难以说清楚，属于隐性知识。

2. 行家绝技

行家绝技是意会认知论中用来论述意会知识的典型范例。行家绝技是个人长期实践、亲身体验的经验积累。意会知识多集中于行家绝技中，行家绝技的传授与学习也非常倚重个人的意会。行家绝技主要指经验技能，广泛存在于人类生产生活的各个领域，科学家对精密实验仪器的调节、外科医生做手术、高级技工对机器的操控、杂技演员的表演、名厨的拿手菜，这些都属于行家绝技。

3. 内驱力

在意会认知论中，内驱力是一种以个人欲望和内在情感为动力的隐性力量。这种个人的欲望和内在情感力量本身是客观存在的，但是它既为个人的主观性目的服务，又为其客观性目的服务。若作用于求知，其结果既可能表现为主观，又可能表现为客观。波兰尼认为，内驱力是人类求知的原动力。

4. 感知

感知是一个心理学、医学、认识论等领域都广泛使用的一个概念。在意会认知论中，波兰尼对感知赋予了一些新的内涵。意会认知论认为，感知是人认识事物的一种身体化活动，以人的各种感官为物质基础。感知的最大特点是"寻求自己为自己定下的标准"①，其结果具有非常明显的主观性。感知通常并不受到人的有意识支配，一般自动进行。人在感知到某种现象之后，会主动为之完形，并与环境等因素结合形成一种连贯性和完整的解释。在完形过程中，附带意知起着非常重要的作用。感知是意会知识的重要获得途径。

5. 理性激情

理性激情是在求知过程中为追求知识理性的一种个人情感，它将个人的主观激情与对知识的理性追求融合在一起。理性激情具有这三种功能：（1）区分科学事实与非科学事实，选择科学研究的方向；（2）唤起科学家针对某种具体发现前兆，具有启发性；（3）激励发现者相信自我，超越旧的理论范式，同时也激励发现者去说服科学共同体内部成员接受自己的发现和放弃原有的解释框架。

6. 断言

断言是对某一现象或者事实陈述做判定。意会认知论认为，对事实做出的任何断言，本质上都必定存在个人的求知满足感、说服别人的愿望和个人责任感。波兰尼将事实描述与事实判断两种行为进行区分，认为一切断言都有"我相信"这样的一种信念寄托。

7. 线索

线索是求知过程中与事物有一定关系，但又不是十分明显和特别紧密的一种可能性存在。在意会认知过程中，它常常与附带意知联系在一起被论述。波兰尼认为，由附带意知捕捉到的线索在认知过程中，对焦点性认知起支援等作用。

3.1.3 意会认知论的边缘概念

在意会认知论的核心思想之外，衍生出一系列的概念和思想，它们对深入理解意会认知和张扬意会认知都有非常重要的辅助作用。这些概念是：显性与隐性、上层知识、规划科学与纯粹科学、道德倒位、个人主体性与自由、人性科学、后批判哲学。

---

① Michael Polanyi, *Personal Knowledge: Towards a Post-Critical Philosophy*, University of Chicago Press, Chicago, 1958, p96.

1. 显性与隐性

显性与隐性是一对相对性概念,不具有绝对判断标准。意会认知论把人类知识分为言述与意会两类,认为言述知识具有外显特征,是显性知识,意会知识具有内隐特征,是隐性知识。意会认知论根据能否用语言、文字、文本来表达作为判断知识的显性与隐性的依据。

2. 上层知识

意会认知论将知识分为五个层级,其中上层知识为最高等级。上层知识是具有普遍有效性和权威性的知识,它不受接受者的批判性鉴定,人们服从上层知识权威制定的标准并以这些标准作指导。上层知识受到相关领域专家的拥护,被现代社会引以为范导。上层知识涵盖科学知识和其他事实性真理,以及在文化中被人们认为是正确和优秀的东西。上层知识是人类文明的优秀成果,是对话交流的基础。

3. 规划科学与纯粹科学

波兰尼根据政府是否干预科学家的科学研究活动,是否给科学家下定以政治目的为目标的科学研究任务,科学研究是否隶属于政治统治而把科学分为规划科学和纯粹科学。规划科学是政府为科学制定研究方向,为政治服务;纯粹科学是科学家根据个人兴趣、个人发现来独立确定自己研究目标。在规划科学范围内,科学家丧失了个人独立自由研究的权利。纯粹科学与规划科学相对立,纯粹科学主张科学家个人自主确定研究方向和研究内容,不受政府政治目的的制约,纯粹科学强调科学家的自主性、个体性、独立自由。对规划科学的独立划分,是波兰尼囿于当时的社会制度和意识形态,为反对斯大林统治而做的划分,在现在看来并不十分准确。

4. 道德倒位

波兰尼认为,在他所在的历史时期纳粹极权和苏联极权把机械论科学观运用到政治和人类事务中,并且利用暴力强行实施。他认为,纳粹的政治、苏联的政治,纳粹的意识形态、苏联的意识形态都是在统治集团不切实际的政治理想、急剧膨胀的福利愿望、无节制的道德渴求这些错误热情激发下产生的,不道德的理想被上升为道德,他们利用这种道德来蒙蔽人们,实现其不道德的目的,波兰尼称之为道德倒位。在这样的政治环境和社会环境中,传统的道德理想被打碎,人们以物质目标取代道德目标,把对纳粹和对唯物主义的热情当作道德。道德倒位具体表现为:认识上的怀疑主义、信仰的盲目主义、价值观上的功利主义。

5. 个人主体性与自由

笛卡尔因重建认识论上的"主体"地位而被视为认识论史上的第一次哥白尼革命，意会认知论在重视认识的"主体"地位这个基础上，进一步把认识的主体推向个人，构建了认识的"个人主体性"。意会认知依赖个人主体，个人主体性地位在意会认知过程中得到充分体现。个人主体性是指，意会认知过程中个人在整个环节起着不可或缺的主体性作用，认识的获得就是通过个人感官、个人情感、个人体验、个人判断、个人信念、个人显性知识、个人隐性知识、个人经验技能来完成的。意会认知论的个人主体性具有认识论史上的革命性。

对个人主体性的张扬，其真实政治理想就是反对极权，走向自由。意会认知论对自由的主张是从认识过程中对个人主体性的依赖，以及科学活动对自由的需要为突破口而逐渐展开的。认识上的个人主体地位、科学上的自由研究，实际上要求政治上的民主与多元。因而，意会认知论隐含的自由追求具有政治目的。

6. 人性科学

意会认知论的科学观——反客观主义与实证主义的唯客观性科学观，把个人性、主观性、客观性连贯在一起，进行全过程的综合性考察，把个人的情感、责任、良心等人文因素放入认知和求知过程中，充分体现了科学的人性化特征。在其认识论中对信念、寄托的主张，附带意知天马行空的认识方式，以及主体与对象的"我—我"境界无不迥异于客观主义和实证主义对人文性、个人性的剔除，无不区别于客观主义和实证主义认识论的刚性标准，而显现出认识与科学活动过程中的人性化特征。因而，意会认知论的科学观是人性化的科学观，意会认知论是人性化的认识论，意会认知论主张的科学是人性科学。

7. 后批判哲学

波兰尼在《个人知识》一书的标题中就强调，《个人知识》是迈向后批判的哲学，是对批判的批判。他认为，自己并不是后批判哲学的首创者，圣·奥古斯丁才是后批判哲学的首创者，是奥古斯丁把希腊哲学推向终极。

波兰尼的后批判哲学并不是他所谓的奥古斯丁的后批判哲学，而具有另外的精神实质与哲学内涵。后批判哲学在认识论上主张意会认知，强调个人主体性，持信托知识观，反对客观主义和实证主义知识观。后批判哲学把人类知识分为显性和隐性两类,非常重视人的隐性知识和个人体验,构建了"三位一体"的意会认知结构,提供了一种全新的认识论路径和知识生成路径,对现代知识管理和组织管理都有重要意义。后批判哲学主张人性科学观,力图消融科学与人文的断裂,通过其认识论来架起科学与人文的桥梁。后批判哲学认识论具有革命性,其终极追求是自由。后批判哲学蕴含人文性、形而上学特性和SSK意蕴,这些思想对后期的SSK、后现代都有一定启发作用,但后批判不是SSK,也不是后现代。

3.2 "三位一体"结构模型

波兰尼提出了意会认知理论,他的这个理论迥异于之前西方哲学界主张的认识论(唯理论、经验论、怀疑论、实证主义、还原论)。波兰尼因其认识论的革命性而被西方学界称为"当代认识论中的哥白尼"。[①]

意会认知论提出之后,研究它的人们一边在承认其合理性和认识论意义的同时,另一边却陷入了只可意会不可言述的困境——无从言说或者无法明确言说意会认知的逻辑结构。国内外研究意会认知的学者试图对波兰尼的意会认知论进行逻辑结构分析,其中英国学者吉尔于1985年在《裂脑与意会认识》一文中分析了波兰尼意会哲学的逻辑结构,但是他的分析遭到了中国学者张一兵的反对。张一兵认为,"吉尔的逻辑确证是可疑的,……这是对波兰尼本意相当大的背离"。[②] 于是,张一兵提出了他自己对波兰尼意会哲学的逻辑结构分析。

通过对波兰尼意会认知的学习和研究,笔者赞同张一兵对吉尔的批判,"他并没有真正理解波兰尼哲学的本体逻辑结构"。由此可见,张一兵对意会认知有深入的理解。但吉尔这项工作仍然具有意义,对意会认知的明晰化显然有益于人们对它的学习和利用,也有利于开拓认识论的新领域。在这两种不同结构分析的启发下,本书给出另一种结构分析,并对其进行文字分析说明。本书认为,波兰尼虽然没有专门阐述其逻辑结构,却提出了焦点意知和附带意知这两个概念及其相关运作,同时综合波兰尼的阐述,仍然可以找到意会认知的逻辑结构线索。所以本书认为,完全可以对意会认知进行逻辑结构分析。意会认知具有明确的逻辑结构。

---

① [英]波兰尼著:《科学、信仰与社会》,王靖华译,南京大学出版社2004年版,第1页。
② [英]波兰尼著:《科学、信仰与社会》,王靖华译,南京大学出版社2004年版,第20页。

本书提出用"三位一体"这种结构模型来对意会认知的逻辑结构进行定位，在逐一分析的基础上配以图示辨析说明。此前也有研究提及意会认知的"三个中心"。[①] 实际上三个中心的说法并不准确，波兰尼在《个人知识》一书中并没有这种提法。按照波兰尼的思想，本书做出这样的归纳：意会认知是"三位一体"结构见图3-1，按照"一心两翼"运作。其中，认知主体——人、焦点意知、附带意知构成三位，这三者在意会认知过程中一体化运作，不存在分裂而是浑然成一体。由于在意会认知行为中关注焦点和主体的存在模式发生变化而使得焦点意知和附带意知之间具有了矛盾，产生了两者的转换、整合和连贯等形式发生。但在具体的意知过程中，人、焦点意知、附带意知三者之间仍然有机地构成一体关系，从而实现对事物的认知，最终形成极富个人性的知识。"一心"就是一个中心，作为认知主体的人是意会认知的中心。他既是意知行为的裁判，又是运动员，还是啦啦队员。焦点意知和附带意知是作为核心的人发出的意知行为的两个有机部分，它们犹如张开的两翼，共同举起这"一心"翱翔于未知世界。

本书认为，造成上述对波兰尼意会认知理解差异的原因主要在于波兰尼而不在读者。因为波兰尼并没有给意会认知理论以逻辑清晰、条理分明的线性阐述，他的这些思想闪光点散落在书中的不同地方，难以在一个地方就窥其全貌。他在不同的演讲和著作中都有讲述，但是仍然不能让人一目了然，还需多加意会。只有在完全掌握其内容和准确了解其意义的情况下，才能够准确深入地对其意会认知的思想脉络进行梳理。否则，任何理解都可能偏差甚至相反。

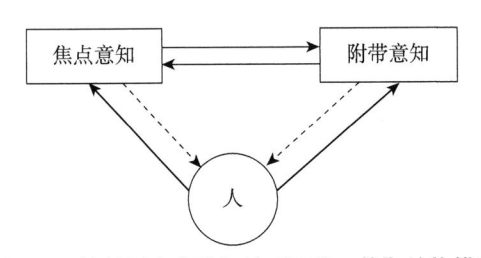

图3-1 波兰尼意会认知的"三位一体"结构模型

3.2.1 意会认知的模型结构——"三位一体"

根据波兰尼对意会认知的阐述可知，意会认知行为的发生由三部分组成：

[①] 黄瑞雄：《波兰尼的科学人性化途径》，《自然辩证法通讯》2000年第2期。

人、焦点意知和附带意知。这三者构成了认知空间上的三角关系，但在意会认知过程中三者不能单独存在。如果没有认知行为发生，人只是生物意义上的个体，而不是参与认知的人。一旦意会认知行为发生，焦点意知和附带意知同时产生同时存在，但各自对事物的关注点不一样和各自关注的深度不同，随着人的变化二者的关系发生改变。于是在意会认知过程中三者形成了一个有机整体，缺一不可，共同作用。其中，人是意会认知行为的主体和统帅，也是"三位一体"结构的核心，是焦点意知和附带意知发生的物质基础和精神动力。

波兰尼主张人是个人知识生成的核心，是意会认知的主体，也是最具特色的个体。波兰尼主张的人不是一味追求实证主义的人，不是只相信唯物主义的人，不是反对唯心主义的人，不是纯粹感性的人，不是追求单向度的人，而是一个充满血肉性情和追求普遍理性的综合人；不是一个受纯粹主观决定的个体，也不是一个受绝对客观控制的个体，更不是一个屈服于极权政治的个体，而是一个逐渐剔除主观走向普遍客观的个体，一个充满人文素养和客观理性的自由个体。

波兰尼认为人体现为追求知识的自由个体，具有激情和信念，激情是求知的动力，信念是这个动力的支撑。他以意会认知的方式认识事物和生成知识，是意知行为的控制者和参与者。他选择意知行为的焦点，产生附带意知却无法决定其来去，只能调控二者的互动关系。

这个自由个体在生成个人知识的过程中，通过意会认知对关于认知对象的知识进行概念化活动和身体化活动。这两种活动实际上就是对意会知识进行加工，概念化活动负责形成和掌管可言述知识，身体化活动形成和掌管不可言述知识。概念化活动形成诸如公理、概念、公式、定理、定律、图表、地图等文字词语性东西，身体化活动形成对某种特殊的技能、行为、技巧、动作等非文字词语性东西。概念化活动形成的言述知识因个人的普遍性意图而接受普遍检验，身体化活动形成的不可言述知识内化为个人隐性知识，并在相应的场合起着对焦点意知的支援作用和转化为可言述知识。

概念化活动和身体化活动显示出人在意知以及对意会知识进行加工的这些复杂过程中，发生了存在模式的变化。这一变化首先体现为个体与认知对象截然分开的"我—它"关系，其次进入个体和认知对象近距离的"我—你"关系，最后达到一个个体与认知对象相互融合的最高境界"我—我"关系。波兰尼认为，促使个体在意会认知过程中存在模式发生变化是因为"内居"的作用。

焦点意知是在意会认知过程中主体对认知对象某个部分或者某一点进行集中意知，从而获得对其细部的深入掌握。"焦点意知探求的是焦点知识，而不是将其作为整体的一部分来加以意知。"[1] 焦点意知的特点是：（1）只关注认知对象的局部或者细部而不关注全体和整体，只窥"一斑"而不要"全豹"，只顾一点而不顾其余。（2）深度关注认知对象细部而不是浅尝辄止，集中注意力而不是浮光掠影走马观花。（3）焦点意知并不一定必然生成可言述知识。焦点意知形成的个人知识需要经过概念化活动才成为言述知识。（4）焦点意知以逻辑推理为主要手段，是概念化活动的基础。

附带意知与焦点意知正好相反，它是在意会认知过程中，对认知对象进行整体或全部把握，附带意知探求的是非焦点知识，这些非焦点知识作为一种支援知识为焦点意知服务。附带意知的特点是：（1）认知主体对认知对象的关注点在全体而不停留于焦点关注的局部和细部。（2）浅层关注浮光掠影，而不是集中注意力深入关注，随意而为而不是刻意为之。（3）附带意知并不一定必然生成不可言述知识，它完全可能经过概念化活动形成可言述知识。（4）附带意知不一定按照逻辑通道产生，而是以一种出乎意料的形式造成与焦点目标新的联系，用来支援焦点意知。

3.2.2 焦点意知与附带意知的区别

波兰尼在他的《个人知识》一书中并没有明确深入地讲述二者的区别。根据波兰尼的阐述，梳理出二者区别如下。

（1）焦点意知和附带意知都是由认知主体——人在意知过程中产生，二者同属于一个意会认知构成，不可能产生有此无彼或有彼无此的情形。

（2）何为焦点？何为附带？二者是由认知主体根据自身对认知对象的认知需求决定而不是随意决定。比如治病时医生的关注焦点理所当然是患者的病情而不是与治病无关的诸如患者的收入等，原子物理学家关注的焦点应当是原子的物理学特性而不是原子在不同介质中的化学反应速度。

（3）受认知主体主观意识控制的程度不一样。"焦点觉知必定是有意识的，而附带觉知则可以有各种不同的意识深度。"[2] 焦点意知要受到认知主体强烈

---

[1] [英]波兰尼著：《科学、信仰与社会》，王靖华译，南京大学出版社2004年版，第122页。
[2] Michael Polanyi, *Personal Knowledge: Towards a Post-Critical Philosophy*, University of Chicago Press, Chicago, 1958, p92.

的意识支配，是有意而为。而附带意知在意知过程中不受认知主体强烈意识支配，随意而为甚至是无意识或下意识行为。

（4）各自意欲获取的知识不同，即各自的功能不同。焦点意知获取的是关于认知对象的焦点知识，焦点知识一定是来源于受焦点关注的细部或者局部而不是来自其他。

附带意知获取的是对焦点意知有支援作用的附带知识，它不一定非要来自受焦点关注的细部或者局部。可能来自认知对象，可能与认知对象毫不相干，可能是心血来潮，也或许信手拈来，要么漫不经心，要么灵光乍现，不可能把它限制在某个范围或者某种程度上，它最终是为深入认识对象服务。

比如两个正在谈话的人，话语是听者关注的焦点，听者完全可能无法凭借对话语的焦点关注而准确领会说者的真实意图，但是通过结合观察说者的神态和动作实现了这个目的。这就是二者各自的功能和有机配合。对于上述例子，听者也完全可能获取与说者动作神态无关的附带支援，比如与本次谈话有关的其他活动或者对说者性格、生活习性等其他方面的了解都是附带意知的来源。再如一个杨氏太极拳的初学者为了掌握松柔之法而突然灵机一动用游泳的感觉来作为理解支援，这也是附带意知的作用。

（5）焦点意知的变化具有明确性，而附带意知的变化无法予以确认。焦点意知随着关注焦点的变化而变化，而附带意知总是围绕焦点意知而活动。比如研究晶体的物理学家一段时间可能焦点关注晶体的晶格结构，而另一个时间段可能关注这个晶体的光学特性。他的焦点意知非常明确地随着关注焦点变化而变化，但是无法确定其附带意知在两种不同的焦点关注中究竟发生了何种变化或者是否变化。

3.2.3 焦点意知与附带意知的对立统一

通过对焦点意知和附带意知关系的分析可知，二者在意会认知行为过程中共同构成了一个意知矛盾体，构成了对立统一关系。对于认知对象而言，焦点意知关注主要矛盾，附带意知关注次要矛盾。当意知行为发生后，焦点意知是意知矛盾体的主要方面，附带意知是矛盾的次要方面。焦点意知和附带意知既互补又排斥。在意会认知过程中，焦点意知和附带意知都为意知活动服务，其目的是获取关于认知对象的知识。焦点意知是集中深入探求细部获取焦点知识，而附带意知是散点寻求模糊运作获取支援知识为焦点意知作准备、作补充、作导引,此时二者的关系是一种互补关系。但是一旦附带意知信马由缰并喧宾夺主,二者的关系立即就会剑拔弩张相互排斥,可能导致一个意知行为的混乱甚至"崩溃"。

"附带意知和焦点意知是互相排斥的"[①]在同一个意知行为过程中二者相互对立,焦点意知和附带意知不可互换位置,一旦焦点意知与附带意知互换位置,这个意知行为就发生混乱从而导致崩溃。这体现了二者之间的互斥与对立关系。

"由于焦点注意力被引向一个动作的附带因素,而产生一种动作变笨拙的情况通常被称为自我意识"[②]。也就是,当个人的注意力从焦点转移到附带的时候,会产生与附带有关的自我意识的觉醒。此时会引起意知行为混乱直至意知行为崩溃。也就是说,这两种意知的排斥性体现在同一个意知行为过程中认知主体的注意力发生转向时。

波兰尼认为,在意会认知过程中,意知主体对于焦点目标和附带成分的意知程度不一样。对焦点目标的意知程度要远远高于对附带成分的意知程度。但二者之间没有可供参考的程度比例。意知行为崩溃就是焦点意知失去焦点目标,附带意知失去附带意义。一般情况下,"当我们注意某种另外的东西 B 而相信我们意知了某种东西 A 时,我们不过是对 A 的附带理会。因此,我们集中注意的东西 B 有 A 的意义,我们集中注意的对象 B 通常是可以辨认的。这两种类型的意识相互排斥:当我们转移我们的注意力集中到一直附带意知的东西时,它就失去了附带的意义。"[③]这里的 B 是指焦点目标,A 是各种支援线索。这就是一个意知行为的崩溃。

波兰尼以弹琴为例做了说明。其实,类似的情形也常常发生在我们身边,比如记录人员的记录过程就是这样的。记录人员在录入行为中焦点关注的是录入是否准确,以求把话语快速准确地录入。其附带关注的是话语表达的连贯性和明确性。这个工作本身并不要求他去关注话语的意义,只要求他如实、快速、准确记录就行,如果他一直把握好这个原则就不会发生错误。但是一旦他

---

① Michael Polanyi, *Personal Knowledge: Towards a Post-Critical Philosophy*, University of Chicago Press, Chicago, 1958, p56.
② Michael Polanyi, *Personal Knowledge: Towards a Post-Critical Philosophy*, University of Chicago Press, Chicago, 1958, p56.
③ Michael Polanyi, *Personal Knowledge: Towards a Post-Critical Philosophy*, University of Chicago Press, Chicago, 1958, p2.

把注意的焦点放在思考某一个词语的意思或者某一句话所指代的事情本身时，他的记录行为就会发生混乱，也就是人们常常说的"走神"。如果他坚持这样而不是回到先前的原则下工作，他的整个录入行为就会因此而崩溃，也就失去了这个工作要求的意义。同样，录入人员附带关注键盘某一个键的位置或者自己的击键指法是否符合手法规则，这些都可能导致录入行为的混乱和崩溃。这就是附带意知干扰甚至取代焦点意知导致意知的混乱和崩溃发生。由此可见，意知行为的混乱是附带意知对焦点意知的干扰。意知行为的崩溃就是附带意知取代焦点意知，或者说焦点意知在附带意知干扰下发生了实质性的转移。而崩溃是二者互斥关系的最高表现形式。

焦点意知和附带意知的互斥与对立关系体现在同一认知行为中二者地位的互易，两种意知的对立会导致意知行为的低效或者失效。这对于一个三心二意自制力很差的人来讲是经常发生的事情，但是对于自我控制能力很强的人来说却不是常事。两种意知在这时更多体现出了互补的统一关系。

在一个运作有效和高效的意知行为中，焦点意知和附带意知各司其职相得益彰。焦点意知集中于认知对象的细部寻求焦点知识，附带意知努力寻求支援性知识作为焦点意知的准备、补充和导引。

当一个科学家涉足一个未知领域时，他最初不可能立即就确定自己的研究焦点，只是大略知道自己的研究领域或者研究对象的大概情形。此时，他确定自己研究对象的焦点主要依赖于自己对于研究对象的附带意知。研究对象的概貌、与研究对象有关的经验和理论、个人的研究经验和相关知识都作为一种支援，为确定研究焦点和寻求关于研究对象的焦点知识服务。这些附带知识在意知行为中以附带意知的形式出现。这样附带意知就成为焦点意知的一种准备，起着支援作用。波兰尼本人就是这方面例子的典型，他在涉足 X 射线晶体衍射研究之前从事医学研究和化学纤维研究，但是他具有的一些与 X 射线晶体衍射无关的知识使他很快确定了自己的研究方向和研究焦点，并在非常短的时间内就取得了重要成果。

当科学家或者某个人一旦确立了自己的研究对象，或者认识对象的焦点集中注意力寻求关于这个焦点的知识时，附带意知就不再以焦点意知的准备这个身份出场，而是作为焦点意知的补充与焦点意知齐心协力共同追求对认知对象的全面深入认知，从而形成对认知对象的个人知识。科学活动有时就如同警察破案一样，警察苦苦寻找杀人凶犯的作案证据却毫无头绪时，常常因为先前不被重视的某个情景启发而取得突破性进展。科学家在寻求发现的过程中，完全可能因为某个先前不被重视的线索而豁然开朗。此时，附带意知作为某种补充线索，实现了对焦点意知的支援。

还有一种情形是，附带意知既不是以准备身份出现，也不是以补充线索出现，而是对焦点意知的深入进行起着导引作用。这时，附带意知起着类似于"他山之石"的功能。焦点意知在它的导引之下深度启发认知主体，从而推进焦点意知得到新的认知成果。这个导引线索就像一道闪电划破焦点意知受到的某种禁锢，来如电去亦如电，稍纵即逝。阿基米德在苦苦寻求鉴别王冠真伪的方法时，在浴缸中突然间意知到浮力，于是既解决了难题又发现了浮力定律。德国化学家凯库勒在为六个碳原子和六个氢原子如何构成苯这种化学物质而百思不得其解时，突然梦见咬自己尾巴的蛇，立即意知到了苯环的结构。这也是附带意知对他的导引而使他取得重要发现的例子。附带意知的导引作用用一句通俗的话来说，就是焦点意知"有心栽花花没开"，而附带意知却"无心插柳柳成荫"。

由此可见，要很好贯彻意知行为需要一个自我意识控制能力很强的认知主体，他能够很好地控制和平衡二者的关系，具有很好的附带意知能力。当需要焦点关注时，他一定能够集中注意力于焦点，而不受到附带情况的干扰。当附带意知对焦点意知有巨大帮助时，他又要善于抓住附带意知这条线索，从而推动认知的深入和发展。焦点意知和附带意知的这些关系情形，常常在科学发现和一般认知过程中具有重大意义。一个善于集中注意力于关注焦点又善于利用和诱导附带意知的人，一定是一个自我控制力很强又灵活机动的人。他也是一个两种意知能力都非常发达，并且能随时将其综合利用，具有高度警觉的人。他更是一个能知言外之意、能洞察言外之行的人。

3.3 意会认知的运作逻辑图解

对波兰尼的意会认知论哲学思想进行逻辑化认识这项工作始于 20 世纪 70 年代的英国学者吉尔。30 年之后，中国学者张一兵对吉尔的理解结论提出了质疑和批评，并提出一种较之于吉尔更为符合意会认知论哲学思想的意会认知运作逻辑分析结论。在对比这两个结论和研读原著的基础上，笔者在此提出了更为丰富和符合波兰尼意会认知论哲学思想的逻辑分析结论。

3.3.1 意会认知中人的三种存在模式

没有一种认识论不主张人在认识活动中的主体性地位。意会认知尤其突出了个人在认识活动中的主体地位,波兰尼赋予作为意会认知主体的个人具有比其他认识论主体更多的权力和更大的个人空间。波兰尼认为,个人始终是个人知识生成的主体,在个人知识生成过程中个人的核心地位丝毫不可动摇。当个人知识的结果被表达出来,并且接受普遍性检验时,这个知识生成的主体才逐渐消解。也就是说,在个人知识成为公众批判的对象(变为客体)时,个人主体性才消解。

在意会认知过程中,"个人参与因素实际主宰着言述和意会两类知识"[①]。言述知识通过概念化活动形成,非言述知识通过身体化活动形成。因而,个人在知识生成过程中既是概念化活动中心,又是身体化活动中心,两者统一于个人。概念化活动表明人是思维和抉择的核心,身体化活动表明人的身体在意知过程中具有工具特性。正是因为人的思维活动和工具特性使得他在意会认知中发生了存在模式的改变。

意会认知中人的存在模式变化主要体现在作为主体的个人和作为客体的认知对象之间。因人与认知对象的不同关系而使人与认知对象之间具有"我—它""我—你""我—我"三种关系模式。

在三种关系模式中,"我—它"关系是主体与认知对象最初的,也是最低层次的认知关系模式。波兰尼认为,人对于客体的认识不是一蹴而就一见便知,而是要经过一个不断深化的意知活动才逐步完成。他的这一见解和其他认识论原则有相通之处,但他的认识论原则是从认知对象的外在逐渐深入认知对象内在,由浅入深地直接体验和意知认知对象,而不是一开始就立即按照某种理论或者意识形态去摈弃或者排斥关于对象的外在因素。

在"我—它"关系中,主体与认知对象之间各自都是孤立的,处于没有联系又即将发生联系的状态。任何认知主体与和他没有联系的对象之间都是这种关系,是一种松散的无主动意识的存在。

一旦认知主体把"它"确定为认知对象之后,"我—它"关系立即进入"我—你"关系。"我—你"关系是一种主体主动关注认知对象的行为,它缩短了"我—它"之间的外在距离,把自己投入到认知对象之中,通过自己的知识

---

① [英]波兰尼著:《科学、信仰与社会》,王靖华译,南京大学出版社2004年版,第121页。

框架、情感因素、信念、责任、良心等来获得有关对象的知识。"我—你"关系一建立，意会认知就立即工作，即从对认知对象概貌的附带意知，到对认知对象的焦点意知，再到形成关于认知对象的可言述知识和不可言述知识。

随着意会认知行为的深入，主体与认知对象之间进入了意会认知的更高层次——"我—我"关系模式。在这个层次，意会认知以"内居"的方式运行。此时，主体的身体、焦点意知和所有可能的附带意知以及认知对象都融为一体，主体进入了被探索事物的内在与之达到神会的地步。

3.3.2 附带意知与焦点意知的整合

我们知道，一个意知行为由焦点意知和附带意知两部分组成。我们也知道了两者各自的特点和区别，还知道了附带意知对焦点意知具有准备、补充、导引等支援作用，但是这些支援作用究竟是如何运作的呢？难道又是只可意会不可言述的吗？

波兰尼认为，认知主体在意会认知过程中，在对认知对象进行焦点意知的同时，努力把附带意知贯注于被关注的焦点之中，形成附带意知与焦点意知的整合，共同寻求关于认知对象的知识和意义。他说，"通过智力行为，我们把某些事物附带地整合到我们的焦点关注中心之中"。[①] "一件事物可以融汇于一个整体中并被指派上某种附带功能和表示某种占有我们的焦点意知的事物的意义。"[②]

附带意知与焦点意知的整合是认知主体的有意识行为和可操作行为。这种整合是焦点意知与附带意知的接合互补，相得益彰。两种意知的整合主要体现在两方面。

第一，焦点目标未建立时，主体把关于认知对象的附带意知这些起支援作用的成分加以整合，并据此指定其注意力的焦点，使之成为一个焦点目标。此时主体关于他物的知识和对认知对象的附带意知，就形成对认知对象的认知基础。这一过程主要发生在意会认知之初，脱离"我—它"关系模式进入"我—你"关系模式之时。但也可能发生在"我—你"关系模式下，一个原有的意知

[①] Michael Polanyi, *Personal Knowledge: Towards a Post-Critical Philosophy*, University of Chicago Press, Chicago, 1958, p61.

[②] Michael Polanyi, *Personal Knowledge: Towards a Post-Critical Philosophy*, University of Chicago Press, Chicago, 1958, p61.

行为崩溃之后，附带意知形成的关于对象的新观念使主体放弃原来的关注焦点，重新定位关注的焦点而形成另一个焦点目标时。这是整合的一个功能特征之———确定焦点。以上情形在科学发现、警察破案、学习、创业等各种领域都有发生。下面以创业为例作分析。

案例：异蛇王——谭群英

2007年1月5日，中央电视台第七频道《乡约》栏目采访了湖南娄底双峰县一名普通的乡村妇女谭群英——一个因养永州异蛇而闻名全国的女子。她的成功经历就是以附带意知确定焦点目标的很好例证。

1983年，因为家里困难，谭群英和丈夫开始寻找致富路。由于缺乏知识和资金，他们无法确定自己的致富目标。此时谭群英突然意识到自己出身酿酒世家，自己对酿酒有一些了解。这些关于酿酒的附带知识促使她相信自己在这个方面可能会有所成就，于是决定了致富焦点——酿酒。事实上，她对酿酒并不在行，也就是说，她并不具备关于酿酒的焦点知识。一开始她浪费了很多粮食和钱，也吃了很多苦，结果酿出来的酒的味道始终不变，总是酸的。于是她开始拜老师、出入书店、蹲守在酿酒作坊，探求酿酒的焦点知识，最后终于形成了一套自己个人的酿酒经验，酿出了浓香扑鼻的酒，之后她很快成为当地首屈一指的富裕户。这就是附带知识确定焦点目标，附带意知整合焦点意知探寻个人知识的成功例子。

1986年，富裕起来的谭群英在农贸市场发现有几个广东人在收购活蛇，毒性越大的蛇价格越高。并不满足的她决定改变自己的致富目标，停止酿酒开始养毒蛇。对她来说，养毒蛇比酿酒更为艰难，从来没有养过蛇，自己还害怕蛇。她对蛇的了解少得可怜，关于蛇的附带知识也极其贫乏，但酿酒成功的经历使她坚信了自己的信念（这也是关于酿酒的附带意知促使她确定了养蛇这个焦点目标）。在多次失败之后，她再次成功。而且用自己的酒泡制出了远近闻名的"柳宗元"牌异蛇酒，受到中央电视台、《人民日报》和新华社等多家著名新闻媒体的报道。她的再次成功，也再次证明了附带意知对于焦点目标的确定作用和附带意知与焦点意知有效整合寻求个人知识的成功。

第二，对于既有焦点目标，附带意知与焦点意知的整合表现为，附带意知形成关于焦点目标的表象认识 A，主体把这些表象认识赋予焦点目标 B，于是焦点目标 B 有了 A 这个意义，继而主体再通过焦点意知对这个意义 A 进行鉴定，最终形成对焦点目标真实的知识和意义。正是由于此类整合的存在，人们在认识事物时，就"有了感官知觉所不会有的真正新颖的感觉质地——由感官知觉所意会地创造的质地"。此类整合使主体从对表象单一的主观感知转变为对认知对象创造性的个人意知，也就是从对焦点目标的"镜像"反映转化为对焦点目标的能动意知。波兰尼把这种意知运作的整合称为"转带"或"转悟"。这一运作建立了主体对焦点目标的"转悟知识"，波兰尼把这个过程称为"现象转形"。这就是整合的另一个功能特征——转悟。据此可以说，意会认知就是转悟认知，意会知识就是转悟知识。

在科学发现的过程中，寻求关于焦点目标的知识和意义是附带意知的最终指向，附带意知为解决关于焦点目标的问题而运作，认知主体从对焦点目标的研究材料中、从个人相关的知识积累与经验积累中，甚至从一切看似荒诞不经的可能中附带意知到关于焦点目标的"知识"（此时还不是真正意义上的知识），然后把它交给焦点意知去鉴定，如果证明它们是有用的就保留下来，形成了对焦点目标的转悟知识，否则自行消失。附带意知把"知识"交给焦点意知这个过程就是"转悟"或"现象转形"。

在工作、学习、研究和思考中人们常常提到"顿悟"一词。顿悟是认知主体围绕思考的问题，突然之间有效地意知到问题的出路的过程或结果。其实，顿悟就包含在附带意知过程之中，它只不过是附带意知围绕焦点目标产生的无数转悟"知识"中间最有效的那个。而人们在研究认知的过程中只是重视了这个特殊情形——突然闪现、一经检验立马有效，单独把这个让人惊喜的过程称为顿悟。这种带有功利性的研究恰恰忽视了它背后潜藏的普遍认知形式——附带意知。

3.3.3 "三位一体"结构的意知运作

两种意知的整合实际上就是在主体与认知对象之间建立一个连贯有效的意知通道。这个通道只是"三位一体"结构运作的一部分。那么"三位一体"运作是否也有一个连贯的通道？这个通道有没有一个可以寻找的逻辑路径呢？

答案是肯定的，"三位一体"运作有明确的通道而且存在一个逻辑路径：

主体明确认知对象（或者确定焦点目标）——通过附带意知确定关于认知对象的焦点目标——焦点意知和附带意知整合——形成关于焦点目标的知识和意义——通过概念化活动与身体化活动形成关于认知对象较为全面的言述知识和意会知识——最后综合为个人知识。

主体明确认知对象（或者确定焦点目标）就是着手建立一个意会认知运行模型，这个模型由"三位一体"结构和认知对象组成。其中，明确认知对象（或者焦点目标）是指主体自己确定某一具体事物作为自己的认知对象或者主体被指定以某一具体事物作为认知对象。这两种情形在科学活动中表现为个人自由研究和给定目标进行研究。但是需要认知的对象可能是一个未知事物的整体，也可能是未知事物的某一个细节部分。所以焦点目标可能直接就是认知对象本身，也可能要在认知对象整体中加以细化确认。为此需要主体给予明确（确定焦点目标）。

概念化活动是在认知过程中，主体按照人类既有的概念（语言）构架，运用归纳、演绎、概括等逻辑化方法从关于认知对象的意会认知中抽象出其中的公理、定理、定律、规律、规则、逻辑化方法等言述知识的过程。在意会认知过程中，概念化活动主要形成文字、词语、图表、符号、公式等可言述知识。身体化活动是主体以自身身体作为意会认知的工具，通过身体活动来认识对象，最终形成某种必须依赖身体活动而不是思维活动的结果。它主要是对绝技、技艺、动作行为的学习和模仿，形成不可言述知识。因此，它具有极强的个人性。概念化活动和身体化活动构成了个人活动统一体的两极，使人的行为成为一个密不可分的统一体。二者不可完全分割，概念化活动伴随着身体化活动，身体化活动也包含着概念化因素。一个人要向外界传授自己的特殊技能，这种技能肯定是他自己身体力行习得并成为特殊经验或知识，然后才能借助概念等言述方式传授出去，如果没有身体力行这个基础，他传授的就不是真的技能，只是纸上谈兵。同时身体化活动也包含概念因素，一个修炼中国武术内功心法的学徒如果只是按照师傅的样子双眼微闭正襟危坐，无论坐得有多么端正都不可能坐出内功。他必须要对人体经络穴位及其运行路线这些概念化东西有所掌握才能导引自己的气息修炼出真正的内功。

于是，"三位一体"结构按照上述运作路线形成对认知对象（或者焦点目标）的连贯性意知，最后形成个人知识。

人们头脑中的知识常来自于书本，认为追求知识就是追求概念化，不能概念化的东西就不是知识。上述的意知运作似乎也特别指向言述知识的生成,我们在日常学习中常有这样一个潜意识在起作用——言述知识是所有的知识。这严重忽略了身体化活动也生成知识这个事实。在波兰尼的意会认知论里,身体化活动是个人知识生成的一个重要组成部分。按照意会认知的运作模式,这里我们专门来论述身体化活动形成个人知识的过程。

以视力正常的人在漆黑的夜晚探路为例(这类似于盲人探路)。视力正常的人在漆黑的夜晚走在自己熟悉的路上,完全可以不借助手杖就能到达目的地。因为这段道路的路况已经深深地印在他的脑海里了。漆黑的夜晚他在这段道路上行走只是可能比有光线时要慢,不需要一步一步去摸索。然而,如果在从未走过的路上,他就必须借助手杖来探路了,否则他完全可能陷入"盲人骑瞎马,夜半临深渊"的境地。用手杖探路就是身体化活动形成个人知识的一个典型的意知实例。

仍是"三位一体"结构,"一心两翼"运作。焦点目标是路面,焦点意知关注杖端触击路面的触感,附带意知关注相关的其他状况,比如握杖的松紧度、杖与手之间的相互作用、外界声音等。之前相关的经验作为支援性知识随着附带意知发挥作用。在行进过程中,可能会遇到大小不等的障碍物,比如石子、石头、电线杆、站立不动的人、停止的车辆等。同时路面也可能呈现复杂的状况,比如上坡、下坡、阶梯、栏杆、井、水池、悬崖等。这些障碍物和路面状况都是这个视力正常的人在黑夜可能遇到和需要做出个人判断的,这是一个依赖身体行为的意知活动。在触及路面时,焦点意知就针对每一个情形形成不同的杖端触感:范围大小、被触及物体的软硬程度、宽度、高度、相对位置、触击声音等,附带意知调动支援成分随时配合焦点意知提供可能的答案。当触感与被触物在人体形成对应经验时,一个依赖身体化活动的黑夜探路个人知识便建立了。

这个过程的逻辑路径一开始就确立了焦点目标,附带意知并不参与确定焦点目标这一步,两种意知的整合形成了关于路面障碍物的经验,最后通过身体行为形成关于探路的个人知识。这种知识的极端情况就是探路者既是盲人又是哑巴,即他无法用任何语言、文字、符号来讲述这个知识,但这对于他来讲仍然是相当有意义的知识,对于视力正常的人来说就不具有现实意义。如果这个视力正常的人认为盲人形成的东西不可言述,因此而断言不是知识,那么他就犯了上述毛病。

第3章 "三位一体"——意会认知的结构模型与运作逻辑

这个实例体现了意会认知在身体化活动中的运作。探路过程中手杖是一个重要工具,它在这个行动中作为一个支援工具出现,而不是被关注对象,如果探路者在探路过程中转移关注焦点去关注手杖而不关注路况,那他的这个意知行为就因此而崩溃,他完全可能为此付出代价——摔跟头或发生其他意外。探路行为中工具被同化为身体的一部分,成为身体的延伸。它从外在物转化为内在物,使"我们的身份发生某种改变,扩展为新的存在模式"。① 也就是说,工具在身体化活动中具有重要地位,它的重要作用也体现在概念化活动中。

通过对"三位一体"结构和"一心两翼"运作方式的分析,我们知道了意会认知在概念化活动与身体化活动中运作的逻辑路径,但仍不是非常清楚认知主体与认知对象之间的关系细节。它们之间是单纯二分的主客体关系吗?如果是这种关系,意会认知的三种关系模式之间又是如何连贯接合的呢?

波兰尼并不赞成主客纯粹二分的认识论原则,恰恰相反,他坚持认为存在一个人与外部世界之间的主客同体认知结构。也就是说,在这种认知结构中主体既不是高高在上的皇帝,认知对象也不是一动不动的泥塑木雕。主体是"鱼",认知对象是"水",鱼(主体)"内居"于水(认知对象)中,二者融为一个新的认知共同体。主体总是通过"内居"于认知对象来完成对它的意知。

内居是波兰尼意会认知论的一个重要概念和活动方式,是指主体在意会认知活动中将认知对象整合于认知的整个过程,同时主体也将自己投身于认知对象之中。波兰尼认为,运用一个有效的言述框架——无论是对于数学、物理、生物和化学等自然科学,还是文学、艺术、音乐,乃至于神话都要内居其中。② 同时,在认知事物时"我们必须深入到对象的局部之中,以便能由关注局部而意识到它们(对象的局部和整体)的接合意义,从而认识整体——我把这种深入局部的做法叫作内居"。③

内居在意会认知过程中实际上起的是一种桥梁作用。它实现了主客体之间的连接,化解了二者的对立,起到了认知整合功能。这种整合既不发生在认知对象中间,也不发生在与认知对象划清界限的主体身上,而是将认知对象与主体融为一体。这样改变了主体与客体的二元割裂,回归认知过程本真。

---

① [英]波兰尼著:《科学、信仰与社会》,王靖华译,南京大学出版社2004年版,第123页。
② Michael Polanyi, *Personal Knowledge: Towards a Post-Critical Philosophy*, University of Chicago Press, Chicago, 1958, p195.
③ [英]波兰尼著:《科学、信仰与社会》,王靖华译,南京大学出版社第2004年版,第200页。

在内居中，认知主体通过与认识对象融为一体，最后达到"欢乐神契"的地步。于是主体进入了被探索对象的内部，焦点意知与附带意知不断进行整合，主体不断创造性地意知对象，从而使对象具有特殊的意义。

波兰尼提出的内居类似于中国古代哲学中的"天人合一"思想。它就是把太极图中"阳鱼"和"阴鱼"接合在一起的那个力量。它也和马斯洛的观点——创造性活动中人应达到的境界：人与其世界的融合，即人与对象同构、相互匹配或互补，融为一体相互印证。理解了内居也就不难理解在现实生活中为什么要讲设身处地、换位思考，为什么好的表演者总能把剧中人物表演得栩栩如生，为什么高明的画家会说"如果你要画鸟，就必须变成一只鸟"。内居使得主体与认知对象之间不断突破生硬和疏远的远距离"我—它"关系，而进入较近距离的"我—你"关系，最后上升到主体与认知对象的"我—我"关系，最终达到对认知对象深刻的认识和完整的把握。这里需要注意的是，虽然波兰尼提出的内居主张意知主体融入对象，对象向主体归化，在主体融入对象的同时，客体也主体化，直至形成主客同体状态。但是所谓的主体化或客体化主要是指客体或主体具有了对方的某些属性，而非指它们在认知过程中的地位对换。

3.3.4 意会认知的三种运作逻辑图辨析

在众多意会认知论的研究中，对意会认知进行逻辑结构图解分析的很少，本书从其中选择了有代表意义的中外学者的分析结果进行对比研究，（见图3-2、图3-3）以求得出深入的理解。

第一，英国学者吉尔分析的意会认知逻辑结构图[1]（见图3-2）。

吉尔把波兰尼的四个基本哲学构件做了如下逻辑组合，当集中意知和概念化活动两极相交时，其结果是"言述知识"；当附带意知和身体化活动两极相交时，其结果是"意会知识"。由于每一意知和活动是其各自一极的混合物，所以每一个体知识形成也是言述和意会因素的混合物。换句话说，前面两个连续统一体以上述方式关联产生第三个连续统一体——知识连续体，它处于言述与意会两极之间。[2]

---

[1] [英]波兰尼著：《科学、信仰与社会》，王靖华译，南京大学出版社2004年版，第20页。

[2] [英]波兰尼著：《科学、信仰与社会》，王靖华译，南京大学出版社2004年版，第19页。

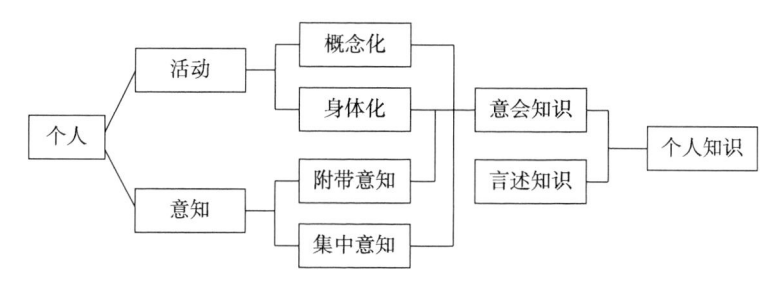

图 3-2 英国学者吉尔分析的意会认知逻辑结构

第二，中国学者张一兵分析的意会认知逻辑结构图①（见图 3-3）。

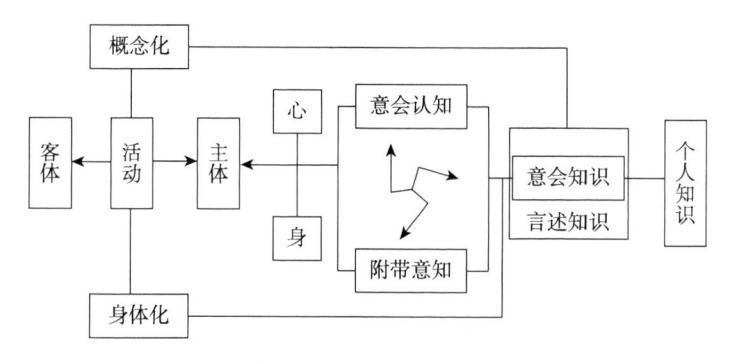

图 3-3 中国学者张一兵分析的意会认知逻辑结构

"必须指出，这张线性逻辑结构图表只是就纠正吉尔的解释而作的，因为波兰尼的逻辑本体就是意会的，当我们试图在符号图表中浮现这一功能结构时，我们其实已失落了真实的那个波兰尼。这里的特设逻辑关系只能用于说明波兰尼那种处于实际运转和功能建构中的意会认知结构是人的一切认知活动的本质！仅此而已。"②

第三，本书分析的意会认知逻辑结构图（见图 3-4）。

在图 3-4 中，"三位一体"结构位于意会认知逻辑结构的底端，是个人知识生成的基础。个人知识是"三位一体"运作的终端产物。这个结构的运作路线按照个人知识生成的原生机理从下到上前进。"三位一体"结构的中心——人最开始明确了自己的认知对象并确定焦点目标；随后展开焦点意知与附带意知这两翼对焦点目标进行意知；随着认知的深入，主体以内居的方式对认知对象进行深度意知；这些意知的结果通过概念化活动和身体化活动分别形成言述知识

---

① [英]波兰尼著：《科学、信仰与社会》，王靖华译，南京大学出版社 2004 年版，第 22 页。
② [英]波兰尼著：《科学、信仰与社会》，王靖华译，南京大学出版社 2004 年版，第 23 页。

和意会知识两种形态，之后成为个人知识。

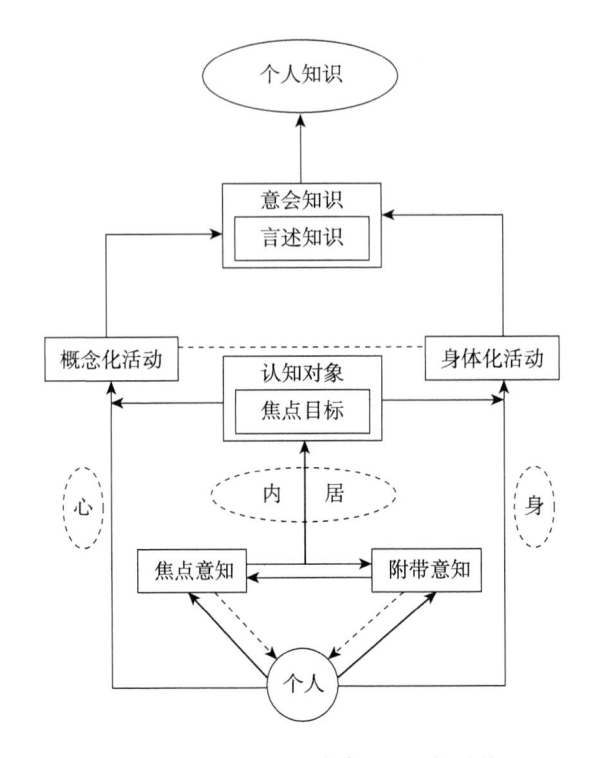

图 3-4　本书分析的意会认识逻辑结构

注：图中虚线连接表示两者存在隐性作用。

可以看出，上述三种分析结果既存在相近之处，也存在明显差异的地方。比较其同异发现，这三种分析具有共同点，而这个共同点来自对同一个理论的基本研究。如果没有这些共同点，要么是研究者根本没有尊重原始理论本身，要么就是理论本身的含糊。以上三种分析中都没有脱离原始理论本身。第一，三种分析都具有波兰尼意会认知论哲学思想的基本构件，包括主体（或者个人）、认知对象、焦点意知、附带意知、概念化、身体化、意会知识、言述知识、个人知识。第二，三种分析都承认意会认知的两种意知形式为焦点意知（集中意知）、附带意知。第三，三种分析都承认知识形成活动的两种基本形式为概念化和身体化。第四，三种分析都承认个人知识由言述知识和意会知识合成。

三种分析都是建立在对原始理论较为准确把握基础上的。仔细对比发现，三种分析之间的差异非常明显，主要来自作者对波兰尼意会认知论的不同程度解读和阐释。

第一，意会认知活动组成构件的差异。图3-2在三个图中构件最少，图3-3次之，图3-4最多。与图3-3、图3-4相比，图3-2缺少的构件有身、心、认知对象（客体）、焦点目标。在构件方面，三种分析最大的差别在于对"活动"的处理。图3-2把它与意知并列，说明吉尔认为意知不是活动或者是有别于活动的另类活动。图3-3把"活动"置于主客体之间，使之既联结了主客体又分割了主客体，同时又与图3-2一样把"活动"分为概念化和身体化两个支脉。但是图3-3却难以看出"活动"与意知的关系。与图3-2、图3-3相比，图3-4没有"活动"这个构件，直接把它分解为概念化活动和身体化活动两部分，同时认为两者之间有隐性联系。并且，图3-4把客体具体化为认知对象和焦点目标。

第二，意会认知逻辑路径的指向差异。图3-2没有意会认知活动的线路指向以及集中意知和附带意知之间的关系，读者在不理解意会认知论的情况下，单凭图表无法清楚明确理解其意义和运作路径。图3-3指出了意会认知活动的部分线路，也显示出集中意知与附带意知之间存在动态关系，比图3-2有深入但不完全，仍存在图3-2的问题。同时图3-3中的箭头指向值得商榷：集中意知和附带意知是否只是单向回归主体？主客体之间的关系是否由活动来操控？图3-4全面指出意会认知活动的整个线路指向，进一步明确了主体、焦点意知、附带意知三者之间的关系指向，显示了"三位一体"结构，并把波兰尼意会认知论中的一个重要活动——内居显示在其恰当位置，便于读者理解和掌握。

第三，言述知识与意会知识关系的差异。图3-2显示两者为并列关系，同属于个人知识。图3-3显示两者为包含关系，言述知识包含意会知识，两者最终属于个人知识。图3-4与图3-3恰好相反，意会知识包含着言述知识，两者最终属于个人知识。

由此可见，三个研究者对意会认知的理解都存在差异。很显然，图3-2的研究是生硬的，也不够深入和全面的。图3-3的研究在深入的基础上仍存在值得商榷的地方。正如图3-3作者所言，"当我们试图在符号图表中浮现这一功能结构时，我们其实已失落了真实的那个波兰尼"。而本书要做的就是准确深入解读意会认知论，所以在赞成图3-3作者这番话的基础上，继续做出与他们对照的逻辑结构图，并且认为在与图3-2、图3-3作者保持一致性的基础上，进一步明确和深入了意会认知的逻辑结构和运作路径。

其实，图3-3作者并不反对用图表来研究意会认知，而是反对对意会认知的误解误读，否则他不会做出自己心中的逻辑结构图。根据研究结果，本书以为三种分析中图3-4的解读更准确、更深入。

图3-2把意知与活动分开显然错误，图3-3予以纠正但把"活动"安插在主客体之间，同时箭头路径指向存疑，这不但没有表明集中意知、附带意知与主体的关系，也没有表明它们与客体的关系，这里存在交代不清。这不是图3-3作者没有理解原始理论，他也曾提出意会认知"三位一体"功能结构，但没有说明三者间的关系和三者对于客体的关系。对这一点图3-4给予了明确回答。实际上，意会认知需要由认知主体、焦点意知、附带意知三者相互作用、共同构成，三者在显性作用指向的情况下，还存在彼此之间的隐性作用。焦点意知显然受到附带意知的支援作用，但它对附带意知也有隐性的规定作用。个人在以两种意知进行思维活动的同时，也受到两种意知分别的隐性作用，尤其是附带意知在某种情况下并不完全由主体掌控。所以，本书图3-4的这部分结构图和箭头指向是合理准确的。

波兰尼在《个人知识》和《科学、信仰与社会》里基本上没有提及主体、客体这样的概念，而是代之以个人、对象（或焦点）。图3-2没有出现这些构件，图3-3出现了主体、客体这样的构件，显然是作者在其他认识论原则基础上进行的解读。图3-4构件中没有出现主体和客体，代之以个人和认知对象（焦点目标），这样显得更符合原著思想。同时在意会认知论中，并不是主体直接指向客体对它进行意知，也不是通过"活动"使主体意知客体，而是个人通过内居去意知对象，这就是图3-4要加上内居的原因。而内居的运作实际上就是"三位一体"结构的运作，但内居是一种隐性运作，所以在它的外面加上了虚线。

图3-4没有将线路箭头从个人直接指向认知对象（焦点目标），而是由"三位一体"结构中间指向认知对象（焦点目标），这正是为了体现"三位一体"结构在意会认知中的一体性和不可或缺性，也把这种认知结构用图表给予准确的表达，让读者易于理解。

图3-2的一个最大的缺憾在于，没有反映出身、心两个构件。波兰尼的意会认知论强调身、心两者的作用，可以说脱离了心和身去讲意会认知无异于建造空中花园、海上高楼。身、心是意会产生和传达的重要构件，不可或缺。图3-3作者显然对此有准确理解，在图中反映出了这两个构件，但显示出来的

身、心与言述知识和意会知识的联系不够明确。这一点图3-4给予了较好的解释。图3-4认为，身、心是言述知识和意会知识形成过程中的两个极其重要的构件，"三位一体"结构从个人这一方分为身、心两条行进线路，在心这一边由心主导的概念化活动对"三位一体"结构对认知对象（焦点目标）的意知结果进行概念化，同时在身体化活动的隐性支援下形成言述知识。在身这一边由身体主导的身体化活动对"三位一体"结构对认知对象（焦点目标）的意知结果进行身体化，同时在概念化因素的隐性支援下形成意会知识。这才较为真实地反映了身、心与两种知识之间的联系以及身、心与概念化活动、身体化活动之间的联系，也更详细地反映出了波兰尼的思想。

图3-2至图3-4显示了对言述知识与意会知识关系的不同理解：图3-2的并列关系被图3-3否认，图3-3认为言述知识大于意会知识，而图3-4又与图3-3相反，认为意会知识大于言述知识，意会知识包含言述知识，两者最终属于个人知识。究竟哪一种表达更符合原著思想？还是以原著为准来分析三位解读者的结果。

图3-2表示两者属于并列关系，图3-3、图3-4表示否认是有道理的。言述知识和意会知识并不是单纯并列，即使是抛开波兰尼原著而稍作分析都可以知道两者至少存在一个交集。于是图3-2的不准确很显然，不用深究。

图3-3作者在解读意会认知论时有这样一段话，"如果说，弗洛伊德发现了心理意识现象背后无意识活动的水下冰川，那么波兰尼则透视了人类认知表层逻辑运转内部的隐性意会整合之地下火山"[1]。这显示了他对波兰尼哲学思想的宏观概括和深刻认识，但是在具体细节上仍存在值得商榷之处。

波兰尼在《个人知识》一书前部研究了动物和人在语言前时期的学习与认知活动，结果表明意会知识是言述知识的基础，"所有人类知识均是由意会的思想机能来塑造和支撑的，而这种机能为人类和动物所共有。……人类的认知能力完全可以默默地、广泛地运作、不发一言"[2]。在《科学、信仰与社会》一书中他这样说，"意会的力量在人类知识的全部领域里以各种不同的复杂形式运作着，因为这种力量的存在，我们放心地发表各种特殊的陈述，也正是这种意会力量，赋予言述陈述以意义和信念"[3]。"在所有的思想层级中，真正起决定性作

---
[1] [英]波兰尼著：《科学、信仰与社会》，王靖华译，南京大学出版社2004年版，第6页。
[2] [英]波兰尼著：《科学、信仰与社会》，王靖华译，南京大学出版社2004年版，第120页。
[3] [英]波兰尼著：《科学、信仰与社会》，王靖华译，南京大学出版社2004年版，第119页。

用的是思想的意会力量,而非言述的逻辑运作。"①

由此可见,波兰尼主张意会知识是言述知识的基础,言述知识来自意会知识。甚至可以这样说,波兰尼主张意会知识是言述知识之母。所以,图 3-2 的表达为错误。图 3-3 的表达为不准确,有用另一种认识论原则解读波兰尼的意会认知论思想的嫌疑。而图 3-4 较为准确地反映了波兰尼关于两种知识的论述。

总的说来,图 3-4 与图 3-2、图 3-3 最明显的差别有两点,一是图 3-4 始终标明了逻辑路径的指向,二是图 3-4 是一个从下往上的塔形对称结构。尽管意会与其结果之间存在逻辑鸿沟,但是这并不影响我们对它的宏观运作路径的认识。科学家无法具体说明自己如何意会认知到某一发现,但并不妨碍他明白这是意会的作用;我们虽然无法说明自己如何在多次呛水之后突然间学会游泳的,但是知道那是意会使得自己掌握了这项技能;虽然波兰尼没有给出意会认知的线性路径,但是按照波兰尼原著论述,遵循意会认知的体验经验,图 3-4 由此给予了明确的路径指向。图 3-4 认为,从"三位一体"结构对认知对象(焦点目标)进行认知开始到个人知识形成是一个立体的塔形对称结构,图 3-2 和图 3-3 没有充分展示这种立体结构。

---

① [英]波兰尼著:《科学、信仰与社会》,王靖华译,南京大学出版社 2004 年版,第 115 页。

第4章 隐喻——意会知识言述化的最佳途径

寻求意会知识言述化的最佳途径，是波兰尼所希望的，也是意会认知论研究者所希望的。很明显，形式化和逻辑化语言不是首选。本书认为，隐喻是意会知识言述化的最佳途径。因为，隐喻认知和意会认知都有一个共同的基本立场——批判客观主义。在这个基本立场上考察隐喻认知与意会认知的异同可知，隐喻认知与意会认知具有基于体验的认知共同和基于认知过程的不可逆特性，同时意会认知与隐喻认知有对"真"的共同哲学主张。但是，二者之间又存在着认知主张的层次差异，意会认知显得比隐喻认知更为形而上学，同时二者所依赖的背景也有差异。在比较研究其异同之后可以看到，隐喻具有其他言述手段所不具有的对意会知识的表达优势，意会认知论是隐喻认知的支持理论，二者存在互解关系。从方法论角度和考察表述的丰富性、符合性看，隐喻是意会知识言述化的最佳途径。

4.1 意会认知与隐喻认知

当意会和隐喻被上升为人类的基本认知方式加以认识和对待的时候，考察它们的历史和寻求它们在认识论层次上的关系成为一种非常必要的研究方向。这里我们将在追溯中西方隐喻研究的历史和考察其研究现状的基础上，审视两种认知方式对"真"的观点，从而分析其共同点。

4.1.1 中西隐喻研究的历史与现状

隐喻一词"metaphor"（英语）来自希腊语的 metapherein，其字源 meta 的意思是"超越"，而 pherein 的意思是"传送"。"metapherein"的意思是指将某种东西从一个地方运送到另一个地方，它描述的是一个事物的动态过程。

"metaphor"这个词最初是作为一种修辞格现象出现,表示一种意义的转换或转移。

从历史上看,隐喻研究在东西方存在较大差异。西方隐喻研究大致有修辞学、语义学、语言哲学三个传统,20世纪七八十年代深入到把隐喻作为人类的一种思维方式和认知方式。

20世纪90年代之前,"中国关于隐喻研究的历史文献几无可检,在中国古籍中找不到在古典雄辩术中亚里士多德、西塞罗、昆提良等那样精确界定的隐喻定义"[①],没有出现类似国外的系统研究。中国"早期没有隐喻的专门概念,在文献中出现的是泛指比喻的'譬''比''依'等词语"。[②]几千年来,中国的文人雅士一般认为隐喻是比喻的一种,而没有给予专门讨论,只是把隐喻作为一种修辞手法在中国古代文学作品中大量使用。"虽然中国古人对比喻的重要性有足够的感性认识和体验,用现代语言理论来看,也不能否定其正确性,但总的说来,缺乏理性思考,失之空泛和玄虚。当然也不可能与一般语言结合起来考察。"[③]直到20世纪90年代,译介西方现代隐喻研究成果的文章才在国内刊物相继出现,中国的"隐喻热"这才从语言学研究领域逐渐扩展开来。

西方隐喻研究的修辞学传统始于亚里士多德,他把隐喻同认识中的概念联系起来在其著作《诗学》中说,"用一个表示某物的词借喻它物,这个词便成了隐喻词,其应用的范围包括以属喻种、以种喻属、以种喻种和彼此类推"。[④]亚里士多德在其另一著作《修辞学》中认为,隐喻可以增强语言的表现力,它使人产生由此及彼的联想,人们可以从隐喻中学到知识,使用隐喻词可以使文体显得明洁优雅,隐喻词可以起到其他词无法替代的作用。亚里士多德的隐喻理论表现为替代论(即将一种事物替代另一种不相干的事物或者用不同词语来表达这种替代关系)。

亚里士多德的隐喻观在西方具有全面的影响,其后古罗马修辞学家昆提良从修辞学的角度把隐喻研究推上了一个新的高度。随后在17—18世纪意大利法学家、哲学家维柯和法国启蒙运动思想家卢梭对隐喻的研究做出了重要贡献。不过,他们的研究在肯定隐喻的功能的同时仍然限于修辞学领域。

---

① 冯晓虎著:《隐喻——思维的基础篇章的框架》,对外经贸大学出版社2004年版,第41页。
② 胡壮麟著:《认知隐喻学》,北京大学出版社2004年版,第207页。
③ 谢之君编著:《隐喻认知功能探索》,复旦大学出版社2007年版,第7页。
④ 亚里士多德:《诗学》,商务印书馆1996年版,第149页。

第4章 隐喻——意会知识言述化的最佳途径

从19世纪直到20世纪70年代,隐喻研究从修辞学进入语义学,之后西方隐喻研究一直处在结构主义语言学的统治之下。其间,罗曼·雅克布孙(Roman Jakobson,1896—1982)和马克思·布莱克(Max Black,1909—1988)是主要的代表人物,他们的代表作分别是《语言的功能》《模型与隐喻》。

20世纪70年代以来,西方隐喻研究出现了多学科和跨学科热潮。心理学、认知科学、哲学、人类学、符号学、语言学等领域纷纷出现了新的隐喻理论。欧美出现了一些国际性的隐喻研究学会和期刊,据统计70年代以前关于隐喻研究的著作就超过了4000种。1980年,美国语言学家莱可夫(Lakoff)和约翰逊(Johnson)合著《我们赖以生存的隐喻》(*Metaphors We Live By*)一书把隐喻研究提升到了认知哲学层次。他们认为,隐喻是人类思维和认知的一种重要手段。人们日常语言中大约70%的表达形式源于概念隐喻,隐喻是基于身体体验的经验认知。经历修辞学和语义学之后,隐喻正式上升到认知哲学殿堂。

在科学哲学领域,当代英国科学哲学家、科学哲学协会副主席玛丽·赫西(Mary Hesse)提出了这样的观点:"所有语言都是隐喻的""科学解释是一种隐喻重描"[1]。美国鲍灵格林州立大学哲学迈克尔·布雷德(Michael Bradie)认为在科学证明与辩护语境中隐喻发挥着重要的认知功能,提出"理论通过隐喻与世界连接在一起,每一次和任何一次都包含了一种理论模型被应用为一种隐喻"[2]。

近十年来,国内的隐喻研究首先从认知语言学领域开始"热"起来,一批从事外语教学研究的学者从语言学方面率先打开了中国学界关于隐喻的局面。1993年由耿占春撰写的《隐喻》出版,2001年全国首届认知语言学研讨会在上海外国语大学召开,2006年南京成立了全国认知语言学研究会,一些国外著名学者像莱可夫等人先后应邀到中国讲学,产生了较大的影响。国内在认知语言学之外其他领域也纷纷涉足隐喻研究,山西大学科学哲学研究中心就是其中之一。

---

[1] 安军:《科学隐喻与科学哲学——访英国哲学家玛丽·海西》,《哲学动态》2006年第9期。
[2] [美]迈克尔·布雷德:《科学中的模型与隐喻:隐喻性的转向》,王善博译,《山东大学学报》2006年第3期。

4.1.2　意会认知与隐喻认知的共同基础

莱可夫和约翰逊等人通过四部著作和一篇论文[①]打破了两千多年来人们对隐喻的传统认识,把隐喻提升到认知哲学层次,并且提出了体验哲学理论,构建了经验现实主义或经验主义(experiential realism or experientialism)的认知观(莱可夫后期倾向于使用"体验"一词以避免使用"经验"而造成的狭义理解)。他们认为隐喻性思维都是体验的,在他们的体验哲学理论中包含这样的观点:(1)思维是体验(embodied)的;(2)概念结构有意义(meaningful),因为它是体验的[②];(3)心智从本质上基于身体;(4)思维大都是无意识的。

波兰尼在意会认知论中就非常强调体验在认识中的重要性,他的意会认知论与莱可夫的体验哲学有异曲同工之妙。他们都特别强调体验在认知中的根本地位,认为体验是知识的本源。波兰尼强调的"内居"实际就是认知主体深入认知对象的一种体验行为。他认为个人知识和个人参与或者个人的求知热情的运作方式是一种不可以明确言述的个人体验,科学发现首先是科学家直接体验它的内容而不是控制它的内容,其他诸如技术创新、艺术创作、音乐欣赏都是类似的。特别是身体化活动尤其依赖体验,它是个人知识的重要来源。

对于体验与经验两者间的关系,在传统认识论中唯理论显然排斥经验和体验,而对于主张感觉经验的经验论来说,也没有对二者间的关系做过区分和分别诉求。在这方面波兰尼和莱可夫显示出了他们的敏锐和共同之处,他们也都认为经验与体验之间存在区别。莱可夫后期的倾向显示出他认为体验比经验具有更为广泛的认知基质和更强大的解释力。波兰尼也没有把经验与体验视作等同。他认为在科学发现过程中体验比经验更为具体、细微、深入,更为前端化和个人化。他说:"作为经验的观察者或者操纵者,我们受到经验的引导并度过

---

① 四部著作按时间先后为:(1) *Metaphors We Live by*,《我们赖以生存的隐喻》,(Lakoff & Johnson, Chicago: University of Chicago Press, 1980);(2) *Women, Fire, and Dangerous Things*,《女人、火与危险之物》,(Lakoff, Chicago: University of Chicago Press, 1987);(3) *More than Cool Reason: A Field Guide to Poetic Metaphor*,《超越理性:诗歌隐喻分析指南》,(Lakoff & Mark, The University of Chicago Press, 1989);(4) *Philosophy in the Flesh——The Embodied mind and its Challenge to Western Thought*,《体验哲学——基于身体的心智及其对西方思想的挑战》,(Lakoff & Johnson, NewYork: Basic Books, 1999)。论文为:"The contemporary theory of metaphor",《当代隐喻理论》,(Lakoff, *Metaphor and Thought*. 2nd ed. Ed. Andrew Ortony. Cambridge: Cambridge University Press, 1993)。

② 刘金明:《当代隐喻理论与经验主义认知观》,《湖南科技大学学报》2004年7月,第111-112页。

经验，却没有亲身体验它。"① 显然，波兰尼认为经验可以借用、传授和指导，但是体验却不可以，非亲历不能为。举例来说，婚礼中的新娘和伴娘对于婚礼进行的程序等项目在婚礼结束之后很可能形成相同的经验，但是两人在婚礼中肯定有不同的角色体验，至少伴娘无法体验这次婚礼中新娘这个角色，也就无法占有新娘对于结婚的体验，因为这种体验只属于个人。

隐喻认知的体验哲学主张人的大部分思维是无意识的，无意识思维因其运转极其快速而无法被认知主体所聚焦。绝大部分（95%）思维在表层意识下进行，并塑造和结构我们所有的思维。② 波兰尼的意会认知论也有类似的主张。他说，"人们常常能在注意力未聚焦细部的前提下理解整体……此时其实我们对细节一无所知，如果说得更准确一些，应该是焦点性的无知（focally ignorant）。我们仅仅是从这些细节结合之后的意义着手，附带地意知到这些细节，但并不知道这些细节""我们只能通过内居于一些无法确切指认的细部——其外在表象的某些细节而综合地理解人的思想"。③ 他们都看到了有意识的焦点之外存在一种无意识或者焦点性的无知的认知成就，从而具有了一种认知共同。

莱可夫等人认为，隐喻认知的无意识不但包含认知主体自主的认知活动，而且包含所有的隐性知识。他们主张所有的知识与信念都主要由存在于无意识的概念系统构架。隐喻认知主张的无意识在波兰尼那里对应意会认知的附带意知。波兰尼认为附带意知是一种无法形式化的认知方式，一切追求知识形式化的认知活动都离不开意会这种非形式化作用。他说，"意义的形式化从一开始就依赖于非形式化意义的实践……对一个定义做出的实际解释在任何时候都依赖于使用它的人对它的未定义的理解。种种定义只能转换或者减小意义的意会系数，但不能消灭它"。④

隐喻认知的体验哲学认为有意识的思维只是整个思维冰山之一角，没有无意识的思维作用，就不可能有有意识思维。波兰尼认为，我们的知识形成在大多数情况下都是在意会作用下默然而成，即使在有意识的焦点意知作用下也离不开附带意知的支援。作为支援成分的附带意知在隐性地（无意识地）发挥作

---

① Michael Polanyi, *Personal Knowledge: Towards a Post-Critical Philosophy*, University of Chicago Press, Chicago, 1958, p197.
② 刘正光著：《隐喻的认知研究》，湖南人民出版社2007年版，第17页。
③ ［英］［英］波兰尼著：《科学、信仰与社会》，王靖华译，南京大学出版社2004年版，第124页。
④ Michael Polanyi, *Personal Knowledge: Towards a Post-Critical Philosophy*, University of Chicago Press, Chicago, 1958, p250.

用。言述知识只是人类整个知识的冰山一角，没有意会知识就没有言述知识。

通过上述对比可以看到，隐喻认知和意会认知具有很多共同的之处，都主张体验在认知活动中的基础作用，强调身体和个体在认知活动中的重要性，主张知识来源的非形式化过程。这就是两者基于体验的认知共同。主张体验显然是对传统认识论的挑战，他们的矛头不谋而合地直指一个共同的批判对象——客观主义。

莱可夫和约翰逊试图改变"客观主义神话"在整个西方哲学传统中的统治地位，其批判矛头直指客观主义的核心——绝对真理。他们明确地指出，"我们不相信有客观（绝对的和无条件的）真理这样的东西"。[1]他们否定绝对主观和绝对客观的二元对立，认为真理的解释依赖于人的理解和体验，因而既不是绝对的主观也不是绝对客观。而波兰尼在主张个人知识之前就潜藏一个雄心——后批判哲学是为观念改革而生，重新恢复我们精心维持未经证明的信念的能力[2]。在《个人知识》一书前言中他这样说道，"我的探讨从拒绝科学的超脱性理想开始"。波兰尼首先拒绝客观主义的绝对真理观，坚持认知主体"对一切理解行为的个人参与并不会使理解变成主观的"[3]，他也反对主客观的二元对立，认为知识形成的过程是一个以个人为主导的从主观走向客观的过程。而这个客观绝不是客观主义主张的客观，因个人在认知过程中与某种隐藏的真实建立联系而具有了客观性。这个客观性是与个人性紧密结合在一起的，实际上也就是后来莱可夫他们主张的观点——认知依赖个人的理解和体验。

由此可见，意会认知和隐喻认知具有共同的认知根基。他们反对客观主义，主张认知主体在认知过程中体验的重要性，同时把无意识和思维活动的意会性从传统的认知活动中剥离出来，对它们进行了伸张和诉求。这些带有根本性的共同点使得二者之间的关系形同父子，亲如兄弟。

客观主义实证论主张用逻辑实证手段去获得关于世界的知识。逻辑一直是罗素、怀特海、弗雷格等哲学家所主要关注和研究的课题。人们往往认为，逻辑就是为了达到一种绝对可靠的演绎的目的。逻辑方法最突出的特点就是通

---

[1] Lakoff & Johnson. *Metaphors We Live by*. University of Chicago Press, Chicago, 1980.
[2] William Taussig Scott & Martin X. Moleski, *Michael Polanyi Scientist and Philosopher*, Oxford University Press, 2005, preface, p6.
[3] Michael Polanyi, *Personal Knowledge: Towards a Post-Critical Philosophy*, University of Chicago Press, Chicago, 1958, p7.

过它获得的知识可以被反推回到逻辑起点。由归纳或者演绎得出的结论，在结果验证之后如果出现与事实不相符的情况，人们就可以通过逻辑这个线索顺藤摸瓜找到问题的源头，然后再修正理论或者重新获取关于世界的新的理论。这种逻辑化方法在抽象的数学领域表现得最为充分，一个数学公理可以演绎出很多有用的定理，人们完全可以依据它的各种逻辑关系演绎出新的结果，同时又可以通过结果条理清晰地回到起点。在科学上人们也用这种方法来检验科学理论，当一个新的科学理论诞生之后必须要得到实验的可重复性检验才能被接受。这个检验实际上就是用逻辑化方法来确认认知的可靠性。人们之所以如此倚重逻辑化方法，其原因在于它既能从源头到结果又能从结果回到源头，这样一条明晰通畅的可逆性渠道使人获得确实可靠的知识和稳定的心理。

客观主义实证论排斥由非逻辑手段获得的知识，其原因在于非逻辑方法都是不可逆的。客观主义实证论过分强调这种可逆性证明而失去了对世界的全面认识和对知识来源的充分占有。在人类认识世界和获取知识的诸多途径中，存在很多不可逆途径。人们通过不可逆途径获得的关于世界的认识已经在生活的各个方面得到运用，它们有效地成为确证知识的基础。

在诸多不可逆认知中隐喻认知和意会认知就是其中最为重要的两种认知方式。不可逆是这两种认知的根本特性，它们通过不可逆手段获得对于世界的启发性和创造性认知，获取关于世界根本的知识。

莱可夫在《我们赖以生存的隐喻》一书中说隐喻的实质是通过另一类事物来理解和经验某一类事物（understanding one thing in terms of another），在《当代隐喻理论》一文中说隐喻是概念系统中的跨越映射（a cross-domain in the conceptual system）。按照莱可夫和约翰逊的理论，隐喻是人们通过一组对应关系把自己熟悉的易于理解的源域（source domain），映射到不熟悉的抽象的难于理解的目标域（target domain），这种关系是单向传递的，不存在从目标域到源域的映射。并且这种映射不是随意的、全部的，而是部分的、有选择的，它遵循"不变原则（invariance principle）"。[1]

从隐喻认知的映射关系可以看到，隐喻认知是人们认识难于认识的事物和未知事物的一种有效方式。隐喻认知是建立在人们对熟悉事物的理解和认识基础上的，一旦脱离了这个熟悉的具体的事物，人们对未知事物的认识就失去了

---

[1] Lakoff, *The contemporary theory of metaphor*, Metaphor and Thought. 2nd ed. Ed. Andrew Ortony, Cambridge University Press, Cambridge, 1993.

一个"参照系"。人们不可能凭借一种不熟悉事物和未知事物去认识另一种不熟悉事物和未知事物,也不可能借助不熟悉事物和未知事物来加深对已知事物的认识。

隐喻认知的重要特征是语义逻辑结构和意义蕴含建立在不可逆基础上。如果将源域和目标域映射位置加以置换会使整个隐喻的语义逻辑结构不成立,并且使隐喻的意义蕴含失效。比如人们常常用这句话来说儿子与父亲的相似性:小 × 简直就是用他爹那个模子铸出来的。这个隐喻的源域是"他爹那个模子",目标域是"小 ×"。如果把将源域和目标域置换,这句话就成了:他爹那个模子简直就是小 × 铸出来的。显然经过置换的隐喻从语义逻辑结构上是无法成立的,同时也使隐喻失去了它要表达的意义,从而导致认知混乱。因此,在一个具体的语境中隐喻认知是不可逆的,一旦用目标域去映射源域,隐喻就会造成语义逻辑结构的混乱和自身意义蕴含的失效。

与隐喻认知的映射单向性不可逆一样,意会认知过程中意会行为也是不可逆的。当焦点意知对所研究的问题保持深度的执着,附带意知对问题周围的事物保持附带警觉之时,某种发现可能产生。如果这个发现是意会认知的结果,那它一定是不可逆的。波兰尼认为,真实的发现并不是一个合逻辑的行为。在问题与解答之间存在着逻辑鸿沟。发现者无法利用推理的方法追溯到推理前提的某种属性。德国化学家凯库勒梦见咬自己尾巴的蛇而意知苯环的结构,从而彻底革新了有机化学。但是他却无法逆向说明苯环结构与蛇之间的逻辑关系,他为什么不是梦见咬自己尾部的其他爬行动物诸如蚯蚓、蚕之类,或者他为什么没有因为实验室的其他环状器物而受到启发呢?或者说凯库勒为什么就那么笨呢,难道他没有见过六边形吗?这些问题的唯一答案就是意会认知是非逻辑不可逆的,任何一种事物和行为都可能是意会的启动者。所以波兰尼这样说,意会认知是"一种非言述的不可逆智力行为"。[①]

同样,建立在非逻辑不可逆基础上的意会知识因其不可逆而无法给予批判。波兰尼说,"两种人类知识(言述知识和意会知识)最本质的逻辑差异在于:人类可以批判地反省以言述形式表达之事,却无法同样地去批判地反思对某种经验的意会觉知"。[②] 意会知识是人们由感知得出却无从批判就直接加以接

---

① Michael Polanyi, *Personal Knowledge: Towards a Post-Critical Philosophy*, University of Chicago Press, Chicago, 1958, p76.
② [英]波兰尼著:《科学、信仰与社会》,王靖华译,南京大学出版社 2004 年版,第 112 页。

受和运用的知识，而言述知识则是在明确的宇宙图景内在批判性反思之下建立起来的知识。两种知识的比较再次显示出意会认知的不可逆性。

于是，我们再一次找到意会认知和隐喻认知这两种认知的又一个共同基点——非逻辑并且不可逆。

4.1.3 意会认知与隐喻认知对"真"的观点

古今中外，人们都在不断地求"真"，哲学家把真理看作认识追求的目标，但对于"真"的诠释和理解又存在很大差异。对"真"的不同认识反映出哲学家眼里世界的差异。哲学史上的各种派别对"真"的解读差异直接体现在对"实在""真实"和"真理"的认识上。

在古希腊，真理这一术语是指公开展现在人的理智之前的东西，具有确实、符合事实的意思。中国古代哲学家通常用同"非"相对立的"是"来表述认识的真实性。柏拉图认为真理是某种超验的、永恒的理念。中世纪的经院哲学把真理看作是上帝的属性，而佛教所谓的"真理"主要是指佛教教义。笛卡尔、莱布尼茨等人宣扬真理的先天性。黑格尔认为真理是理念，提出了"真理是过程"和"真理是具体的"思想。休谟认为真理是观念和主体感觉的符合。康德认为真理是思维同它的先验形式的一致。在现代，实用主义认为真理是观念和行为同个人获得成功的意图相符合。马赫主义认为真理是感觉的最简单的、最"经济"的相互复合。存在主义认为真理是个人心理状态的一种形式。逻辑实证主义认为真理是科学命题同个人主体的感觉经验相符合等。马克思主义哲学认为真理既具有客观性，同时又具有绝对性和相对性，既是客观真理，同时又是绝对真理和相对真理的统一。[①]

追求真实和反映真实是科学的一大品格，"对真实性的求知欲望是科学追求从中得以确定和隐含在科学成就中的那些设想能够得到辨认的总框架"[②]。正是因为有了这种品格人们才把公理、定理、定律视为自然界的规律。人类的理性虽然是建立在对真实的掌握理解和寄托之上，但是人们对于真实的发现手段与方法以及对真实的确定性理解显然存在差异。人们在心目中都存在一个各自对真实的理解和定义，可是一旦面对具体的思想、理论、现象时就显示出理解的

---

① 参见中国大百科全书哲学卷，网络版，陈中立撰，"真理"词条。
② Michael Polanyi, *Personal Knowledge: Towards a Post-Critical Philosophy*, University of Chicago Press, Chicago, 1958, p165.

迥异。

哥白尼日心说公开之后，人们面对两种迥然不同的天体运行理论体系。更多的人没有立即对哥白尼体系做出反应并且打算接受，因为在当时托勒密理论体系仍然是强势体系。随后出现了我们大家都知道的事件，哥白尼的信众越来越多，双方的斗争也越来越激烈。布鲁诺被活活烧死了，伽利略晚年失去了自由。托勒密的信众并不因为哥白尼的发现具有巨大的颠覆性而放弃对托勒密的信赖，反而是打击对方捍卫托勒密体系。哥白尼的信众并不因为对方的打击甚至人身伤害而放弃。引人注目的是，"争论双方都同意他们所用'真实'一词的意义，即真实性在于取得与现实的接触"[1]。后来的实践检验证明，哥白尼的追随者在肯定这个新体系时是正确的。托勒密的信众在退而承认其只具有形式上的优点而并非真实，是错误的。显然，托勒密体系"用虚假的原因解释自然现象的确是极为荒谬的虚构"[2]。

通过上面的论述可以看出，古今中外，人们和哲学家对于"真实"和"真理"的理解都有极大差异，这些理解的背后多多少少持有一种意识形态（信念或者信仰）。"真实"问题和"真理"问题都是非常难于清楚解答的哲学问题。其实最近30年以来，认知科学一直都没有脱离这样一个问题：人类认知的本质是什么，主观意识经验如何可能与可被客观描述的自然事件相关联？

隐喻认知同样也难以逃离这柄高悬头顶的"达摩克利斯之剑"。很显然，隐喻所指的本体（目标域）和喻体（源域）之间不存在客观主义实证论所谓的确实（或符合）关系。同时它也不符合传统语言分析哲学的要求，传统语言分析哲学把意义局限于确定的语形和语义规则，往往假定一种规范的描述性语言应当是字面的、稳定的和单义的。但是隐喻描述的只是一种相似或者类比性可能关系，它具有非字面的和蕴含意义这些特征。于是，隐喻认知就面临着一个较大的困境问题，那就是真值问题，也就是隐喻能否描述或者反映真实这个问题。人们不禁会提出这样的质疑，通过隐喻认知能否达到真理的彼岸？

传统的二值逻辑认为，一个命题或判断要么为真要么为假，不可能存在既非真又非假的命题。隐喻陈述的是一种相似性或者符合性关系，按照传统二值逻辑隐喻描述不能作为一个可判断命题。隐喻所描述的命题无法确定真假而失

---

[1] Michael Polanyi, *Personal Knowledge: Towards a Post-Critical Philosophy*, University of Chicago Press, Chicago, 1958, p147.

[2] G.Abetti, *History of Astronomy*, Longon, 1954, p74.

去意义。但事实却不是这样的，以这个隐喻为例：××是一只狐狸。把人描述为狐狸显然是虚假的，因其为假而没有意义。但是就狐狸具有的"狡诈"来说，这个隐喻描述的意义又是非假的。这个隐喻的意思是：××非常狡诈，他身边的人很难识别出来。于是隐喻在传统二值逻辑面前遇到了难题，传统二值逻辑在隐喻面前遭遇了尴尬。隐喻在二值逻辑面前难以证明自己的真假。

美国加州大学伯克利分校扎德（L.A.Zadeh）教授创立的模糊逻辑理论对传统二值逻辑作了修正，认为一个命题或判断可能存在多值。一个命题不仅仅只有"真"或"假"的判断，而且还可以合理地认为它"非常接近于"真（假），或"差不多"为真（假）。或者认为它比一个其他相关命题"更加"或"在更大程度上"为真（假）。这样，模糊逻辑为隐喻认知解脱了传统二值逻辑的禁锢。隐喻认知再也不需要为必定做出解释，隐喻认知就是一种多值认知。同一个源域在不同语境中可能对应不同的目标域，源域所隐喻的每一种属性都可能是目标域真的属性。因此模糊逻辑化解了隐喻的真值问题。

英国科学哲学家玛丽·赫西的著名论点，"所有语言都是隐喻的""科学解释是一种隐喻重描"再次把人们对于隐喻陈述能否为真（假）的问题引向求"真"的科学研究领域。但她巧妙地化解了这个问题，首先，"所有语言都是隐喻的"使隐喻的运用具有天然的合法性。其次，"科学解释是一种隐喻重描"使隐喻的源域和真实（目标域）之间脱离了严格意义上的逻辑关系，而表现为一种"近似符合"的关系。她认为科学家在面临复杂的理论和测试时，为了保证这种测试的成功进行与理论整体的一致性，有时不能不使用隐喻的方法。这实际上就是科学家利用隐喻对实在进行描述。于是相较于传统符合论，隐喻和真实之间就表现出一种开放性的探索态度和一种合理的认知方法论。

但是她的论点具有独断性，科学研究依然是以科学事实为研究对象，对隐喻能否描述科学实在仍然没有从根本上给予解答。如果改变我们对于现实世界的客观主义观念，把"可能世界"与隐喻结合在一起，就会找到隐喻存在的真正合法性根基。西方研究隐喻的学者们循着这条路，扩展了实在的范围，让隐喻寻找到了自己的真值。

莱布尼茨最先提出了"可能世界"这个概念。他认为现实世界有多种可能组合，时间、空间与物质可以具有完全不同的运动和形状。极端的实在论者D.刘易斯认为，事物可能是另外一种不同于它们实际状况的样子，事物可能会具有诸多存在方式。[1] 温和的实在论者普兰廷卡（A.Plantinga）认为，一个可能世界就是一种可能事态，现实世界是已经达成或实现了的完全可能事态，它是一个特殊的具体的可能世界。

这些关于可能世界的观念提出了这样一个值得思考的事实：人们通过各种手段认识的实在完全可能只是现实世界真实或者虚假的一部分，甚而至于我们认识的世界根本就不是那个样子，是我们强加上去说它就是那个样子。现实世界在我们现有的认识之外还有很多种可能的存在方式，人们不可能完全认识它，也不应该独断地认为只有自己的认识才是真实，只有通过某种方法取得的结果才是真实。现实世界的这些可能存在方式允许人们运用各种可能方式去认识它。现实世界的各种可能存在方式使得它同样具有某种实在意义，人们对于这种可能世界实在意义的认识同样具有真实性。尽管隐喻认知有别于实证方法，但是它通过一种特殊的途径对事物、事件、客观世界的构成部分做出相似性或者近似性描述，而这些描述在一种可理解的意义上解释了实在世界的构成本质，由此具有真实性。迈克尔·布雷德的一段话更能说明科学中隐喻与真实的关系。

> 一种隐喻是由一种首要主题 P，一个次要主题 S，一组含意 I，及一组属性 A 构成的。在理论应用于现实的情形中，理论模型或者范例是次要主题。借助于这种次要主题，可阐明经验现象。模型的含意结构对应于与次要主题 S 相连的含意群。理论的应用导致经验现象 P'获得'S 的含意结构。由此，我们最终以一种新的方式'看'现象：从水库流出的水流'获得'一种单摆的含意结构；人体眼睛颜色的变换被看作是具有孟德尔遗传学的含意结构等。[2]

莱可夫和约翰逊指出，"真"在四个方面依赖于范畴化。（1）某个陈述只有相对于对它的理解才为真；（2）理解总与人类的范畴化有关；（3）某一陈述的真总是与用于该陈述的范畴所突出的特征有关；（4）范畴既非完全不变，也不完全统一。一个陈述是否为真，取决于该陈述中使用的范畴是否合适，而范畴

---

[1] 张家龙：《可能世界是什么？》，《哲学动态》2002 年第 8 期。
[2] ［美］迈克尔·布雷德：《科学中的模型与隐喻：隐喻性的转向》，王善博译，《山东大学学报》2006 年第 3 期。

又随人类目的和语境的其他方面的变化而变化。通过隐喻映射来理解真理和通过非隐喻映射来理解真理之间不存在本质的区别。[①]

隐喻能够在何种程度上反映真实？当人们在这样质疑隐喻，隐喻认知在力图做出完美的自我辩护之前，波兰尼却提出了自己对"真实"的独到见解。

第一，非言述的东西具有真实性。客观主义实证论开宗明义拒斥形而上的东西主张实证，而意会认知恰好是张扬非实证的东西具有重要性。在客观主义实证论的教条范围之内，意会认知获得的非言述知识显然不具有真实性。与之相对的是，波兰尼主张非言述的东西具有真实性。隐喻为自己的"真"辩护而拿"可能世界"做盾牌，并且扩展了"实在"的范围。波兰尼没有提出新的世界，却以事实为依据拓展了客观主义实证论教条之内的"真实"的范围——非言述的东西也具有真实性。非言述的东西大多表现为对技能的识知或者超越性想象，因其不可或者难于言说而不被普遍承认，但它是人们言说和进行形式化活动的隐性支撑。波兰尼来了一个逆流而上的诉求，"那么，承认我们所说的任何话语是真实的，就包含着我们对自己的技能的认可"[②]、"所谓经验性陈述是真实的，是指这一陈述揭示了现实的一个方面。这一现实大部分是隐蔽的、我们看不见的，它独立存在于我们的识知之外"[③]。波兰尼提出非言述的东西也具有真实性，超越了前人，具有划时代意义，扩展了"真实"的范围。他甚至希望"如果在任何场合都是非言述的东西最有决定权，……那么，已说出的真理本身的可靠性就被相应的否定了，超个人的真理的理想就不得不重新解释，以便考虑到宣布真理的行为里含有内在的个人性"[④]。在这个假设前提下，非言述的真实具有了对真理的决定权，个人的意会认知具有了真实性。

第二，纯形式具有真实性。在科学活动中纯形式以完全抽象的符号系统来表征和认识世界，科学家把符号操作用于经验，有时可以单凭一种纯形式的推理发现真实和真理。在常人眼里，纯形式是一大堆杂乱无章的符号，枯燥难懂毫无意义。但是，在科学家眼中纯形式具有丰富的内在美——精确美、抽象

[①] 参见束定芳：《隐喻学研究》，上海外语教育出版社2000年版，第253页。
[②] Michael Polanyi, *Personal Knowledge: Towards a Post-Critical Philosophy*, University of Chicago Press, Chicago, 1958, pp70–71.
[③] Michael Polanyi, *Personal Knowledge: Towards a Post-Critical Philosophy*, University of Chicago Press, Chicago, 1958, p311.
[④] Michael Polanyi, *Personal Knowledge: Towards a Post-Critical Philosophy*, University of Chicago Press, Chicago, 1958, p71.

美、逻辑美、简单美、符号美、和谐美、对称美、秩序美、统一美。正如罗素所说，数学不但拥有真理，而且也具有至高的美。爱因斯坦说，"在我学生时代，最使我着迷的课题是麦克斯韦理论"。布鲁诺宁愿被烧死也不屈服是因为他认为哥白尼体系是真实的。形式体系的内在美是科学家获得科学发现的一个动因，也是它获得认可的一个原因。所以，关键在于纯形式体系承载着真实。波兰尼认为，形式体系具有真实性，他主张重视纯形式。他认为，对纯形式的追求和运用是发现真实和表现真实的一种有效手段，也是通向真理的必要途径。在物理学和数学中，纯形式显示出了它发现真实和真理的巨大功能。波兰尼列举了一些由纯形式取得的科学发现——海王星位置发现、化学平衡定律发现、正电子的发现、电子波动性理论的发现。[①] 这些由纯形式取得的发现，使科学在真实这方面的价值得到了极大的体现，也显示了纯形式在发现真实和揭示自然界真理这方面的威力。

第三，脱离词语所指的主题的描述性词语缺乏"真实"性。波兰尼反对用"开放性"词语去指称或者描述事物，因其开放性而失去明确意义。语言运用在某种程度上说是脱离被描述事物真实的形而上学，语法规则和描述性词语所指的主题之间可以完全脱离，"语言规则的研究成了对词语所指的事物研究的伪替代"、[②]"语法规则可以通过运用一种语言而不必研究语言所指的主题而得到遵守"[③]。当描述性词语为了某种语法规则而存在时，描述性词语就脱离了所指主题的真实性。在现实生活中人们常常出现因对同一语句的不同看法而难以确定其真实性，波兰尼认为造成这种现象的原因不在于词语现行用法的不一致，而在于对事物的本质看法不一致。研制不出永动机而规范"永动机"这个词语的用法或者把它替换为"不歇机"仍然造不出来，因为"永动机"表达的真实是能量守恒原理。于是波兰尼主张，"对于这些有争议的问题，我们只能运用现行的语言来进行探讨，用语言把我们对这些问题的注意力吸引到它的主题上来，

---

① 勒威耶和亚当斯运用牛顿力学计算出海王星的位置；范德和夫（Van't Hoff）从热力学第二定律中推演出化学平衡定律；狄拉克用数学方法描述电子运动规律时发现正电子；德布罗意出于对纯粹形式美的追求，给有质量的粒子赋予波的特性，从而建立了电子波动性的理论。

② Michael Polanyi, *Personal Knowledge: Towards a Post-Critical Philosophy*, University of Chicago Press, Chicago, 1958, p113.

③ Michael Polanyi, *Personal Knowledge: Towards a Post-Critical Philosophy*, University of Chicago Press, Chicago, 1958, p114.

而不是做得相反"。① "为了分析一个描述性词语的使用方法，我们必须有目的地使用它。这个目的就是考察它的主题，而这一考察必然会扩大到这个词语所描述的事物本身。"② 通过考察词语的主题而找回词语所指的真实性，杜绝这种词语运用和词语所指主题之间的"纸上谈兵"。

第四，对一个事实陈述的"真实"性进行认可的背后暗含一种信心与寄托。怀疑论者主张用怀疑来获得真实，按照怀疑论的观点，对于一个事实的陈述无论是最初的观察者对事实实事求是的反映，还是转述这个事实的人真诚而且充满善意的表达，甚至是一个说谎者有意而为，这个事实陈述的真实性都同样值得怀疑。但是人们不可能总是在怀疑中生活、在怀疑中运用知识、在怀疑中肯定。确定一个陈述的真实性，是人们常常面对的难题，也是怀疑论者怀疑的对象。波兰尼认为，人们在对一个事实陈述的"真实"性进行认可的背后暗含一种信心与寄托。他把对一个陈述真实性的肯定分为两个部分：一个是观察者不受外显规则的指导，基于自我信心的意会行为；一个是通过各种相应的规则与经验进行比较的言述行为。波兰尼认为这两个部分都具有个人的意会性判断，在这两个部分中进行的判断都具有个人性，尤其在第一部分中个人性比重最大。当某一个陈述的真实性得到了普遍肯定之后，它就成了真实可信并带有权威性质的事实。人们因此对这个事实产生信心，并以此为据，接受它是真实的这个肯定，然后使用和传播这个事实。波兰尼把人们接受事实的这种行为称为"做出了一种寄托或签署了一个协定"。"当他们承认某种观念框架是有效的时候，就会把这一框架包罗万象的解释能力视为它的真实性证据。"③ 于是相信女巫的人认为神是真实的，信奉基督的人认为上帝是真实的，相信种族优越论的人认为日耳曼人优于犹太人，信仰共产主义的革命先行者们志愿加入了抛头颅洒热血的斗争。

案例：真实与信托的关系

1976年7月28日凌晨3时42分唐山大地震发生后，一个在唐山的幸

---

① Michael Polanyi, *Personal Knowledge: Towards a Post-Critical Philosophy*, University of Chicago Press, Chicago, 1958, p114.
② Michael Polanyi, *Personal Knowledge: Towards a Post-Critical Philosophy*, University of Chicago Press, Chicago, 1958, p116.
③ Michael Polanyi, *Personal Knowledge: Towards a Post-Critical Philosophy*, University of Chicago Press, Chicago, 1958, p288.

存者甲立即通过电话告知远在云南的朋友乙——"唐山发生大地震了"。因为乙与甲有多年交情完全相信甲诚实的人品，并且当时也没有其他可以证实的渠道，于是乙毫不怀疑地肯定了甲关于"唐山发生大地震了"这个陈述的真实性。在新闻等媒体还没有公开报道时，乙就把这个事实——"唐山发生大地震了"告诉了身边的丙。丙因为既不认识甲，又不信任乙，更无法通过其他渠道肯定唐山地震的真实性，于是对"唐山发生大地震了"这个陈述的真实性产生了怀疑。为了证明这个陈述的真实性，丙有两种方法，一是立即亲自赶赴唐山求证，二是相信随后地震学家的分析和权威媒体的报道。在丙通过对唐山地震的真实性进行确证之后，再说"'唐山发生大地震了'是真实的"。于是，人们通过乙和丙的陈述相信了唐山大地震这个事实。在之后对这个事实的陈述就与乙一样——"唐山发生大地震了"，而不是说"'唐山发生大地震了'是真实的"。

通过这个例子可以看到：对于一个陈述是否为真实，或者是对于一个事实陈述是否具有真实性，不同的人寄予程度不同的信心和个人判断。乙通过对甲高度的信心和寄托直接接受了这个陈述的真实性。丙却通过一套规则和经验验证接受了这个陈述的真实性，在丙的行为中也显示出他对权威的信心和寄托以及一定程度的个人判断。按照波兰尼的理论，我们可以得出：乙的行为属于不受外显规则的指导，基于自我信心的意会行为。丙的行为属于通过各种相应的规则与经验进行比较的言述行为。乙与丙之外既不通过求证也没有直接事实依据而肯定这个陈述是真实的，他们的行为就是自始至终的"一种寄托或者签署了一个协定"。

在这里，我们还可以做这样的一个分析："唐山发生大地震了"不是甲告诉乙的一个事实陈述，而是一个除乙之外任何人都不知道的科学发现，或者是除乙之外其他人都不懂的一门绝技。那么，这个陈述的真实性对于乙来说就具有高度的意会性和个人判断，是一个纯粹基于自我信心的意会行为。通过乙得知这个陈述，并且借助规则和经验进行验证的丙，他的行为就是具有一定个人判断和信心寄托的言述行为。在自我信心和意会程度上都远远低于乙，是一种外显行为。而之后，相信这个陈述是真实的人们则完全就是对权威的信心寄托。至此，我们看到了一个认可事实陈述真实性的全部过程。

第五，"真实"是获得稳定性的一种策略。人类有一个共同的特性——害怕

第4章 隐喻——意会知识言述化的最佳途径

动荡追求稳定。这种特性不仅仅表现在日常生活中，也表现在对理论、信念、信仰的内在精神追求里。在作为日常生活的外部世界追求稳定表现为谋求富足的物品、大量的金钱、和平的环境。在精神世界，追求稳定表现为一种坚持甚至顽固不化的态度。为了加固这种稳定性，他们常常以真实性作为回击挑战的武器，即使科学家也不例外。所有的人为了达到某种稳定性都有可能"指鹿为马"。人具有认识世界的本能冲动，但在无法确知世界时又常常会被焦虑所困扰。有史以来人对世界的认识林林总总泥沙俱下，但在科学诞生之后人们越来越倾向于用理性和实证的方式来获得对世界的真实认识和说服别人接受自己对世界的认知。而人恰恰又生活在一个无法随时都具有充分证据来证实自己观点的局限中，证据的局限仍然使人无法摆脱焦虑的困扰和认识世界的欲望。何种方式既能帮助人弥补证据的不足又能远离焦虑呢？很明显，信念和寄托合理地具有此种功能。持有信念与寄托是个人在对世界不具有充分认识的情况下，以非理性的个人感知为证据的辩护行为，他的最终目的是获得信念和寄托的稳定性。科学家对待"异常"的态度和方法通常不是怀疑，而是由自己的兴趣涉足某个领域。波兰尼认为，科学家所追求某种一致性实际上是在追求稳定性。在某种程度上，历史上的科学家是把稳定性当作真实性来看待的。也就是说，某种理论只要具有稳定性，它就是真实的。换句话说，错误的稳定性也可能被视为真实。确实如此，比如亚里士多德的物理学、托勒密的地心说等就是如此。

第六，真实与意义之间同样因为所指的准确性而相互规定。波兰尼认为：（1）当意义确立后，如果所指缺乏准确性，那么针对该意义的陈述就不真实。比如有人指着一只老虎说"这是一只老虎"，大家一定认为这个陈述是真实的。因为所指的老虎和"老虎"的意义完全吻合。但是如果有人指着一只猫说"这是一只老虎"，这时大家就会认为这个陈述不真实。尽管猫与老虎很相似，但是"老虎"的定义在人们的头脑里已经固定了，任何与这个固定观念不一样的陈述都要被视为不真实。（2）改变意义可能使得"原来错误的命题变得真实"[①]。1931年哈罗德·C.尤里（Harold C.Urey）发现重氢（氘）后把它描述为氢的同位素，但是在1934年的皇家学会讨论会上遭到同位素概念的定义者弗雷德里克·索迪（Frederick Soddy）的反对，原因是索迪把同位素定义为"化学上互相不可分离的"，而氘恰好可以从氢中分离出来。索迪的抗议没有被承认，

---

① Michael Polanyi, *Personal Knowledge: Towards a Post-Critical Philosophy*, University of Chicago Press, Chicago, 1958, p111.

科学家们承认氘是氢的同位素并且修改了同位素的定义。于是,新的意义使得"氘是氢的同位素"这个描述成为真实。由于意义的改变使得原来被认为错误的命题变得真实,这种情形常常在科学发现中出现。在科学活动中,随着对事物认识的深入,原来的认识可能错误也可能不完满,一些正确的东西可能因固有的认识而被排斥,所以对不完满的意义进行改变之后,更加揭示了事物的真实。

4.2 意会认知与隐喻认知的差异

意会认知和隐喻认知分别对真实和实在作了独到的理解和意义扩展,显示出它们对客观主义实证论的共同超越。隐喻认知因其描述可能"真"而具有意义,因其描述具有意义而强化了"真"。意会认知在真实与意义的关系之外,还赋予真实以个人性、信心和寄托这些形而上的东西,使得两种认知呈现出某种明显的差异。

4.2.1 认知主张背后的层次差异

主张隐喻是人类认知方式的学者认为,隐喻是人类的一种普遍认知方式,它具有根本性。C. 土尔贝尼(Colin Turbayne)认为,所有语言都是隐喻的,作为世界理论的常规语言意味着其底层为基本隐喻。莱可夫认为我们日常语言中大约70%的表达形式源于概念隐喻。I. A. 理查德(I.A.Richards)说一观察就能看出隐喻是语言无所不在的原则。玛丽·赫西主张一切语言都是隐喻,科学理论是隐喻重描。布雷德认为在科学证明或辩护的语境中隐喻发挥着重要的认知功能。

他们的这些主张最为明显的作用是扩展了人们对隐喻本身的认识和理解,但这并不是最重要的。重要的是,他们主张了一种新的认识论和方法论,这种主张的背后是对客观主义的直接批判。客观主义在反对并且批判唯心主义和经验主义、形而上学之后取得了胜利,在经过笛卡尔、康德、维特根斯坦、罗素、马赫、拉普拉斯等人的发展后揭开了认识世界新的一页,这些世界的探索者试图以他们的认识论来把世界一网打尽,但是世界却并非完全如他们所看所想。作为世界组成部分的人是其中最为主动、积极、活跃的因素,他们的生活方式、思维方式、行为方式、语言习惯既丰富又各异,这些试图以一种认识论来看待世界的客观主义者此时显得并不客观,于是给有别于他们的认识者提供了批判的契机。主张隐喻认知的学者从这个角度展开对客观主义的批判和自身认识论诉求。主张隐喻认知实际上是反对客观主义范式，指出人类是通过与世界的相互作用来认识世界和理解世界的，人自身的生理构造、身体经验以及丰富的想象力都是构成对世界认知和进行推理形成意义的重要因素。

同隐喻认知论者主张一致的是，意会认知论也批判客观主义，反对客观主义对个人性的排斥，还反对怀疑论和机械决定论，主张从主观到客观的个人性。然而，意会认知论并没有就此止步。波兰尼提出了认知的信念原则。他认为，信念、观察、理性都是人类对外部世界的认知方式，但信念是高于观察和理性的一种认知能力。在这一点上，意会认知既表现出与隐喻认知的差异，又显示出比隐喻认知更为形而上学的特征。波兰尼对自己持有的信念有一个类宗教情结，他这样陈述自己对这个信念的态度："我相信，尽管有危险，但我得到召唤，要探索真理，陈述我的发现。"[①]波兰尼用信念表达了自己对世界的一种敬畏，在他的心目中存在一个关于世界的"上帝"，这个上帝不是现存的任何教派所主张的那个上帝，而是"真理与伟大"[②]。

于是，批判客观主义成为二者的一致，但主张信念却是二者最大的差异。意会认知较之于隐喻认知具有更为形而上的诉求，是一个通向"神"的认识论，更加接近"终极"这座顶峰。

4.2.2 映射与散射

映射是数学的基本概念之一。它被定义为：设 A、B 是两个非空集合，如果存在一个法则 f，使得对 A 中任一元素 x，按法则 f 在 B 中某一元素 y（可因 x 而异）与之对应，则称 f 为从 A 到 B 的映射，记作 $F: A \to B$。其中，y 称为元素 x（在映射 f 下）的像，并记作 $f(x)$，即 $y=f(x)$，而元素 x 称为元素 y（在映射 f 下）的一个原像。

在计算机领域也使用映射这个概念，常常以一个专业术语出现，比如端口映射、网络映射等。其基本含义都是指事物之间的一种对应关系。

在语言学领域，修辞学研究传统中，亚里士多德列举出的"以属喻种""以

[①] Michael Polanyi, *Personal Knowledge: Towards a Post-Critical Philosophy*, University of Chicago Press, Chicago, 1958, p299.

[②] Michael Polanyi, *Personal Knowledge: Towards a Post-Critical Philosophy*, University of Chicago Press, Chicago, 1958, p380.

种喻属""以种喻种"和"彼此类推"四种方式也显示出隐喻词修饰功能的某种对应关系。

在隐喻认知领域,莱可夫认为,隐喻是概念系统的跨越映射,是一组映射关系或者对应(a set of mapping relations, or correspondences)。[1]莱可夫认为隐喻映射也不是随意产生的,它遵循"不变原则(invariance principle)",即隐喻映射用与目标域内在结构相一致的方式保留了源域的意象图式结构。它起的作用就是保证源域内在的意象图示结构不会受到破坏。[2]在映射过程中,源域与目标域之间有一组以意象图式为认知基础的两种对应关系:(1)本体上的对应关系;(2)认识上的对应关系。[3]

隐喻认知是在不变原则的约束之下,基于体验经验的一种选择性映射。这种映射是源域 A、目标域 B、源域具有的某种含义 C、目标域的某种属性 D 之间的对应关系。这就是隐喻认知区别于意会认知的基本特点之一。较之于隐喻认知,意会认知不存在源域和目标域之间具有约束性的映射关系。意会认知的认知对象和它的附带支援物之间是一种松散的非对应关系,只有在这种关系具有认识意义之后,也就是被认知主体意会到之后才形成对应,它们之间在形成意义之前可能具有毫无可见的相似性或者符合性,也可能具有某种微弱的相似性。意会认知属于发散性认知,在对认知对象进行认知的过程中认知主体完全凭借自身体验、经验和言述知识等可以利用的资源,在焦点意知和附带意知的共同作用下默然而成。所以,与隐喻认知的约束性映射相比,意会认知是一种非约束性散射。

隐喻的映射关系使得隐喻认知具有某种意向性,这种意向性表现为认知主体为了获得对认知对象的认识有意识地把源域和目标域结合在由"是"构成的意义关联之中,并形成某种认知模型。这种有意识行为之外可能夹杂着某种"无意识"或者潜意识,也就是说,可能认知主体或者隐喻的创造者最初并没有真正明确意识到自己所要表达的实际意向,却以隐喻的方式组织了一次认知。这种"无意识"或者潜意识因其最初存在解释上的困难而降低了隐喻指向的

---

[1] Lakoff, *The contemporary theory of metaphor*, Metaphor and Thought. 2nd ed. Ed. Andrew Ortony, Cambridge University Press, Cambridge, 1993.

[2] Lakoff, *The Invariance Hypothesis: Is Abstract Reason Based on Image-schemas?* Cognitive Linguistics, 1990 (1), pp39–74.

[3] Lakoff, *Women, Fire, and Dangerous Things*, University of Chicago Press, Chicago, 1987.

"真"，同时既造成认知主体和隐喻创造者的"潜意向"，又造成隐喻的多值和后来的补充解释。这种情形在科学活动中也常常发生。

案例　黑洞

"黑洞"是现代物理学上的一个专门术语，它是指能够感觉到其强大吸引作用却无法看到它的天体。"黑洞"与"完全引力塌缩体"构成了一个科学隐喻。在惠勒正式启用"黑洞"这个称谓之前人们就开始讨论它，大多称为"完全引力塌缩体"。然而惠勒却嫌这个称呼太烦琐，于是有意识想要选一个既简单易记又能反映其本质的名称。他回忆说："几个月的思索，希望想出一个好名词。我在床上、在澡盆里、在车上，只要我有片刻宁静便开始左思右想。"在一次会议上，惠勒再次提及这个星体的名称问题，突然有人建议："称为黑洞如何？"惠勒立即采用了这个名称，并且在公开场合正式使用。然而这个称呼遭到了惠勒以前的学生费曼的坚决反对，费曼认为老师"太不正经""这个用语实在不应该出自文雅人士之口"。[①]后来，这个称呼在法国也遭到了好几年的抵制，据说"黑洞"在法语里有淫秽的含义。

通过"黑洞"这个隐喻的创造我们可以看到隐喻认知的上述特点。惠勒有意识地寻找现实中与"完全引力塌缩体"有相似属性的事物来称呼它却没有结果，而提议者无意识的提议触动了惠勒，于是他正式启用了这个隐喻。当然，这种无意识的提议也可能出自惠勒本人的无意识行为。之后由于"黑洞"一词的多义和歧义引起了不少人对这种称谓的质疑，最后在科学共同体的认可下它的意义得到补充、确认和巩固。耐人寻味的是，"黑洞"这个隐喻性称谓极具启发性，它不但启发了常人的想象力，也启发了科学家。"黑洞是科学史上极为罕见的情形之一，在没有任何观测到的证据证明其理论是正确的情形下，作为数学的模型被发展到非常详尽的地步。"[②]

隐喻这种有意识与无意识造成一个隐喻从创造到理解有不同的参与者共同参与和不同的解释，这恰好是意会认知所没有的特性。意会认知首先表现出个

[①] ［美］约翰·惠勒，肯尼斯·福勒著：《惠勒自传——物理历史与未来的见证者》，蔡承志译，汕头大学出版社2004年，第385页。
[②] ［英］史蒂芬·霍金著：《时间简史》，许明贤、吴忠超译，湖南科学技术出版社2002年版，第87页。

人性，即从开始到结束始终是由认知主体个人去完成，如果惠勒自己在澡盆里或者在床上想到了"黑洞"这个隐喻，它就是一次意会，但他没有找到结果所以不能认为是一次成功的意会认知。当"黑洞"被别人提出，惠勒给予肯定并不表现为他本人的意会。一旦意会到"完全引力塌缩体"是"黑洞"之后意会行为随即终止，黑洞就直接指向完全引力塌缩体，不再存在后来人在原有意义上的补充解释和不同解释，否则这次意会认知无效还要再继续寻求新的有效的认知结果。与隐喻相比，意会认知的结果不再具有启发性，它是启发的结果而不是启发者。意会到黑洞与黑洞隐喻具有启发性是两种完全不同的情形。

于此可知，隐喻认知的映射使得人们在认识物质世界和精神世界的时候，能够从原本互不相关的事物、属性、概念和语言表达中受到启发而发现相似点，从而建立想象丰富的联系，之后再启发认知主体产生创造性思维和行动。而意会的发散投射同样能够从原本互不相关的事物、属性、概念和语言表达中受到启发产生创造性思维和行动，但其结果不再具有启发性。凯库勒一旦意会到"咬尾巴的蛇"与苯环结构关系而发现苯环结构之后，"咬尾巴的蛇"对于苯这种化学物质就不再具有启发性了，而"黑洞"才刚刚开始它的启发之旅。

与隐喻的意向性一样，意会认知也表现出意向性。但它的意向性不是有意识把具有相似性（或相似属性）的两种事物构成意义关联并且形成认知模型，而是以焦点意知直接指向认知对象，附带意知围绕其间作为支援。它完全可能从焦点上有意识去寻找两种事物之间的意义关联，但真正找到意义的却最可能是作为非焦点的附带意知。总的来说，隐喻是认知主体有意识的意向性认知行为，意会是认知主体无意识的意向性认知行为。这就是两者"映射"与"散射"的差异。

4.2.3 语境与场（情）境

语境与场（情）境是隐喻和意会产生差异的又一大特征。隐喻的创造和对隐喻的理解对语境都具有极大的依赖性。而意会多发生在非言述情形或者伴随言述情形发生，大多依靠人的生物本能、心理基础和内化知识，对语境几乎不存在依赖性，但离不开具体场（情）境。而隐喻源域和目标域的映射既是语言形式，又是认知模式，更是文化模式。若离开文化环境和具体语境，根本无法进行隐喻的创造和理解。透过隐喻可以看到世界上不同民族文化和不同语境范式对它的规约性，而透过意会却看不到这些规约性。

"heart of gold"——"金子般的心。(中英通用隐喻)""red eye"——"廉价威士忌"(英式隐喻)"红眼——发怒"(中式隐喻),这表明在常用语言中同一喻源在不同民族文化范式内隐喻意义的共同与差异之处。在科学隐喻与常规隐喻之间也存在不同语境范式内同一喻源隐喻意义的差异,如前所述的"黑洞"在法国日常语言中有"淫秽"的喻意,而在物理学中喻指"完全引力塌缩体"。由此可见隐喻对文化和语境的依赖性。

科学活动较之其他民族性文化活动具有超国别跨文化等共性特征,但科学隐喻较之于日常隐喻却表现出对语境更强的依赖性。"科学隐喻在科学共同体整体知识预设与当前理论语境制约的具体框架中展开和运作。"[①] 由于科学活动的语境较之于日常文化活动的语境具有更为专业性和术语化,所以科学隐喻的创造和理解都更加依赖具体语境。

科学隐喻的创造者在创造一个科学隐喻时,首先,他本人一定是科学活动的当事人,这使得一个科学隐喻从一开始就有科学语境的人际色彩。其次,科学隐喻创造者的原始意向是对科学研究对象(目标域)进行某种说明或者描摹,这个科学隐喻的目标域在当时或者以后一定是被科学语言描摹和说明的对象,于是这个科学隐喻形成的映射关系进一步深入科学语境。

无论是用日常词语还是科学词语创造科学隐喻,它的说明和描摹都必须依赖特定的科学语言系统,在科学语言系统中展开和运用。新的科学隐喻在科学语言系统中的展开和运用实际上是它与其他科学词汇和意义产生交际,在交际中与其他的科学概念和词语意义构建新的意义,交际使得隐喻意义融汇于交际语境中,产生了有赖于交际语境语段的意义。于是这个科学隐喻再一次被语境化。

新的隐喻在交际语境中扩展了词汇和语段的意义,这个隐喻由此也受到该种语境的规约,自然融汇其中。一个新的科学隐喻在科学语境的交际中逐渐被语境化,被语境化的过程不仅仅是成为新的科学词汇或者被用作科学词汇,还是一个被科学共同体内部检验和承认的环节。一个新的科学隐喻本身就是一个新的创造,它可能预示一个新的观点、新的理论、新的思维方式或者预言,这种带有一定启发性、反叛性和颠覆性的创新一定会引发科学共同体内部小范围或者大面积的"求知动荡",因而新的科学隐喻还需要获得科学共同体内部的

[①] Patti D. Nogales, *Metaphorically Speaking*, CSLI Publications, 1999, p216.

一个社会性检验和承认。这个环节带有一定的社会性，但是它是属于科学活动语境下的社会性评价和检验，因而在这个层面上讲新的科学隐喻无法脱离科学共同体内部的社会化语境。

科学隐喻的语境化使得在现实条件下它的隐喻意义受到规约，这种规约使科学隐喻在被理解时理解人不可能脱离其语境发挥天马行空的想象，而是在其语境范围内对其原始意的指归。塞尔说"隐喻的意义总是言说者的表述意义"[①]，于是理解隐喻就是站在它的语境范围内尽可能指归其原始意义，否则就是误解或曲解。

"黑洞"一词在科学语境中隐喻"完全引力塌缩体"，在科学语境之外隐喻其他事物和意义，显然它在科学语境之外的意义不能作为科学语境之内的意义。再以一个常规隐喻为例来看语境对隐喻意义的规约性。"××是一只狐狸"，在中英文里"狐狸"都有隐喻"狡诈"的意思，这个隐喻因其喻示"狡诈"是××的真实性格属性而具有意义。但是"狐狸"这个词在中文里还隐喻"妖媚"，那么"××是一只狐狸"就可以理解为"××很妖媚"，这种理解一下子就把××女性化了，这既歪曲了他的性别特征又没有喻指其真实性格属性。这种脱离具体语境的理解因其所喻不含"真"而失去原有意义。

从这里可看到，隐喻创造和理解都依赖于具体的语境，任何隐喻都要在一个具体的语境中才具有意义，在具体的语境中才指向隐喻真值。隐喻一旦脱离具体语境就会失去原有意义或者发生意义改变，甚至变得毫无意义。

相比之下，意会并不依赖语境，因其运作多不依赖语言而靠身体体验之故。意会是人的一种认知本能，它依靠人的本能冲动、心理活动和隐性知识。意会行为发生在具体的场（情）境或者某种虚幻（拟）场（情）境中，它是主体受到触发而产生的一种主动或者被动行为。如果说隐喻和意会是两条"认知鱼"，那么语境是"隐喻鱼"的"网箱"，场（情）境就是"意会鱼"的"水"。

与隐喻相比，意会没有创造和理解这样的两个环节区分，意会本身就是一种理解性的行为。而且这种理解与隐喻的理解的不同之处在于，隐喻理解仍然无法脱离语境，而意会实实在在就是天马行空、无拘无束，越是任意越可能有发现，越可能出奇迹。要说创造，它并不是像隐喻那样创造一种言说模式或模

---

① John Searle. *Metaphor.In A.P.Martinich ed.*, The Philosophy of Language.Oxford University Press, Oxford 1985, p417.

型，而是主体发挥其想象力甚至是幻想，创造性地进行认知和理解，最终形成新的发现、新的理论、新的模型、新的联系等。

"意会鱼"的生存离不开场（情）境这一汪"水"，意会活动要么在具体的场（情）境中发生，要么在虚幻（拟）的场（情）境中发生。在这些场（情）境中，焦点意知和附带意知两者之一都可能是意会活动的主导者。

一个学习骑自行车的人在多次摔倒后突然之间就会掌握自行车的平衡，一个学习针灸的学徒突然之间找到了下针的手感，这是焦点意知在现实场（情）境中的成功范例。如果离开这个场（情）境，无论学习者看多少相关资料、听多少相关评论都无法取得在这个场（情）境中的成就。波兰尼所列举归类的三类学习中，窍门学习就是在具体场（情）境中的焦点意知行为。

影视节目里常常有这样的镜头，交谈中听者在焦点关注说者话语内容的时候，附带注意到说者一些细微的表情而意知说者可能正处在危险之中，或者在给他传递某种情报，最后成功营救出说者或成功传递了情报。这是附带意知在现实场（情）境中成功的范例，如果脱离了这个面对面的场（情）境，听者不可能意会到说者的弦外之音或言外之意。

在科学实验中常常采用虚拟的场（情）境来进行研究，如飞机的风洞实验、计算机上三维模拟航天飞机在外太空的飞行，我们通过这些虚拟的场（情）境从焦点上对它们进行研究从而意知在真实条件下的某些可能性状和获得相关数据。这是焦点意知在虚拟场（情）境中取得成功的范例，如果脱离这些虚拟的场（情）境，我们不可能获得相关数据，也不可能单凭焦点意知取得成功。

凯库勒梦见"咬尾巴的蛇"而意知苯环结构，某人通过梦境找到解决棘手问题的方案等，这些都是现实生活中的实际例子，与上述例子区别的是它们是在虚幻的场（情）境中发挥想象力并通过附带意知取得成功的范例。如果脱离这些虚幻的场（情）境，也就是说，他们不做梦，附带意知极有可能无法取得发现。

由此可见，意会对于场（情）境的依赖也让我们看到隐喻与意会的差异。隐喻和意会这两条认知鱼同样畅游在人类的认知海洋中，但各自却有不同的生存范围。

4.3 意会认知与隐喻认知的互解

通过对意会认知与隐喻认知的共同点和差异之处的考察，笔者认为两者之间存在着一种天然的联系，这种联系在人的认知活动和言述化活动中体现得最紧密。隐喻是人在意会这种本能性认知基础上经过加工的一种言述策略，其结果在很大程度上是意会的再加工物。然而，隐喻又不仅仅只是意会的再加工物，它在某种程度上对意会认知产物具有深化、发挥和促进理解的功能，两者之间存在互解关系。互解关系的存在，使得意会认知成为隐喻认知的支持，使得隐喻成为意会知识言述化的最佳途径。

4.3.1 策略和本能——再加工与原生态

比较分析隐喻和意会的产生及其运用范围和作用方式，隐喻与意会的另一个较大差异为，隐喻的使用和发明表现出人类认知事物和使用语言的一种策略性行为，在很大程度上，隐喻是人类思维和认知的再加工物，意会则表现为人类思维和认知的本能，是思维和认知的原生态。策略性行为表现出一种可控状态，而认知的原生态则是非策略的不可控状态。

里德（Read）认为，隐喻起源于对世界感知信息的共鸣。格特鲁德·巴克提出隐喻起源的两种理论，一个是"思维贫困假说"，认为隐喻使用者在原始时期由于思维的局限性把两种不一样的东西当成同一件东西，另一个是"需要说"，认为隐喻产生是为填补语言表达的空白，用已经理解的某一领域的经验说明或理解另一领域。莱可夫和约翰逊认为，隐喻思维是人类的一种基本思维方式，人类的思维过程主要是隐喻性的，隐喻的实质是通过一类事物来理解和经验另一类事物。可以看出，隐喻作为一种认知方式具有策略性。在无法直接认知事物的情况下借助另一事物来理解和经验这一事物，或者在两种甚至多种可借助事物之内选择更为接近和容易理解的事物来理解和经验这一事物就是一种认知策略。于是，隐喻的发明和使用就表现出人类认知和使用语言的策略性。隐喻认知和隐喻性语言的使用共同体现了隐喻是思维和认知的再加工物这一基本特性。

通过不完全归纳，本书认为隐喻语言使用的策略性大致表现在借用、创造、掩饰、拉拢和游戏这五个方面。

（1）"语言贫困"状况下的被迫选择和减少"词语"累赘的主动行为——

"借用"策略。人对具体事物的经验和实践总是先于对该事物的概念化活动,语言是实践活动的产物。在现实生活中,人们不可能预先规定或者构造某个词语或者语法规则然后再去构造具体的实践活动,也不可能给每一事物和具体实践活动指定唯一属于它们的词汇。这样,现有语言中的词语不能合适表达某一特定的事物或者实践活动产生的概念成为现实。于是词语缺乏摆在人们面前,这就是所谓的"语言贫困"。在这种情况下,为了实现表达和认知目的,人们常常需要借用现有的词语或者语言表达方法来表达新的实践活动、新的事物和新的概念。这种借用形成了语言中大量具有隐喻意义的词语,于是隐喻表现为一种借用策略的结果。比如20世纪80年代初国人把辞去公职到广东、深圳经商叫作"下海",把想去美国称为"美国梦"。现在人们把国外归来的资深学者叫"海龟"、普通学人叫"海带"。科学中借用水波的"波"这个词的隐喻意义来命名电磁波、光波、声波,说明它们具有同水波类似的物理属性。这些应运而生的隐喻性词语都是在"语言贫困"的情况下一种策略性的借用,这种借用在意义固定之后就成为人们经常使用的隐喻词语了。同时这种借用策略表现出一种更为高贵的品质,人们完全可以通过借用来重组词语或者赋予其新的含义而减少众多不相干词语带来的记忆和使用困难。科学家完全可以用其他词语给电磁波、光波、声波命名,并且用唯一意义的词语来刻画它们的物理属性,但是这样做却割裂了事物之间的普遍联系也造成了不可想象的麻烦,主动借用隐喻性词语使人类解脱了自己。

(2)丰富意象和增强语言表达功能的有意识创造——"创造"策略。和"语言贫困"相反的是,现实中有可以直接使用的词语,但是人们为了达到简练生动、新颖活泼、委婉高雅、隐讳含蓄等目的有意识地创造了隐喻性的词语和隐喻表达法。这种情形大多出现在文学艺术作品中,这些创造性的隐喻词语丰富了人们的想象力,具有无限的开放性和美感,具有较大的启发性。比如诗人称儿童为"花朵"、青春期为"花季"而让人产生生动丰富的想象。人们常用"强按牛头不喝水"来替代"要他去做,他却不去做"。毛泽东在延安整风期间用这副对联"墙上芦苇,头重脚轻根底浅;山间竹笋,嘴尖皮厚腹中空"形象地讽刺了主观主义的学风。人们常把外表漂亮华而不实的女子称为"花瓶",把没有真才实学的人叫"绣花枕头"。这些隐喻性词语和隐喻表达法的运用既实现了创造者的讽刺影射等目的,又丰富和生动了词语和语言的表达功能,还避免直接使用直白词语可能造成的人际冲突。在这种情况下使用的隐喻实际上就是为丰富表达和避免冲突的"创造"策略。

（3）特定群体为了某种隐秘行为或者目的而进行的"专门性"构造——"掩饰"策略。现实生活中，某些特定群体往往有自己圈内的"专业性"语言。这些语言既不是大众日常生活语言，也不是为了丰富语言意象和表达功能而创造，只是为了掩饰本群体的隐秘行为和目的有意使用隐喻表达法和构造隐喻性词语。这是一种明显的策略性行为，这种策略性行为是现实生活中隐喻性词语和隐喻表达法使用和产生的一个重要成因。比如，旧社会四川袍哥把加入袍哥团伙叫"嗨"、当袍哥老大叫"嗨老大"、把告密称为"反水"；香港的一些黑社会成员把警察叫"条子"、把反叛叫"起飞脚"；嫖客把卖淫的女子叫"鸡"、男子叫"鸭子"；吸毒团伙成员把海洛因叫"白粉"或者"草"；大学生把性行为称为"打炮"或"洗澡"等。这些隐喻词语的发明和使用都是为了特定群体的某种隐秘性目的而构造，带有一定的专门性，群体之外的人们很难理解。这种为了不被识破而采取的掩饰策略成了隐喻词语和隐喻表达法存在和发展的某种动力因素。

（4）在社群生活中为获得认同和寻求亲密性的手段——"拉拢"策略。科恩认为，隐喻使用的一个重要目的是获得亲密程度（achievement of intimacy）。它包括三方面：第一，说话者发出含蓄的邀请；第二，听者付出特殊的代价接受邀请；第三，交换使得双方承认属于同一团体。[①] 使用隐喻性语言获得亲密度和拉拢对方不是人人都可以做得到的，它有一个隐藏条件——相互之间要熟悉对方的知识、信仰、意图、态度和圈子。比如做卧底的警察要使用黑社会内部的隐喻性语言拉拢其成员取得其信任，在黑社会成员面前把自己的同事叫"条子"。一个科学家要尽快取得另一个科学家的承认最好是使用科学上常用的隐喻语言而不是日常生活中的隐喻语言。出于"拉拢"的目的而发明使用隐喻性词语的策略性行为使得社群生活成员之间相互获得默契和认同并具有了某种亲密感，同时也促进了隐喻的发展。

（5）丰富文化生活的文字游戏态度——"游戏"策略。日常生活中，人们单纯为了文字游戏而用隐喻词语和隐喻表达法，这些文字游戏既丰富了人们的日常生活，使得人生变得多姿多彩、幽默轻松，又推动了隐喻的发展。这种游戏态度和策略有别于其他的态度和策略，它是一种老少咸宜、妇孺皆知的生活

---

① 束定芳著：《隐喻学研究》，上海外语教育出版社 2000 年版，第 147 页。

态度和策略行为。比如中国人在元宵节、中秋节有猜灯谜的习俗,"说他是头牛,无法拉车跑,说他力气小,却能背屋跑",谜底是"蜗牛";"黄金布,包银条,身体弯弯两头翘",谜底是"虾"。再如宁波一家酒店把一道凉菜"猪口条拌猪耳朵"称为"悄悄话";沈阳一家饭馆把"菠菜炒黑木耳"叫作"波黑战争"。这些娱乐性的隐喻表达方法推动了隐喻的发展,显示了人们通过使用隐喻获得一种乐观心态和调节生活的一种生存策略——游戏。

与隐喻使用和认知的策略性特征相比,意会不具有策略性,也无法使之具有策略性,任何人都不可能说自己会在什么情况下使用意会或不使用意会,因为意会是人的认知本能,只要人的意识在活动它就活动着,它不像隐喻那样可被人作为方法论工具来使用,意会使元层次认知不具有方法论意义。无论是里德的感知共鸣,还是格特鲁德·巴克的两种"说"法,以及莱可夫、约翰逊等人对隐喻的观点,从中都可以看到隐喻是一种发展起来的人类认知和人类发展起来的认知,也是一种关于认知的方法论和语言规则。

既然是方法论又是语言规则就可以形式化、可以言述。通过对隐喻这种思维方式和认知方式的研究可以看到隐喻运作的逻辑线索和推理过程,它以映射的方式遵循一套不变原则而取得成就。但是作为认知本能的意会却无法给予形式化,意会完全是按照自我中心的标准在运作,它追求的是非言述成就。

波兰尼从生物"形态发生"和生物进化"突生(emergence)说"角度对意会认知的本能机理进行了探索。首先,动植物的再生、移植、胚胎发育都表明生物的形态发生受到一种自身内部的潜能支配,在内部潜能支配下生物形态发生取得两种成就。"第一种是类机器的成就,出现在独立而相互连接的形态发生序列的策略中,以镶嵌图案式固定潜能为基础。第二种是整合性成就,出现在形成体的形态发生场引起的形态发生成就中,也出现在孤立组织的自动形态发生的反应之中。"[①] 意会属于神经层次的形态发生,它同样受到自身内部的潜能支配。在某种程度上,附带意知和焦点意知就是这两种成就的对应物,意会是人在自身内部潜能支配下两种原则、在神经层次的综合性成就,属于人的本能反应。其次,波兰尼认为"人类意识的进化过程清楚地体现了一种能动的突

---

① Michael Polanyi, *Personal Knowledge: Towards a Post-Critical Philosophy*, University of Chicago Press, Chicago, 1958, p357.

生"。①突生是指生物进化过程中新的创新原则或者运作方式的随机性出现，它是一个在多层次上存在的与生俱来的不可形式化过程，它在生物进化的每一个阶段都存在着，但不知道它的运作细节，随机性是突生的一种特性，以自我为中心是突生能动性的体现。意会是一种以自我为中心的突生。从最简单的有机质微粒到简单原生物到多细胞有机体再到神经系统的形成，在这个粗略的生物进化链条上展现了一幅突生的全景图。"它给我们提供了大量的在个人意识逐渐增强的过程中突生的例子，在每一个后继阶段中都有新的运作出现，而新的运作是不能以它们的前一层次的方式来言述。通过进化过程在我们体内发展起来的种种非言述的心灵能力变成了言述思维的意会系数。"②由此，意会作为人的精神活动是突生的结果，也是一种突生。它是一种比言述要悠久的生物本能，具有随机性。

综上可以看出意会与隐喻的差别。如果承认隐喻是人的一种基本思维方式和认知方式，那么这种思维方式和认知方式是一种有意识的策略思维（认知）或者经济思维（认知），受到某种外在目的影响或者控制。而意会作为人的一种最基本的思维方式和认知方式更多地呈现出思维和认知的本能，受人体内在运作方式的支配，不受外在目的控制和影响。

4.3.2 意会认知是隐喻认知的支持理论

意会和隐喻之间既有较强的共同特点又有一定差异。从基于体验的认知共同到作为方法论和带有深层次信念的区别，使得两种认知之间有一种纠缠。从人的认知本能角度看，意会理论是隐喻认知的理论支持。从方法论角度看，隐喻是意会认知言述化的一种途径。

通过波兰尼的形态发生理论和突生理论可知，意会既是人的一种思维和认知本能，还是一种心灵机制。意会认知论主张焦点意知和附带意知两者在认知主体统辖之下，通过内居去获得认知对象的知识。焦点意知定位认知对象，附带意知作为支援成分把与认知对象有关的主体体验、经验、内化知识和认知对象的整体或者局部细节发生联系，从而形成关于认知对象的知识。从中可以看

---

① Michael Polanyi, *Personal Knowledge: Towards a Post-Critical Philosophy*, University of Chicago Press, Chicago, 1958, p382.
② Michael Polanyi, *Personal Knowledge: Towards a Post-Critical Philosophy*, University of Chicago Press, Chicago, 1958, p389.

出，内居既是在运用先有体验也是在创造体验，附带意知发挥着寻找和创造关于认知对象线索的作用。由此，意会和意会理论形成了对隐喻认知体验、发明和理解的支持。

意会作为一种思维方式、认知本能和心灵机制构成了隐喻认知的基础。隐喻认知强调身体体验的基础性作用，认为概念结构的意义来自身体体验，概念结构之间的映射是基于体验经验的对应。其实所有的体验都来自认知主体对认知对象的意会认知，意会认知提供了隐喻必需的体验。意会认知"三位一体"结构和认知对象之间通过内居发生紧密联系，内居于认知对象的主体充分调动先前的体验来意知目标，同时通过附带意知丰富的支援线索又创造出多种可能的思路和方式意知认知对象和主体自身。各种意知和支援线索形成了对认知对象丰富和复杂的体验，这些体验构成了隐喻认知的基础。凭借对不同认知对象的体验积累，附带意知找到它们之间的相似性或者对应关系而发明新的隐喻。从塞尔（Searle）求解隐喻的八条原则中可以看到附带意知在源域和目标域之间具有较大非明显相似性情况下，对隐喻的发明同样具有非常重要的作用。

意会和意会认知论同样对隐喻的理解起着支持作用。隐喻是人们认识世界、建构知识的手段、源域和目标域的对应关系使得人们在理解隐喻的时候要发生心理上和思想上的迁移。也就是说，人们在理解隐喻的时候既要注意源域又要注意目标域，还要找到两者的意义连接。这非常自然地使焦点意知和附带意知在这个过程中发挥着它们应有的作用。隐喻既是语言表达的手段，又是概念形成的手段，还是一种文化模式。在大的框架内隐喻的这三个特性是普遍的，但是因其为文化模式而受到语境的规约，不同文化背景的人具有不同的概念系统和认知结构及不同的经历，这可能造成他们对同一源域和目标域构成的隐喻会做出不同的理解，更可能因为源域和目标域的差异造成他们对同样意义隐喻的不同理解。当我们试图破译尤其是跨语境、跨文化背景的隐喻时，这个难度会更大。这时意会再次发挥着非言述的领悟力，焦点意知锁定了目标域，附带意知提供源域各种可能的意义线索，从而快速准确地找到隐喻的意义所在。此时意会和意会认知论成为破译隐喻的天然手段和理论。

塞尔从理解者的角度出发，将理解隐喻的过程分为三个步骤：①判断话语有没有必要从隐喻的角度来理解；②确信必要性之后，利用一套原则或策略求解 R（R 是源域对应于目标域的隐喻意义）的可能值；③限定 R 值范围，确定说话人想要表达的 R 值。同时他还总结出求解 R 值可能的八条原则。其中原则

4为：P事物不是R，也不与R相似，也不被认为是R，但P事物却与R之间存在联想关系。原则5为：P事物与R事物并不相似，也不被认为相似，但构成二者的条件有相似性。[①]塞尔的三个步骤和八条原则并不完全也不够充分，但是他的理论显示出理解隐喻离不开意会和意会认知理论。三个步骤必然要依赖意会进行快速判断，而不是进行程式化的逻辑推理，有时甚至是言辞一出，理解者立即就判断出是否为隐喻并且准确确定了R的值。确定R的范围，尤其是在原则4和原则5中更离不开附带意知提供的支援成分和焦点意知从潜意识激发出来的想象力。举一个正例和一个反例就可以看到隐喻对意会和意会认知论的依赖。1945年8月6日，美国前总统杜鲁门正乘坐"奥古斯塔"号巡洋舰从波茨坦开会回国。他在舰上收到绝密电报："小男孩顺利降生"。他立即宣布美国原子弹在日本广岛上空爆炸成功。1972年，美国前总统尼克松访华，中国领导人毛泽东说了这样一句话，"我这个人是秃子打伞"。因没有意会其为隐喻和具备相关的支援知识，美国翻译结果束手无策。

　　意会和意会认知论对隐喻认知的理论支持还体现在，意会认知论对"真实"的定位和解释为隐喻松解了"真值"困境。同样都是反对客观主义的理论，它们对于"真"的理解和定位反映出意会认知论对隐喻认知的支持。隐喻认知为解脱"真值"困境利用可能世界并且适度扩展了实在的范围，这些仍然难以完全摆脱逻辑的责难，以逻辑实证主义为代表的哲学派别更是严格地把隐喻排斥在经典逻辑的范畴之外，但在意会认知论这里隐喻却得到理论支持，获得了意会认知论认可的真实性。第一，意会认知论主张非言述的东西具有真实性，这种真实性主要来自身体体验和超越性想象力。这些身体体验和超越性想象力就是隐喻发明的认知基础，隐喻体现出来的意向性和直觉性在很大程度上是非言述和不可逆的。按照意会认知论以身体体验和超越性想象力为依据而发明的隐喻具有真实性，它的真实性只不过先前存在却没有被人注意，或者人们根本不这样思考和看待它罢了。第二，意会认知论主张"真实"性是对词语所指的主题和题材的描述，脱离词语所指的主题和题材的描述缺乏"真实"性。从这个角度看，隐喻具有真实性。因为隐喻是通过作为经验实体或者体验经验的源域对作为认知对象的目标域的映射，是直接以主题或者题材为依凭的一种描述，而不是完全依靠词语进行的语言游戏。第三，意会认知认为，真实与意

---

① Searle, J.R. Metaphor.In A. Ortony（ed.）, *Metaphor and Thought*, Cambridge University Press, Cambridge, 1993, pp83–111 Sperber.

义之间因为所指的准确性而相互规定。隐喻作为一种方法和认知为表达意义而存在，一个活的隐喻是对认知对象整体或部分属性进行的描述，这种描述在映射关系和不变原则的规定下具有准确性，所以隐喻具有真实性。因其从源域到目标域的描述具有一定准确性，它的意义也因为准确性而增强，在意义与真实的相互规定之间隐喻具有真实性。第四，隐喻是对事实或者属性的一种较为特别的陈述方式，按照意会认知论对"真实"的理解，对一个陈述的"真实"性进行认可的背后暗含一种信心与寄托。事实上，一个隐喻的发明和使用暗含发明者和使用者对它的信心和寄托。信心表现为发明者和使用者对这个隐喻真实性的个人认可，寄托表现为发明者和使用者希望这个隐喻的真实性得到普遍性认可的一种普遍性意图。站在意会认知论角度看，隐喻的发明和使用因其具有发明者和使用者的个人认可和信心而具有真实性，因其获得普遍性认可和使用增强了隐喻的真实性。

由此，隐喻和隐喻认知获得了意会和意会认知论的理论支持而有力地反驳了经典逻辑哲学派别的责难，也增强了人们对于隐喻所指真实性的信心和理解。在意会认知论支持下的隐喻真值与逻辑本质具有的表征性和演绎性之间并不存在不可逾越的鸿沟，隐喻与逻辑共同构成语言意义系统，二者之间是一种辩证与互补的关系。

4.3.3 隐喻是意会知识言述化的最佳途径

意会知识是意会认知的结果，它的最大特点也是最大难点在于根本无法言述或者难于言述。无法言述是因意会为本能反应，意知过程不可逆而且运转极其快速，认知主体无法对这个过程进行重复和反思，当认知主体在意知某个结果后，却无法说出其中的逻辑过程和产生机制。难于言述是针对逻辑化、概念化、抽象化来说的，并不是所有的意会知识都无法言述。由于存在词语的选择和恰当表达，意义的陈述和深度展现，体验经验的重复性和概念化抽象等因素的制约，意会知识在可言述的情况下受到准确性的制约，被言述的意会知识仍然存在言述过程的困难和结果的模糊性。但是，人类的认知和知识绝对不可能只停留在意会的层次。追求确实性、实证化、形式化、概念化、抽象化是人类认知活动的显性主流，把意会知识变成可言述知识成为人类认知活动的必然追求。

在意会知识言述化的诸多可能途径中隐喻是一种最可能途径。隐喻能够最可能接近表达意会知识，也最接近逻辑化过程，它本身也具有概念化功能。隐喻的模糊性认知和真值指向也非常贴合意会认知，所以隐喻是表达意会知识的最佳途径。

如果玛丽·赫西提出的"所有语言都是隐喻的"这个命题成立，那么隐喻天然成为意会知识言述化的唯一依赖，因为离开隐喻语言运用就无从谈起。假定赫西的这个命题成立，那么隐喻用法不仅仅是文学语言的修辞手段也是日常语言和科学语言常用的表达方式。从这个角度讲，无论采用文学语言、日常语言、科学语言来言述意会知识都离不开隐喻。传统语言分析哲学强调用一种字面的、单义的、稳定的、规范的描述性语言来描述事实，这恰形成意会知识言述化的"硬性"指标。因为意会知识天然的不可言述成分使得现行语言无法对它进行准确规范单义和稳定的描述，也不可能维持它的唯一字面意义，总是存在对意会知识意犹未尽言而不远的事实，在这些"硬性"指标约束之下意会知识无法被真实表达，也难以具有普遍性。赫西的这个观点恰好是对传统语言分析哲学对逻辑层面过度强调的反动，意在表明隐喻表达的语义基础与它们主张的规范语言不存在本质上的差异，既为隐喻表达谋求了合法性，也给意会知识言述化提供了合法性途径。

隐喻表达是在一定差异存在的情况下对不同事物之间的相似性给予关联，通过对象之间的相似性和一定差异造成意义的转换或者扩展。这样避免了传统语言分析哲学的"硬性"指标对意会知识言述化的制约，也正好和意会知识的生成过程形成某种相似性。从规范性、准确度、稳定性几方面来讲，传统语言分析哲学要求的描述显然优于隐喻表达。但是隐喻表达方式与意会知识形成过程的相似性，以及隐喻表达本质上的模糊性与意会知识的不可言述性形成的相似性使得隐喻更适合用来表达意会知识。这不仅仅是意会知识言述化的一种选择策略，也是意会知识言述化的一个可行性论证。隐喻较优的根据还在于隐喻具有启发性。意会知识是意会认知的结果，意会活动在很大程度上依靠启发取得成就。隐喻表达具有的启发性可在一定程度上弥补意会知识言述化过程中的意犹未尽言而不远的缺憾，甚至可能使言述化了的意会知识附加启发性而实现对原有意义的扩展。于是隐喻表达与意会知识言述化形成了互动，使得隐喻成为意会知识言述化的一个合理途径。

使用隐喻来言述化意会知识，并不是没有逻辑和排斥逻辑。相反，因为隐喻真值的模糊逻辑特征使得隐喻较之于传统语言分析哲学来说具有更优表达。

第4章 隐喻——意会知识言述化的最佳途径

传统语言分析哲学对非逻辑结果（意会知识）的"强"逻辑表达会使得意会知识的边界收缩意义缺损，而隐喻的模糊逻辑特性使得意会知识在"弱"逻辑的条件下被表达，使言述化的意会知识既具有一定的逻辑特征，又与其形成具有某种相似性和可能性。隐喻的模糊逻辑表达使得言述化的意会知识与非言述的意会知识在逻辑与非逻辑之间产生了一种张力，形成两者之间在意义上的牵连和暗示、概念生成和转换、理解和交流之间形成互动而互为表里。

意会知识是体验和经验的成就，隐喻认知与意会认知的共同认知基础使得隐喻必然成为意会知识言述化的首选。从本质上讲，隐喻是人们了解世界、把握世界的一种感知手段和形成概念的工具。意会知识言述化的一个高级层次是概念化，概念化活动使得意会知识具有可交流和被评价的普遍性，隐喻作为感知世界的手段和概念化工具成为完成意会知识概念化的首选。莱可夫讲隐喻的实质是通过一类事物来理解和经验另一类事物，理解和经验使经由隐喻表达的意会知识对其产生和成就有一种仿本对应。同时莱可夫和约翰逊强调隐喻是概念的，而不只是语言的，隐喻不仅是生成各种语言表达的方式，更是一种概念化方法，因而隐喻对意会知识的言述化从一开始就包含着概念化。隐喻概念化在对应关系和不变原则的约束条件下，具有分类学的逻辑基础。通过隐喻的分类学逻辑基础使得意会知识被赋予方向性和类别性，从而过滤掉一些虚假表述。莱可夫和约翰逊把概念隐喻分为本体隐喻、方位隐喻和结构隐喻三大类型，这三种类型的概念化方法使得心智、情绪、感情、心理活动、身体感知、动作和意图、社会地位、事件、空间状态、形式和形状、部分与整体、符合与相似、相关与联系、内部与外部等抽象、模糊和无形的东西都能够被隐喻为具体的、有形的、熟悉的实体并给予概念化。抽象、无形、模糊恰好是意会知识的最基本特征，隐喻的这三种概念化方法正好能够非常完美地解决意会知识言述化过程中出现的困难，成为意会知识概念化的一整套工具。

隐喻对意会知识的概念化活动包含这些分散的方面：（1）给心理活动、情绪、身体感知、意图等寻找具有相似性或者符合性的意向图式；（2）给无形过程或者空间状态等赋予有形结构、形式或者方位；（3）对部分或者整体进行完形并描述；（4）对过程进行模糊推理；（5）评价意会知识和对该意会知识做出隐喻化言述；（6）对意会知识的意义蕴含进行描摹、连接、组织或者延伸。

由上面的这些具体活动可以看到，用隐喻来对意会知识言述化和概念化会产生原有的意会知识和概念化之后的言述知识之间的振荡。振荡产生的原因有:(1)言述化了的知识揭示了意会知识的一部分特征但也掩盖和丢失了另外一部分特征;(2)隐喻化的言述知识附加了隐喻概念本身的具体特征和新的意义,这使得意会知识的原始内涵发生迁移;(3)隐喻具有的启发性和引导作用使得隐喻化的言述知识成为理解和看待意会知识的先导,但以此为切入点可能造成对意会知识的曲解;(4)隐喻与体验和经验的紧密关系使得隐喻化的言述知识与理解者的体验和经验密切相关,因而造成不同理解者对意会知识的理解有差异。

总之,隐喻是表达意会知识的最佳途径。可以用这样一个比喻来说明它的恰当性:意会知识是深渊之水,语言是岸上聚水之塔,隐喻是众多可以把水转盛进水塔的工具之一,而其他工具要么会有型制局限要么存在漏洞。在所有转盛知识之水的工具中,唯有隐喻才能够做得更完美。

第 5 章　从言述到意会——知识生成的意会历程

在人类社会已进入知识经济新时代的今天，如果设计这样的一个问题进行调查："你认为知识重要吗？"不用多想，绝大多数人会异口同声地说："太重要了！"认为知识重要，很大程度上是因为知识在现实社会生活中与经济、权力、社会认同、自我认同、社会地位的改变等切身利害因素紧密相关。但若再设计一个问题："知识从何而来，什么是知识？"不用多想，一定不会出现上述的一致性场面了，而且这一问题已涉及认识论的核心。

哲学史上对于知识有着丰富多彩的认识，柏拉图认为理念是知识。F. 培根认为，知识就是力量。笛卡尔认为，知识来源于天赋观念。洛克认为，知识源于经验。实证主义认为，唯有经过实证的观念才能称为知识。后现代主义认为知识等同于权力。马克思主义认为，知识源于实践。中国古代和现代的思想家和哲学家对知识却有不同的理解，他们表现出对知行关系和知识与人的存在的更多关注。林林总总的认识显示出东西方不同时期哲学家对知识的不同观念。相对而言，波兰尼意会认知论主张的知识观和知识生成历程在当代更具有独特性。

5.1　哲学史上的知识观述评

人类认识论的历史实际上也是一部知识论的历史，认识的时代性和认识内容的多样性决定了人类对知识的认识也具有时代性和多样性。从抽象到具象、从特殊到一般、从归纳到演绎、从发散到收敛、从思辨到逻辑、从分析到综合，人类演绎出林林总总关于知识的哲学。哲学史上不同时期的哲学家对知识的不同观念，显示出不同的认识路径，综合他们对于知识的观念，可以看到大致具有这些特征。

5.1.1 西方前现代知识观

西方哲学史上对知识进行真正认识和形成理论的是柏拉图。柏拉图认为存在两个世界，一个是现象世界，一个是理念世界。前者是表面的、暂时的，是可以通过感觉来感知的，而后者是根本的、永恒的。他把人们对于前者的认识称为意见，把对后者的认识称为知识。据此柏拉图对知识和意见进行了严格的界定。他认为，唯有超越于感觉事物之上的真实才是普遍、必然和绝对知识的对象。可见，柏拉图主张知识是对普遍、必然和永恒的认识，是超越感觉的真实。

亚里士多德在总结和概括古希腊哲学和科学的基础上，第一次对知识进行了比较严格细致的分类，建立了知识等级说和知识分类说。他认为知识有五个等级，分别是感觉、记忆、经验、技术、智慧。从经验开始才算广义的知识，技术是科学知识，智慧是知识的最高形态。同时，亚里士多德以知识的目的为依据，将所有的知识分为三类，一是为自由而被追求的理论知识，二是为行动而被追求的实践知识，三是为创作和制造而追求的创制知识。

R.培根对知识来源的分类有别于亚里士多德，他认为，知识有三个来源：权威、理性和经验。但是，如果没有理性作为基础，权威是不完全的。他明确指出获得知识有两种方法，即推理和经验。他认为的推理就是理性，至于经验有外部和内部两种。外部经验由人的外部感观获得，包括直接的经验、有目的地制造根据经验和他人的经验。内部经验来自内在的启发。可贵的是，培根对影响真知的四种障碍进行甄别，认为毫无价值的权威、习惯的影响、流行的偏见和潜在的无知是获取真知的四种障碍。这从另一个侧面对知识的来源进行了界定，起到一定正本清源的作用。

尼古拉·库萨和布鲁诺是文艺复兴时代代表人物，他们在哥白尼、开普勒、伽利略等人伟大发现的启发下形成了对知识具有时代代表性的观念。库萨把知识的来源直接与人的精神挂钩，认为人凭借自身的理智力量既创造物质世界又创造知识。人的理智力量表现为感性、想象力、知性、理性这四种能力。这四种能力只有相对性区分，没有绝对区别。它们共同活动、相互依赖、相互促进，从而创造知识。布鲁诺发展了库萨的哲学，把认识分为感性、知性、理性、心灵四个阶段，认为感性是认识的开端，心灵是认识的最高能力，是对普遍实体即神的直观。四个阶段的认识形成统一的认识过程，从而获得关于世界的知识,并且这个过程不会完结,智慧的力量永远不会停留在已被认识的真理上面,而总是朝着未被认识的真理前进。库萨和布鲁诺的最大特点在于,把知识形成作为一个连续的过程来认识,突出了过程性和连续性,同时还体现了心灵在知识形成过程中的重要性。从库萨和布鲁诺对知识的观念里可以看到未来康德的影子,他们的认识论反映了人类对于外部世界知识的来源和方法,也勾勒出了知识生成的大致轮廓,显示了人的想象力、心灵、感性、知性等非完全客观成分在认识和形成知识过程中的重要地位。

近代西方知识论分为两大流派,一是以F.培根始创洛克完形的经验论,二是以笛卡尔为发端的唯理论。这两大流派分别从认识和知识的可靠来源方面展开对知识的观念。

近代知识论哲学的总体状况呈现为:经验论创始人F.培根提出了著名的口号——"知识就是力量"。这一口号,既精辟地概括了当时的时代精神,又显示了人们对知识的极度重视。同期,从唯理论创始人笛卡尔那里开始通过对主体和客体的二分而树立起主体性原则。在唯理论一步步陷入主客体矛盾深渊的同时,近代哲学在思想的深入、知识的丰富和认识体系的建立上取得了前所未有的成就。

F.培根主张一切知识都起源于经验,在认识到感觉经验局限性的情况下,他主张在获取知识的过程中把经验和理性结合起来。他认为,科学知识来源于对自然事物的感觉经验,为了科学知识的发展,经验必须和理性联姻。他提出了获取知识的三步经验归纳法,是近代第一个自觉把知识和方法作为哲学研究的思想家。他着重主张知识源于经验并受经验检验,而数学是概括普遍知识的有效工具。F.培根还提出"四假相说","四假相说"既清算了经院哲学的迷信、偏见、诡辩等,又批判了当时各种神学的唯心主义体系,还揭示了导致人们知识主观性、片面性的种种认识论根源。

洛克是第一个将经验论构造成完整理论体系的哲学家。洛克认为"观念"既是人类思维的直接对象,也是知识的基本材料。知识只与观念有关,观念是知识的对象。所谓知识,就是理智对于两个观念的契合或者矛盾的一种知觉。洛克对观念之间的关系、知识的等级、知识的实在性和范围进行了深入的考察。他认为,知识是关于观念之间关系的认识。他把观念之间的关系分为四种:同和异、关系、共存或者必然联系、实在的存在。理智按照观念之间的关系来形成知识,由观念关系的不同而形成了知识的等级。照此标准,洛克把知识分为从高到低的三个等级：直观知识、证明的知识、感觉的知识。最后，洛克根据观念之间的关系划分了判定知识范围的四种关系：一是直观知识，这种知识没有多大用处；二是在实体观念中形成的知识，它们之间若是没有共存或者必然联系就不构成真正意义上的知识；三是由除了实体观念之外，在观念的其他方面有可能达到确定知识，因其领域宽广而难于确定范围，是人类知识的最大领域；四是实在的知识，即对于实在存在的知识。洛克对知识进行了详尽的分析，但其知识观具有有限性和狭隘性。

笛卡尔的哲学体系（人类知识体系）建立在形而上学基础之上。为了给人类知识体系建立一个牢固而坚实的基础，笛卡尔提出了获得新知识的四条方法论原则：普遍怀疑原则、分析方法、综合方法、归纳方法。他在四条方法论原则基础上建立了理性演绎法，在理智直观提供的基本原理的作用下进行推理演绎从而形成一个具有普遍必然性的推理过程，最终形成科学知识的体系。笛卡尔认为，获得知识的基本原理不是来源于经验，而是与生俱来的天赋观念。他根据观念的不同来源把观念分为三类：天赋观念、外来观念、自己制造的观念，三者分别对映纯粹理智、感觉、想象。真正普遍有效的，对事物本质的知识只能来自纯粹理性思维。笛卡尔的著名形而上学思想"我思故我在"张扬了认识过程和知识形成过程中人的主体性，认为普遍怀疑是获得清楚明白、无可置疑知识的哲学基础和出发点，宣扬了知识生成的唯理性原则。笛卡尔的唯理论认识原则导致了知识生成过程中身心行为和结果的二元分裂，这给他自己和他的后继者带来了烦恼。

作为唯理论的著名代表之一的斯宾诺莎在《知性改进论》一书中把知识分为四类：一是"传闻知识"，即由传闻或者任意提出来的名称或者符号得到的知识；二是"泛泛的经验"，即尚未由理智所规定的知识；三是"推论"，即一件事物的本质从另一件事物推出而得来的知识，这种知识并不必然正确；四是"直观"，即纯粹从一件事物的本质来考察一件事物。[1]

在《用几何方法作论证的伦理学》一书中，斯宾诺莎又将这四类知识归结为三种：想象性知识、理性知识、直观知识。他认为，想象性知识是错误的原因，而后两种知识必然是真知识。

托马斯·霍布斯的哲学以经验论为原则，但也受到笛卡尔唯理论的影响。

---

[1] ［荷兰］斯宾诺莎著：《知性改进论》，商务印书馆1996年版，第24页。

他认为，我们所有的知识都是由外部对象所引起的感觉而获得的。"如果现象是我们借以认识一切别的事物的原则，我们就必须承认感觉是我们认识这些原则的原则，承认我们所有的一切知识都是从感觉获得的。"[1]

温和怀疑论者休谟把知识分为两类：一类是关于观念之间的知识；另一类是关于外在事实的知识，观念之间的知识与外在事物没有关系。休谟认为，关于外在事实的知识建立在因果关系的基础上，因果关系是一种被人们看普遍必然的自然规律。因果知识不可能来自理性，而是来自经验。而经验则是通过归纳来实现从过去推断未来、从已知推断未知、从个别推论一般。但是，休谟本人却无法解释或然的归纳推理的合理性问题，从而提出了著名的"休谟问题"。

德国古典哲学的开创者和奠基人康德认为，一切知识都是从感觉经验开始的，如果没有接受感觉经验并对之进行综合统一的认识，知识也是不可能的，只有综合判断才是真正意义上的知识。但是，综合判断虽然是知识，却不一定是科学知识。因为科学知识不仅要有经验添加的新内容，而且还必须有普遍必然性，唯有先天综合判断才能构成科学知识。康德把人的认识分为三个层次：感性、知性、理性。对于知识而言，仅有感性直观是不够的，还必须有知性的参与。感性接受经验质料，知性对这些经验质料进行综合统一以构成知识。然而，人类并不仅仅满足于构成知识，还要使知识成为体系，追求知识的完满性，这就需要依靠理性的作用。理性的作用是调整性，它与经验无关，只与知识相关，其作用只是引导知识进一步完善，将知识调整为体系。

费希特是康德哲学的继承者，一位有创造性的哲学家。他生前发表过很多关于知识的著作：《略论知识的特征》(1794)、《全部知识的基础》(1794—1795)、《以知识学为原则的自然法权基础》(1796)、《知识学新说》(1797)等。费希特从"自我"这个最高原则出发，认为我们根本没有必要假设物自体的存在，知识的形式源于自我，知识的质料也同样可以从自我中产生。自我的纯思维以及实践理性是人类一切知识得以产生的绝对基础。费希特制定了知识学的三条基本原理：第一原理是自我设定自己本身；第二原理是自我设定非我；第三原理是自我在自身中设定一个可分割的非我与可分割的自我相对立。晚年的费希特改变了自己早期对知识学的主张。在对知识学根据的进一步探讨中，费希特认识到，一切知识不过是图像，图像和事物本身是有区别的。世界

---

[1] 北京大学哲学系外语哲学史教研室编译：《西方哲学原著选读》上卷，北京大学出版社2000年版，第395页。

出于知识,而知识本于绝对,这就是知识学改进的结论。最终,知识学成为宗教哲学。

黑格尔是德国古典哲学的最后一位也是最重要的一位代表人物。康德因为"物自体"无法认识,而回退到了主观性的立场。而黑格尔却从知识与对象之间的差别看到了解决问题的可能性,他提出了由理念王国统摄主观知识与客观知识而形成的绝对知识论。黑格尔认为,由于在认识中存在知识与对象之间的差别而完全可以据此来考察知识。当知识与对象不相符时,必须改变知识以符合对象,从而形成新的知识。当知识发生改变之后,原来的对象与知识不再相当,它同样需要改变自己以适应新的知识。因此,认识不仅是改变知识的过程,同样也是改变对象的过程,在认识活动中不仅出现新知识,也出现新对象。

5.1.2 西方现代知识观

黑格尔之后,哲学陷入了重新寻找方向,重新检查基础,甚至重新确定问题和对象的混乱局面。工业革命创造出无数的新事物、新现象和新工具,使人类的社会生活和理智生活发生了巨大变化。学科分化、认识立场的分化、认识手段和实验工具的变化导致了对知识认识的学科化、专业化和制度化,产生了对知识生成、研究和传播的有效途径。这个时期的哲学家对于知识有了更多新的非传统观念。其中具有代表性的思想流派有实证主义、实用主义、建构主义、SSK、后现代主义、女性主义等。

自孔德以来,西方主流知识论是实证知识论。实证主义是一个相当繁杂的哲学学派,孔德等为早期实证主义代表,马赫等为中期实证主义代表,罗素、石里克、卡尔纳普等为后期实证主义代表。实证主义提出了实证知识的基本原则,其主要内容有:科学知识都是实证的知识,只能满足于对经验现象的描述;一切超越经验现象的认识都是"形而上学",必须予以排斥等。这种知识观主要追求知识的纯粹客观性、普遍性或者说公众性、明示性等。孔德提出获得实证知识的四种方法:观察法、实验法、比较法和历史法。马赫坚持知识进化论,认为知识的进化是自然界进化的继续。人类的知识是整个有机界的一部分,也是自然界长期进化的产物。知识根源于有机体的本能,知识的增长是经验的积累过程。知识起源于一种原始的心理功能,而后者则根源于我们有机体的机能。知识的进化过程实质上就是已确立的思想习惯与扩大了的观察领域的矛盾的不断消除和适应的结果。①石里克是维也纳学派的创始人,他的最大贡献之一在于提出了逻辑实证主义的一个基本信条:一个命题的意义就是它的实证方法。②石里克、卡尔纳普等人在证实与确证之间寻求知识的意义,表现出实证主义的基本特点。

实用主义以皮尔士、詹姆士为重要代表,其特点在于把实证主义功利化,强调"生活""行动"和"效果",它把"经验"和"实在"归结为"行动的效果",把"知识"归结为"行动的工具",把"真理"归结为"有用""效用"或"行动的成功"。皮尔士把知识、信念、效果进行紧密连接,他坚持信念对知识的重要作用,反过来又把知识看成只是能够导致成功的信念。皮尔士指出,康德把信念和知识加以严格区分是既无必要又无根据的,所谓知识就是信念,科学知识的基础在于感觉经验,知识本质上是由经验所造成的一系列信念。他从使用效果的角度去看待和衡量一切科学知识。后来詹姆士进一步发挥皮尔士的实用主义效用原理和意义理论,进而得出"有用即真理"这一著名论断。实用主义知识观从人类行为、生活的角度和效用角度去解决知识何以可能的问题,由此而成为其知识论范式。

建构主义理论的主要代表人物有皮亚杰、科恩伯格、斯滕伯格、卡茨、维果斯基。美国教育哲学家菲利浦斯说"当20世纪结束的时候,压倒多数的意见是知识是被建构的",这表明了建构主义知识观在20世纪的盛行。建构主义提出了完全有别于客观主义和实证主义的知识观。建构主义者以动态和建构的眼光看待知识,他们并不认为知识是对现实世界的准确和唯一表征,而是认为知识只是一种解释、一种假设,它并不是问题的最终答案,相反,它会随着人类的进步而不断地被"革命"掉,并随之出现新的假设。建构主义提出了一种更符合实践原则的知识观,他们认为知识不是教条,对于任何一个具体问题都需要在具体情境中进行一定的再创造。这种知识观包含着一种对知识的动态和发展审视。同时,建构主义还提出了建构知识的学习理论。他们认为,认知者不是被动的,学习过程不是学习者被动地接受知识,而是积极地建构知识的过程。由于知识是被生产或创造出来的,而非是发现的。所以,他们否定了个体学习者通过指导来学习知识或通过外部传授来接受知识。建构主义的学习理论在一定程度上激发了个人的创造力。

---

① 周承玉:《论马赫的知识进化观》,《大自然探索》1994年第2期。
② 尚智丛、高海兰著:《当理性被反思时》,山西教育出版社2002年版,第40页。

和建构主义相比，SSK 知识观与传统客观主义、实证主义知识观相距更远，更具有颠覆性。SSK 的思想发端复杂，其主要代表人物有巴恩斯、布鲁尔、夏平和皮克林、柯林斯等。通过实验室的深入考察，SSK 针对科学知识提出了科学知识的社会建构理论。SSK 认为，科学更多是建构性的而不是描述性的。作为科研成果的科学知识在很大程度上是由科学家在权衡各种利益的情况下，在特殊背景中生产出来的。一些实验室的研究者就是一个专门生产论文的文学装置，暗示科学工作主要是一种文学的和解释的劝服活动，科学事实完全是在一个人工环境中通过对陈述的操作而被建构、传播和评价的。SSK 的知识观撼动了传统的知识真理观、知识客观性和知识权威性。SSK 的科学知识观表现出对科学是理性活动这种观点的反动，在科学与理性、科学知识与真理之间采取了一种相对主义的立场，强调科学知识的社会学特性，削弱甚至完全否定经验世界在限定科学知识发展方面的重要性。

后现代主义来得比 SSK 还要极端，他们并不建构什么，而是举起"解构之刀"一阵砍杀，直到本质、中心、基础、理性等纷纷破碎。后现代主义领军人物有福柯、劳斯、德里达、利奥塔等人。后现代主义对于知识的观念以福柯的知识考古学最为著名。福柯提出所谓"知识/权力"说，他从"知识型"来揭示知识的权力本性。为此，他抛开传统的理性范畴和方法来考察认识史，把知识考古学作为一种知识论，从话语角度和历史角度来看待科学，从而达到解构主体和实现一种无主体知识论。福柯的知识考古学直接表现为对历史连续性、真理和起源的反对，无主体知识论对主体的否定，从根本上颠覆了以前的认识论。[1] 在后现代主义者眼中，知识不再被视为绝对真理；相反，知识被看作是重新把信息编织到新的范式中。……这些范式是有用的虚构，是"讲故事"一类事情。但故事同过去一度被认为是知识的东西——科学"真理"、伦理、法律、历史没有什么区别。[2]

现代西方女性主义知识论与现代西方的其他知识论有明显的区别，前者是西方女权运动与社会知识论发展的产物。女性主义知识论的主要研究对象并不是知识本身，而是女性为了平衡其社会地位和争取知识话语权而提出的一种知识论。女性主义知识论是研究性别对认识的对象、结果、确证等产生影响的学科。女性主义知识论的任务在于揭露传统知识论对女性的歧视，摒弃男性中心

---

[1] 刘永谋：《作为知识论的知识考古学》，《晋阳学刊》2006 年第 5 期。
[2] 安希孟：《后现代对知识与真理的解构》，《南京社会科学》2000 年第 6 期。

主义和性别不平等，扭转占统治地位的知识观念和认知实践，创立新型的女性主义知识论。[①]它不赞成后现代主义的怀疑论和放任态度，同时女性主义教学论通过对知识领域中因性别、阶级、种族、文化、地域等差异形成的不平等现象的分析，揭示出知识与权力的内在联系，发起对传统知识论的挑战，批判"元叙事"，冲击了理性主义知识论的根基。[②]

5.1.3　中国哲学史上的知行观

中国古代对于知识的认识和探索，从来都没有脱离过对知与行相互关系的考察。对知的考察总是以行为背景、与行相对比、用行来作检验准则。知行观是贯穿于中国哲学认识论历史中的一对重要范畴，也是中国古代知识论的核心内容。

知行观是中国哲学的一大主题。中国古代春秋战国时期的哲学家已开始对知行的来源、知行的可能性、主体的认识能力等问题进行考察，并明显地表现出唯物主义和唯心主义的对立。从春秋战国时期到近现代不同的哲学家都十分重视知行问题，在总结人类认识发展规律时提出了许多深刻的思想，尽管他们的思想进路各不相同，甚至相互对立，但又无不具有一定的代表性，都是对知行关系具有一定认识论意义和实践论意义的探索。尤其是在中国发展了重行的知行统一观，这与辩证唯物主义以科学的社会实践为特征的知行统一观具有内在相通的特性。中国古代很多思想家深刻地探讨了知与行的辩证关系，既肯定行的作用，也肯定知对行具有指导作用。

在传统的儒家知行观中，知是人的心知的统称，主要指道德知觉；行是人的行为的统称，主要指道德实践。在现代，知有认识、知识、良知等含义，行有实践、行动和践履的意思。知行的含义明显比传统含义有了扩展。中国古代知行观主要是从知、行二元平面角度进行的探索，其主要思想相应的表现出知、行的二元对立与二元分裂以及重知轻行重行轻知的倾向，同时也表现出主张知行合一的观点。这些主张既显示了中国古代哲学家知行观的前进性又显示了他们认识能力的局限性。可以说，中国古代哲学家的知行观既受个人认知能力和实践方式的局限又受所在社会生产力的局限。

现代学者从多角度多理路研究古代知行观，得到了很多有价值的研究成

---

① 曹剑波、陈英涛：《女性主义知识论》，《哲学动态》2004年第11期。
② 王宏维：《论西方女性主义教学论对传统知识论的挑战》，《哲学研究》2004年第1期。

果。这些研究成果具有较高的知识论价值。有研究认为，孔子主张"生而知之……学而知之……困而学之……"①这种看法包含了知的唯心主义认识路线和知识来源的唯物主义认识路线。但是，孔子强调"学而知之"，提出"学而不思则罔，思而不学则殆"②的论点，在一定程度上又表现出知与行并重的合理思想。有研究认为，孟子发挥了"生而知之"的唯心主义命题，宣称人有一种先天固有的"不虑而知""不学而能"③的良知良能。他把取得知的途径归结为"反求诸己"，具有明显的唯心主义认识特征。不过，孟子"反求诸己"的思想，具有重视认识主体的认识能力的合理因素。有研究认为，《老子》提出"不出户，知天下；不窥牖，见天道"④，主张"绝学""弃智"，用"静观""玄览"的神秘直觉方法，去体验"无形""无名"的"道"，以达到所谓与道"玄同"的境界。这是一条神秘的唯心主义认识路线，但却体现了直觉思辨等认识方式对知的重要性和可能性。有研究认为，庄子的知行观看到了认识的无限性和有限性的矛盾，接触到了认识的辩证法问题。但他把相对主义作为认识论的基础，夸大事物和认识的相对性一面，否认认识对象质的规定性和认识真理性的客观标准，陷入了怀疑论、不可知论。有研究认为，在知行关系上，荀子认为"行"比"知"更重要，指出："不闻不若闻之，闻之不若见之，见之不若知之，知之不若行之；学至于行之而止矣。"⑤荀子把"行"看作认识的最后归宿，认为只有行之有效的知才是可靠的，把"辨合""符验"作为知的真理性标准。荀子比较正确地阐发了知行主体的能动性。王阳明提出的"知之真切笃实处即是行，行之明觉精察处即是知"⑥，体现了知行的统一与辩证，但是他的"一念发动处便即是行"的说法运用于道德律令之外却犯了把主观意念活动称为行，抹杀了知行界限的错误。

这些研究既是对古代知行观的研究，又是现代人反思和推进知行观的行动；既是学术的继承，又是思想的深化；既是学术研究的辩证，又是思想的辩证，充分地体现了中国古代知行观在现代学术研究中的意义。透过现代人对中国古代知行观的研究成果可以看到，中国古代知行观具有唯心主义、神秘主

---

① 《论语·季氏第十六》。
② （宋）朱熹著：《四书章句集注》，卷一。
③ 《孟子·尽心上》。
④ 《老子·德经》。
⑤ 《荀子·儒效第八》。
⑥ （明）王阳明：《传习录·答顾东桥书》。

义、知行二元分割、重知轻行、重行轻知、对知行认识不够彻底等局限。

中国古代哲学家对知行关系的认知方式主要来自思辨、文本学习与社会实践。老子与庄子的知行观明显具有思辨特征，在一定程度上也有脱离现实的痕迹。"不出户"显然难以知天下，"不窥牖"更难以"见天道"。在这方面，老庄的道家知行观显然没有吕氏春秋所主张"审堂下之阴，而知日月之行……尝一脟肉，而知一镬之味"（《吕氏春秋·慎大览》）更具有客观性和实证性。儒家孔子的"生而知之"可能将知引向主观唯心和先验论的途径。但是中国古代哲学思想的丰富性又给现代人提供了多个辩证的样本。墨家学派的墨子反对"生而知之"的先验论，主张感觉经验是知的来源，提倡知的经验论。《墨经》明确提出："知，接也"；"知，知也者，以其知过物而能貌之"；认为知是人以"所以知"之"知材"与外物接触而发生的对外物的摹写、反映。这是一种朴素的反映论观点。然而，孔子又不是单纯的唯心主义知行观的代表，他又有唯物主义的知行观。"学而知之……困而学之……"又为后代人指出了求知的合理方法。中国古代哲学家的知行观或多或少带有形而上学特性。他们的知行观不能与现代的认识和实践等同，但有相近之处。他们也非常重视从实践得来的知行关系。

宋明理学对"知"的讨论主要集中在"格物致知"。理学家常常把对"知行"关系的论述与"格物致知"联系起来。尽管朱熹的学术思想存在各种内部矛盾，但是他的"知行"观较之程颐的论述有了更多的辩证色彩。朱熹注意到了"知行"相互作用和践行在认识过程中的重要地位，并且从不同角度作了讨论。在理学发展过程中，真正强调了"知行合一"的是王阳明。他直接反对朱熹的知行观，提出了自己的"良知"和"致良知"的知行合一观。明清之际的理学家王夫之批判朱熹和王阳明的知行观，认为朱、王二人是"异尚而同归"。他认为，"知行"的关系是"知行相须，并进而有功"。"知行"两者固然不可分，但又不能够等同起来，呈现出对立统一的关系。从朱熹、王阳明、王夫之体现出宋明理学"知行"观的演变，总的来说呈现出一个否定之否定的知行观演变过程。

现代人的生活方式、生活习性，掌握的科学技术手段和认知能力，可以认知的对象都比古代人有了极大的丰富性和多样性。中国古代知行观的认识方式和认识进路显然是现代人研究知行观和社会实践的对象、参照和指南。在现代更加注重实证方式、理论与实践统一的思维方式认知进路的情况下，中国古代的知行观更加值得重视。中国古代的知行观仍然是现代知行观的理论基础。

知行合一，身体力行，是中国古代哲学知行观的一条重要原则。这一原则是道德践履的基本原则，是人生哲学的基本原则，是实践哲学的基本原则。中国历史上有无数杰出人物倡导并且力行知行哲学；反对知而不行，强调学以致用；反对盲目蛮干，只行不知；强调真知致行，反对一知半解；重视知的内化与行的实践。中国古代知行观中有知难行易说与知易行难说。《左传·昭公十年》提出"行知之实难，将在行之"，《尚书·说命中第十三》提出"知之非艰，行之惟艰"，北宋理学家程颐说"书曰'知之非艰，行之惟艰'，此因是也，然知之亦自艰"。中国近代革命家孙中山提出"知难行易"，认为人类认识是在"以行而求知，因知以进行""行其所不知以致其所知"。

总的来说，中国古代知行观的总体特征是强调知与行的协调一致。它指导着现代人的知行观和行为方式。当代中国的革命实践、生产实践、科学实践、生活实践都证明，知行具有辩证的统一，二者不可分割。只有将二者有机结合才能做到真知实行，以知促行，以行验知，以行促知的良性前进。只有明白具体事物、具体事件、具体实践中知的本质、行的界限、知的目的、行的范围，知行的主次才能做到真知真行，达到知行内化与升华的高级认识层次和实践层次。

近现代中国的巨变和马克思主义在中国的传播以及西方学术思想的影响，使得中国现代知行观在继承传统，结合马克思主义和融汇西方先进思想的基础上又有了新的发展。以毛泽东、邓小平等人为首的共产党人对知行观做出了全面而且具有高度合理性的现代诠释，对人们处理日常工作和社会生活具有重要的哲学意义，体现了中国古代知行观和现代实践的有机结合。毛泽东非常注重知识运用在社会生活方方面面的整体性作用，他讲求知识运用的实际效果和对世界的改造功能，并进一步深化了行的范围和实际作用。毛泽东思想的知行观认为，指导我们工作的理论基础是实践论，工作方法是调查研究，知行合一的基本原则是实事求是，知行的源泉在于走群众路线。但是，毛泽东认为，自从有阶级的社会存在以来，世界上的知识就只有两门，一门是生产斗争知识，一门是阶级斗争知识。显然具有片面性和唯阶级斗争特性。[①] 邓小平的知行观非常重视行的实在效果，表现出对社会改造和中国改革的实用性愿望。他主张面对困难和内部矛盾的知行准则是团结一致向前看，中国改革开放的知行宗旨是

---

① 毛泽东著：《毛泽东选集》第三卷，人民出版社1991年版，第816页。

走有中国特色的社会主义道路。

20世纪中国哲学家张东荪、金岳霖、牟宗三、冯友兰、冯契、熊十力、唐君毅等人都构建了各自的知识论。张东荪从价值哲学、知识社会学立场思考科学知识和人之间的关系，以人的生命与知识的特殊关联为基点，以人的生物需求与文化需求为根据，对作为思维形式的几种逻辑与知识之间的关系进行了分类与比较。冯友兰直接从心性论出发定位科学知识；冯契则在实践唯物主义的基础上把认识世界和发展自我结合起来，他不仅把动态的认识过程与静态的认识结果（知识）结合起来，而且把"知物""成物""知己""成己"都结合在知识与人的存在过程之中。金岳霖和牟宗三等人也积极思考科学知识的普遍有效性与属人性之间的关系，金岳霖从反对"人类中心"的立场出发，把知识的根基放置在客观的实在之上，但对动态的认识过程还是加入了人的存在因素。冯友兰、熊十力、牟宗三等"新儒家"立足于人的精神存在而把形上知识当作最高的知识以及其他一切知识的来源。唐君毅以心灵活动的不同方向为根据划分了不同的心灵境界，他把不同的知置于不同的境界中，逐步考察不同的知与不同层次的生命存在之间的关系。[①] 这些无不反映并代表着中国式的知行哲学思想。

5.2 中西哲学史上关于意会理念的评论

中西方哲学史上有很多关于意会的理念，虽然这些理念一直没有形成认识论研究的明确主题，但是它们在人们的认识与实践活动中扮演着非常重要的角色，即大都以一种背景理论在人们的哲学思想中起作用。相比较而言，中国哲学史上对意会的主张要比西方哲学史上早，且更为明确。

5.2.1 中国哲学史上对意会的认识

言意并重、重意轻言、重言轻意，这些思想倾向是中国哲学思想关于言意关系的主要表现。总的来说，强调意会是中国哲学思想史上的重要特征。在东方人尤其是中国人的认知方式里意会认知占据重要地位，这一点可以从中国古代哲学思想史上的相关论述中看到，也可以从我们日常生活学习中看到和用到。

[①] 贡华南著：《知识与存在——对中国近现代知识论的存在论考察》，学林出版社2004年版。

中国古代思想家在意会认知方面的研究成果丰富，儒学、佛学、道学、玄学等领域都有非常有影响的论述传世，这些论述集中体现了他们对意会的认知理念。

第一，道家的意会思想。道家始祖老子在《道经》篇首语："道可道，非常道；名可名，非常名。"这句话包含了老子深刻的意会认知思想，即把言述和意会同时作为认识的主要方式。接着"玄之又玄，众妙之门""知者不言，言者不知"，表现出老子对意会认知的重视，在他自己都无法清楚言说"玄之又玄"的情况下，只有利用意会认知方式去认识"众妙之门"了。老子的认识论思想既包含逻辑认知的概念、推理、判断，又包括直觉、内省、想象、领悟等意会认知方式。在某种程度上说，老子是中国哲学思想史上第一位重视和主张意会认知的哲学家。紧接着道家思想的集大成者庄子，把老子的意会认知思想发挥到了更高境界。庄子提出"只可意会"（《庄子·外篇·天道第十三》），不可言传的重要思想，主张认知要游于物外，追求不知之知。他的认识论思想体现了一种超然和游心的自由境界，这种境界追求把意会认知提升到了一个新的层次。老庄的"玄觉""游心""不可言述"向后人指出了一条通向自由、妙悟的意会认知之路。

第二，佛家的意会认知思想。中国的佛教尤其是禅宗讲究修炼和参悟，圣凯法师在《略论禅宗的证悟之道》一文中这样讲："禅宗的实践意在使禅者……能反躬自察，默证此当下一念。而这种默证，正是一种不可以用分别知识所能测知的逆觉体证，如平常所说'如人饮水，冷暖自知'"。禅宗的这种修习方式让每一个修习者都有一套独特的意会认知方式和用意会认知来解释事物的方法，最终形成禅宗对外部世界的总体解释理论。禅宗贵在参，不贵在讲。它讲究沉思、静默、顿悟等亲身体悟的修习方法和认知方式，禅宗五祖这样说："智与理冥，境与神会，不分能证所证""如人饮水，冷暖自知"（《五灯会元·南岳下十三世》）。禅宗认为通过"灵知"而求"顿悟"，这种境界是不可以言说的。通过这种不可说的认识方式，禅宗建立起了中国式的禅学意会认知论，从而实现禅宗所追求的超理性"无念为宗，无相为体，无住为本"（《六祖坛经》第17段）的"三无"境界。

第三，儒家对意会的观念。儒家对意会认知方式的重视在宋明时期表现最为突出。宋明理学融会了释道思想，把意会认识方式灌注于伦理道德实践和对外部世界的认知中。其中的突出人物为程颢、程颐、朱熹、陆九渊、王阳明。

程朱理学的认识理路为"格物致知",陆王心学的认识理路为"反省内求"。程朱理学所说的"格物",是指通过积习达之,发内心固有的灵明,所谓"穷理、尽性、至命只是一事"(《二程遗书》卷十八),其过程是"明心见性"。如朱熹所说"不知不觉,自然醒悟"(《朱子语类》卷十八)。在这一派看来,物有理而心有知,而穷理之途只有反求诸心,"心包万理",认识正是开发心智而求"豁然贯通"。陆王心学主张"心即是理",只要反求诸己,实行向内反省的"易简工夫",就可做到"此心澄莹中立"。这也就是王阳明所说的"致良知",所谓"不虑而知,不察而能"(《传习录·答欧阳崇一书》)。近代新儒家熊十力等人发展并且综合了儒释道玄诸家的意会认知思想,并非常强调意会知识。熊十力在《新唯识论》一书中对"感识"和"意识"进行了区分,把"感识"结果归为言述知识,"意识"结果归为意会知识。刘仲林称熊十力为古典意会论之集大成者。宋明理学和近代新儒家的意会认知思想显然具有唯心主义倾向,但是他们对于意会在认识中的重视是值得称赞的。[①]

第四,魏晋玄学的意会认知思想。魏晋玄学围绕"言意"关系产生了激烈的思想交锋和辩论,把意会认识研究推向了新的高峰。其中主要有荀粲等人主张的"言不尽意论",欧阳建等人主张的"言尽意论",王弼等人主张的"得意忘言论"。

在中国哲学思想史上,从老庄到儒释玄直至近代形成了丰富的意会认知理念和研究传统,这一哲学思想至今还在深刻影响着中国人的思维方式。

言意是中国哲学史上一对重要的范畴。它们的定义随着哲学史的发展而不断扩展。在现代言意的定义为:"言",指言辞、概念、论说、著述等;"意",指思想、义理、宗旨、意义等。

关于言意关系的论述最早出现在先秦时期的《易经》中。《易传·系辞上》:子曰,书不尽言,言不尽意。然则圣人之意,其不可见乎?子曰,圣人立象以尽意,设卦以尽情伪,系辞焉以尽其言。这里,"言"是指《易经》中的卦辞和爻辞,"象"是指卦象,"意"是指卦象所象征、卦辞所说明的义理。这段话明确表达出这样的意思:文字不能完全代表语言,语言不能完全表达义理,在语言和文字的基础上还要借助具体的对象才能深入认识事物的义理。

在先秦及其之后的历史时期,有很多关于言意关系的论述。其中:(1)庄子的

---

① 郭芙蕊著:《意会知识的历史研究》,《天津市社会主义学院学报》2004年第1期,第45-48页。

言论中这方面论述较多。《庄子·天道篇》："语之所贵者意也，意有所随。意之所随者，不可以言传也。"《庄子·秋水》："可以言论者，物之粗也；可以意致者，物之精也。"《庄子·外·知北游》："道不可闻，闻而非也；道不可见，见而非也；道不可言，言而非也！知形形之不形乎？道不当名。"（2）墨子在其论述中也专门谈到二者的关系。《墨子·经上》："执所言而意得见，心之辩也。"《墨子·经下》："以言为尽悖，悖。"（3）魏晋时期以西晋荀粲为代表，嵇康、刘慎、何裏等人有专门论述，提出"言不尽意论"。（4）西晋欧阳建提出"言尽意论"。（5）西晋王弼有专门论述，提出"得意忘言论"。（6）中国古代文学艺术上也有言意关系论。晋代陶渊明《饮酒》诗中："此中有真意，欲辨已忘言。"宋代欧阳修《六一诗话》有："状难写之景如在目前，含不尽之意见于言外。"南朝刘勰在《文心雕龙》中写道："隐也者，文外之重旨者也。""情在词外曰隐。"（7）现代李泽厚在《美的历程》中认为，"这个哲学中的唯心命题，在文学的审美规律的把握上，却具有正确和深刻的内涵"。

对言意关系的论述始于先秦时期，对言意关系的论争突出于魏晋时期。中国历史上的言意关系在魏晋时期就已经形成具有概括性和代表性的三种观点。争论的核心思想是语言究竟能否确实表达事物的义理。其中涉及辩证法、本体论和认识论问题，三种观点都具有一定的合理性。

第一，言不尽意论。持这种论点的主要代表人物有荀粲、嵇康等人，他们认为语言不能完全表达意义和思想。荀粲论点的原始依据来自《论语》子贡的话："夫子之言性与天道，不可得而闻也。"荀粲据此得出结论："然则六籍虽存，固圣人之糠秕。"（《三国志》魏书荀彧荀攸贾诩传第十）意思是说，既然圣人没有谈论过关于人性与天道的义理，那么圣人的思想精华就没有包含在记录的圣人言论之中，而是在文字之外，所以那些保存下来的文字只不过是圣人丢弃的糟粕而已。与荀粲观点一致的还有一个比他更早的木匠轮扁。《庄子·外篇·天道·第十三》中记载了轮扁与齐桓公的一段精彩对话："然则君之所读者，古人之糟粕已夫！"轮扁认为齐桓公所读的圣人书只不过是其糟粕罢了。因为，语言文字并不能把自己所掌握的技术完全清楚明白地说出来，而且技术也不可能通过语言文字来传授，还要师傅的口传心授与自己的身体力行。按照时间先后来看，是轮扁启发了荀粲。确切地说是庄子启发了荀粲，荀粲坚持了这种观点。荀粲的这种观点有一定的合理性，在于他看到了语言文字对思想、意义、义理表达的局限。但他认为语言文字记述的都是糟粕，显然有失偏颇。

这种观点提出了一个非常重要的认识论问题,即人们如何才能通过语言文字来确切认识到事物的本质。

第二,言尽意论。与言不尽意论相对立的观点是言尽意论,其代表人物为西晋欧阳建。欧阳建的《言尽意论》一文以反对当时流行的言不尽意论。他的言尽意论的具体观点如下:(1)他首先肯定,客观事物及其规律(理)是不以人们对它们的名称和语言为转移的。客观事物不依赖于名言,名言不能改变客观事物。他说:"形不待名而方圆已著,色不俟称而黑白已彰。然则名之于物,无施者也;言之于理,无为者也。"(《全晋文·言尽意论》)(2)名称和语言具有表达思想、实现认识的功能,是传达思想和实现认识的工具。要认识事物,就必须使用名称和语言。要表达思想,就必须使用语言。因此,名称、语言对于认识事物、交流思想来说是必不可少的。他说:"理得于心,非言不畅;物定于彼,非名不辩。言不畅志,则无以相接;名不辩物,则鉴识不显。"(《全晋文·言尽意论》)。(3)名称和语言虽然是主观的,但它是根据客观事物确立的,因此名称和语言与客观事物是一致的,犹如形影不可分离。他说:"非物有自然之名,理有必定之称也。欲辩其实,则殊其名;欲宣其志,则立其称。名逐物而迁,言因理而变。此犹声发响应,形存影附,不得相与为二矣。"(《全晋文·言尽意论》)支持欧阳建观点的还有荀粲兄荀俣。荀俣著文说:"立象以尽意,系辞焉以尽言,则微言胡为不可得而闻见哉?"(《魏志·荀彧传》)欧阳建的观点具有认识论意义,看到了语言的工具意义。他的观点中包含了主观、客观、认识客观的中介工具以及语义学理论。他把名称、语言看作与事物及其规律完全一致的副本,从反映论的立场肯定了名言的认识功能。他把语言作为认识意义(义理)的重要中介工具,具有语义学上的指称意义。但是,他的观点仍然缺乏语言认识意义的根本环节。语言真能确切地言说意义和本质吗?按照维特根斯坦的话说,语言只能说可以说的。对于不可说的东西,要保持沉默。

第三,得意忘言论。在言意关系问题上,玄学的代表人物王弼提出了得意忘言论。它和言不尽意论、言尽意论两种论点既有区别又有共同之处。言不尽意论一方面看到了语言文字表达思想、义理的局限,另一方面却又放大了这种局限,从而产生出否定语言文字的极端观点。言尽意说论一方面看到了事物意义、义理对语言文字的依赖,但另一方面又将语言文字功能绝对化了,也具有极端性。在某种程度上说,王弼的得意忘言论具有二者的综合性,但又表现出境界追求上的差别。

王弼的思想受到老庄哲学的影响，老子在《道德经·德经》中有"知者不言，言者不知"的说法，《庄子·外物》篇末有"筌者所以在鱼，得鱼而忘筌；蹄者所以在兔，得兔而忘蹄；言者所以在意，得意而忘言"的言论。王弼的得意忘言论由此发展而来。

王弼首先肯定了语言是表达意义的工具，接着进一步认为语言仅仅是工具和手段，与事物本质意义并没有直接必然的联系，如果执着于语言和事物表象，反而会妨碍意义的获得。他在《周易略例·明象》中说："夫象者出意者也，言者明象者也。尽意莫若象，尽象莫若言。"他指出语言—表象—意义之间的一致联系，肯定了语言的作用。他又论述道："言者所以明象，得象而忘言；象者所在存意，得意而忘象。""忘象者乃得意者也，忘言者乃得象者也。得意在忘象，得象在忘言。"这个论点表明了王弼的真正思想——"贵在得意"。

在王弼看来，语言、表象、意义有着根本的区别，语言只是表述或者获得意义的工具和手段，而意义才是最根本的东西，获得意义才是根本目的。一旦目的达到，就可以舍弃工具。正如得鱼忘筌和"义苟在健，何必马乎"这类思想。王弼的言意观念表现出其深层主观的一种境界追求，一种超然理想。与陶渊明"此中有真意，欲辨已忘言"的境界追求如出一辙。王弼的核心追求在意而不在言，追求超然而非必然。因此，王弼的得意忘言论虽然指出语言—表象—意义之间的一致性联系，但是并不像欧阳建那样非常重视语言的作用。在王弼的思想里，言意仍然有别，语言仍然无法实现对意义的完全表达，否则只要得言就能得意，而不需要忘言。在王弼哲学中，本体是一个超言绝象的存在，认知主体在由言得意的过程中会有自我新的意义发现和对意义进行自我新的诠释。这样，才能实现其自我内心的超然理想。

上述三种言意关系论直接指向一个核心问题和一种境界问题。核心问题是，语言文字能否实现对事物本质意义的认识。也就是语言、符号与意义的关系，语言、符号能否完全表达事物的意义，在语言、符号之外是否还存在认识和表达事物意义的方法和途径。境界问题是主体追求对本体意义的超然认识过程中，是否必然要舍弃语言、符号，除去语言、符号之外主体能否实现对超然认识的表达。

对于语言文字能否实现对事物本质意义的认识，既要给予肯定，又要给予否定。如果不依赖语言文字，人类就和其他动物毫无区别，不可能做到当前丰富多彩的物质文明和精神文明，人类所有的知识和智慧都不可能如此迅速和大范围的传播，人类就是借助于语言文字才实现了对外部世界认识知识的传承。可以说，没有语言文字就没有人类与其他动物的根本区别，也不可能诞生人类辉煌的文明成果。

但是，语言文字又不能完全实现对事物本质意义的认识。首先，从人的大脑结构上看，大脑由语言中枢和视觉中枢等组成。现代医学、生理学、心理学实验表明，大脑皮层是思维的物质基础。人在语言中枢受到损伤，无法进行语言表达的情况下，思维可以不受影响。这就证明了语言和思维在生理机能上是有区别的，也说明语言是对思维的表达，思维并不唯一依赖语言来表达。而对事物本质意义的认识是大脑思维的结果，语言文字对于意义的表达来自大脑思维的结果。所以，语言文字只能是对事物本质意义的不充分表达。其次，语言文字由于受到文化、地缘、时代、专业等元素的影响，会出现一词多义、指称含糊等不确定性、模糊性特征，从而无法实现对事物本质意义的一致性认识和确切表达。

维特根斯坦把对事物本质意义的认识分为两类，一是可说的，一是不可说的。他的意见是：说可说的，对于不可说的要保持沉默。维特根斯坦的观点看似审慎，实则指出了语言文字的局限性。

然而，对外部世界的好奇心和探索又是人的本能和现实需要，在语言文字具有局限性的情况下，人类是否要停留在原地或者放弃呢？波兰尼给出了解决语言文字认识局限性的一个解决途径，那就是充分发挥人的意会认知能力，通过意会认知来弥补语言文字的局限，从而实现认知的自我自由。

波兰尼在《个人知识》一书中把人类的知识分为两类：一是通过语言、文字、图表、数据、公式、定律等表达的言述知识；二是通过人的身体化活动，利用人的焦点意知和附带意知而获得的意会知识。他把人对事物的认识和人的活动进行了区分，认为人既要借助言述性手段对事物进行认识，又要依赖非言述性的身体化活动对事物进行意会认知。

在人类所有的认知领域中都存在这样的一些现象:（1）不知道，也说不出；（2）不知道，却编造说法；（3）知道是什么，却说不明白；（4）知道为什么，却说不明白怎么做；（5）知道，但不愿意说。

对于上述这些现象，其中的（3）、（4）是符合人类认识的一般目的——是什么？为什么？怎么做？这是认识论中最重要也是非常困难的问题，波兰尼的意会认知为此提供了一个可行的途径。在言述的基础上，重视意会认知，重视意会知识。通过意会认知这个途径来跨越人与外部世界的鸿沟。

波兰尼的意会认知综合并且解决了中国三种言意关系的矛盾和境界追求。它不否定言述性手段的认识作用，体现出对欧阳建言尽意论的包容；看到言述性手段的局限，主张意会认知，又比荀粲的言不尽意论前进了一步；主张极具个人性特征的意会认知，既张扬了王弼的超然境界追求，又给出了从言到意的连贯路径和认知的本能手段。因此，波兰尼的意会认知论具有综合性和前进性，是一种值得研究的哲学思想。

5.2.2 西方哲学史上关于意会的背景理论

澳大利亚学者布什概括意会知识的历史道："当我们注意意会知识的历史时，并不意味着我们要找到它是从哪一天开始有的，也不是要把它定位于某一特殊的阶段或社会文化，实际上，意会知识的历史和人类的历史一样长。"[①]

西方与东方一样，意会知识都来源于人们的生产生活实践。而真正有文字记述和单独的哲学家、思想家对意会知识进行研究的历史可以追溯到古希腊时期。从古希腊到近现代，西方哲学思想中关于意会的认识及其理论背景呈现出这样一个大致脉络：灵魂—感觉—心灵—潜能—信仰—身心—个人的能力—意会认知，从抽象唯心逐渐过渡到客观唯物，其中仍然残留唯心成分。这些理论和关于意会的认识，为后来波兰尼的意会认知论奠定了一个深广的理论背景和原始模式。

罗素在《西方哲学史》上卷米利都学派部分这样说："每本哲学教科书所提到的第一件事都是哲学始于泰勒斯。"[②] 西方哲学史上关于意会的思想，仍然要从泰勒斯开始。泰勒斯认为，"灵魂是一种具有活动能力的东西"。泰勒斯持万物有灵的朴素观点，他的灵魂观念开启了认识的意会之门，为意会作为一种认知方式提供了原始的理论背景。米利都学派的另一个代表人物阿那克西曼德认为，万物的本原是一种无定的本性或者自然，没有限定，没有固定形态，没有规定。阿那克西曼德的思想为意会认知提供了合理的理论基础。既然万物都是

---

① P.A.Busch. et al, Visual Mapping of Articulable Tacit Knowledge, Australian Symposium on Information Visualization, 2001（9），p12.
② ［英］罗素著：《西方哲学史》上卷，商务印书馆 2003 年版，第 49 页。

无定形的，那么认识万物的方式也可以是多样的，用意会去认识万物也是合理的。他们当时对世界的认识在很大程度上是意会的结果。

赫拉克利特提出了重要的哲学概念——"逻各斯"，逻各斯的提出使得之后的认识逐渐趋于追求规律性，使得知识有了可能性和确定性。赫拉克利特一方面肯定通过感官获得认识的必要性，另一方面又强调"自然惯于掩盖自己，本性隐于深处"。赫拉克利特是古希腊哲学史上第一位从认识论角度肯定感官可以获得知识的哲学家。他的理论使得意会认知与知识的获得第一次具有了认识论意义上的联系。

赫拉克利特之后，爱丽亚学派的主要代表克塞诺芬尼和巴门尼德等贬低感觉的认识价值，把真理与意见、理智与感觉对立起来，认为存在只能被思维，而不能被感知。这个学派为本体论的产生和发展奠定了基础，在反对感知认识价值的情况下，却为认识的主体性奠定了地位，也为后来的意会认知发展提供了主体地位的合理性。

之后的恩培多克勒同时确定了感觉和心灵在认识中的重要性和由此获得知识的可靠性。恩培多克勒认为，感觉产生于存在物和感官的相互契合和相互作用之中，各种感觉经验都是认识的途径，感觉为人提供的关于世界的信息是真实的。他同时认为，感觉并不排斥心灵和理智，相反，理智或者心灵才是智慧的源泉。于此，恩培多克勒重视了心灵的认识价值，把古希腊关于意会的认识理念向前发展了一步，更加接近波兰尼意会认知的本质。

德谟克利特在哲学史上第一次把知识分为两种，一种是真实的，一种是暧昧的。他认为，真实的知识通过理智获得，是对原子和虚空的把握。暧昧的知识由感觉获得，它停留于事物的现象，并不受认识主体因素的影响，不能揭示事物的本质内容。当暧昧知识在微小的领域内不能再产生一点视、听、嗅、味、触觉，而知识的探求又要求精确时，真实的知识就参加进来了。[1] 德谟克利特关于两种知识的分类，具有言述知识和意会知识分类的原始轮廓，他关于两种知识的结合，也具有波兰尼意会认知论中焦点意知与附带意知共同作用认识事物的结合。可以这样说，他是哲学史上最早将"意会知识"分别对待的哲学家，他的"暧昧知识"是意会知识的草创原版。

柏拉图发展了心灵在认知和思维中的重要性，将心灵和领悟结合起来，

---

[1] 方明著：《缄默知识论》，安徽教育出版社2004年版，第28页。

把知识获得意会途径更加明确化。柏拉图认为感觉不能形成知识，只能形成意见，知识是由理智认识可知世界获得的。这样，感觉与理智、可感世界与可知世界、意见与知识在柏拉图的理论框架内二元并存。他在否定感觉可以获得知识之后指出，"知识不能在知觉中求得，只能在心灵的功能中求得"①。柏拉图在《曼诺》篇中有更明确的阐述，《曼诺》篇的核心思想是"万有的真理存于心灵里"。②柏拉图肯定心灵能够发挥思维功能，能够潜观事物的共相，把握事物的本质。柏拉图还用线喻来说明世界存在比较清晰和比较模糊的两部分，为波兰尼意会认知论的焦点意知追求清晰确实，附带意知获得大略模糊认知提供了理论依据。柏拉图的回忆说为附带意知的认知方式提供了直接的认识路径。他认为，"回忆的过程也就是学习的过程，'所有的研究，所有的学习不过是回忆而已。'回忆不是凭空产生的，它需要由看、摸，或者由其他感觉引起，尤其是看"。③他的回忆说几乎就是波兰尼意会认知中附带意知的认识说。在柏拉图的思想里还暗含着对说不出的东西的肯定："《曼诺》篇在结论上表明，如果所有知识都是言述的，即可以被清晰地表述出来，那么我们就不可能再了解问题或寻找解决。《曼诺》篇还表明：如果问题仍然存在，通过解决它们可以有所发现，那么我们就能认识不能说或说不出来的事物，甚至是重要事物。④可以说，柏拉图的心灵认知、回忆说和对说不出东西的肯定在很大程度上已经初具波兰尼意会认知论认知运作的逻辑路径了。

亚里士多德把知识分为五等，其中谈到了可以传授的技术和智慧。他把能否传授作为知与不知的标志，认为只供消磨时间而无实用的技术更为智慧。他的技术传授对应着波兰尼意会认知论中的身体化活动和技能传授对意会的依赖，尽管有差别，但仍然具有边缘性理论支援作用。亚里士多德认为智慧和哲学因好奇而生、因闲暇而生、为自由而生，这些智慧和哲学产生的条件，都是波兰尼的意会认知得以发挥作用，取得意想不到的发现结果的最佳外围环境条件。亚里士多德的这些思想，为波兰尼发展意会认知论提供了可借鉴的外围理论。另外，潜能和实现在亚里士多德哲学中是一对非常重要的范畴。他不但用这对范畴来解释质料与形式的关系，而且还用它来规定运动的本质，建构实体

---

① Plato, *Theaetetus* 186E, 187A, Plato, with an English Translation, Camb (Mass.), 1966.
② 陈康著：《论希腊哲学》，商务印书馆1990年版，第20页。
③ 张志伟著：《西方哲学史》，中国人民大学出版社2003年版，第93页。
④ [美]J.H.吉尔：《裂脑和意会（Tacit）认识》，刘仲林译，《自然科学哲学问题丛刊》1985年第1期。

第 5 章　从言述到意会——知识生成的意会历程

学说，解释实体与可感世界的关系。在亚里士多德那里，潜能是指具有能够实现其本质和目的的潜在力量，但还没有实现出来，而要实现出来，靠其自身又是无能为力的。对潜能的定义与重视，亚里士多德也看到了现实中存在潜在的、说不清楚的、没有实现出来的力量和事物。可见，亚里士多德支持在可实现、可言述之外还存在未实现、难以言述的力量和事物，这表现出他对非言述的认同。

中世纪的欧洲为神学和经院哲学所统治，经院哲学以基督教神学为出发点和最高宗旨来诠释意会与通过意会形成的知识。其重要的特点为知识是以信仰为根本的。波兰尼在《个人知识》一书中这样说："圣·奥古斯丁首次创立了后批判哲学，把希腊哲学推向终极。他教导人们，一切知识都是上天的恩典，为此，我们必须在先行的信念的指导下尽力而为：汝若不信则不明。"[①] 奥古斯丁的神学哲学对波兰尼的影响很大，他不止一次在书中提到奥古斯丁及其信仰知识观。中世纪的信仰哲学给波兰尼的意会认知论提供了一个可资借鉴的信托框架，波兰尼为此建立了在意会认知论之上更为根本的哲学体系——信托哲学，使得信念成为意会知识的原初来源。奥古斯丁对波兰尼的影响还在于他对人的自我意识的重视。奥古斯丁在《独语录》中有这样一段与自己的对话："你知道自己在思维吗？我知道。你在思维是千真万确的吗？是千真万确的。"[②] 这段对话反映出奥古斯丁对自我意识的重视和对个人思维、认知主体性的承认，为波兰尼的个人知识以及个人主体性地位提供了哲学思想来源。奥古斯丁进一步认为，认识早就存在于自己内心的真理之中，"不要到外部去寻找，要转入你自身""真理就居住在人的内心"[③]。奥古斯丁的这个认识，为波兰尼的内居理论提供了哲学依据，波兰尼进一步发展了奥古斯丁的这个思想，把对真理的内心的诉求拓展为自我内心与认知对象之间的内在认知诉求。

托马斯·阿奎那整合了神学与哲学，把它们统一到一起，繁荣了中世纪的经院哲学。他提出信仰与知识和谐，信仰与理性一致的观点。他认为，信仰与理性不仅相互一致，而且相辅相成、相互促进，信仰对于理性来说是必要的，信仰可以帮助理性开拓视野，补充和完善哲学真理。阿奎那还强调欲望的作

---

① Michael Polanyi, *Personal Knowledge: Towards a Post-Critical Philosophy*, University of Chicago Press, Chicago, 1958, 66.
② ［古罗马］奥古斯丁著：《独语录》。
③ ［古罗马］奥古斯丁著：《论真宗教》。

用，认为人有感性欲望和理性欲望，它们与知识相对应，这就是意志，是一种自决能力。"意志促使智慧和感受性发挥作用，因而从这个意义上说，是灵魂王国中的第一推动者。"[①]托马斯·阿奎那关于信仰与理性的关系，以及感性欲望和理性欲望的主张，对波兰尼意会认知论中理性激情、内驱力、求知热情这些概念的建立和发展具有启发性作用，为波兰尼合理解释激情、理性、个人性、主观性、客观性提供了理论基础。

身心关系问题是笛卡尔哲学的核心问题，唯理论哲学将身体和心灵视为两种绝对对立的实体，于是就面临着一个如何说明两者的沟通和联系的难题。这既是一个本体论问题，又是一个认识论问题。唯理论的二元对立思想无法清楚解释身心显而易见的关系，也无法解释由身体而获得认识的问题。后来，笛卡尔找到大脑的松果腺体，认为它是身心两个运动过程的交换台。提出了身心交感论。笛卡尔的身心二分和身心交感论尽管没有很好地解释身心关系，但是单独将身心两者在认识活动中加以区分，并且试图建立两者联系的合理理论，显然具有认识上的进步意义。笛卡尔的这方面理论，为波兰尼意会认知论中对身体化活动、概念化活动以及二者的互感统一关系研究提供了直接的理论背景，波兰尼在此基础上建立了自己的意会认知论哲学思想。

随着唯理论、经验论、机械论等哲学思想的诞生，以及自然科学的不断发展，近代西方出现了以科学知识作为正统知识的科学知识观。语言哲学、实证主义、逻辑经验主义、批判理性主义、科学历史主义等关于科学知识的哲学思想纷纷涌现，这些科学知识观放松了对知识本体论的追问，转而致力于知识的认识论探讨，其核心问题是科学发现的逻辑和科学知识的表述问题。发现的逻辑和知识的表述直接涉及确定性与非确定性、可表述与不可表述这两大关键问题，由两大问题的逻辑鸿沟产生的认识差异造成了不同的知识观。在这些具有影响的哲学家中，对个人的能力和非言述知识给予关注的哲学家有赖尔、波普尔、波兰尼。

赖尔把知识分为"知道什么"和"知道怎么做"两大类。"知道什么"属于命题性知识，是对个人智力的考察和描述。"知道怎么做"属于行为性知识，是对个人行为能力的考察和描述。赖尔把人的智力和行为能力加以区分，并且强调了个人能力的重要性。他认为，理论家只顾探讨理论的性质、起源、背景而

[①] ［美］梯利著：《西方哲学史》，商务印书馆2000年版，第218页。

忽略了去认识怎样做的问题。"相反,在日常生活以及特殊的教育活动中,我们极为关注的是人的能力而不是认识了多少东西,是人的活动而不是掌握了多少真理。"[①]赖尔看到了知识与真理之外人的行动能力的重要性,这在一定程度上指出了近代西方认识论的不足——对个人行动能力的忽视和对个人可以通过其行动能力获得知识认识的不足。赖尔对"知道什么"和"知道怎么做"两类知识的划分,再次为波兰尼的意会认知论奠定了理论基础,使得之后的波兰尼更加有理由把技能等"怎么做"的知识划归到意会性知识的范畴。

"朝圣山"三巨头之一的波普尔表现出与波兰尼有一定类似但又有很大差异的认识论思想。1947年4月波普尔、波兰尼两人一同参加由哈耶克发起组织的"朝圣山学社"活动,他们之间的认识论思想自然有一定的共同之处。波普尔把知识分为两类:一类是主观知识,即精神和意识的状态,或行为、反应的意向;另一类是客观知识,即问题、理论和证据等,这类知识与人的信仰、意志无关,是无主体的知识。对第一类知识的认识,显示出波普尔与波兰尼的认识的共同成分。波普尔说:"知识在其各种主观形式中都是倾向性和期望性的。知识由有机体的倾向构成,这些倾向是一个有机体的机能中最重要的方面。"[②]他的这种对知识倾向性和期望性的认识与波兰尼意会认知论中个人的求知期望和求知倾向具有异曲同工之妙,是波兰尼意会认知论的同时代支持理论。波普尔对主观知识的先天本能和自我特征给予赞成,他说:"我们必须认识到有一个在时间中持续存在的自我,甚至在入睡后完全无意识时也仍然存在着自我,并且我们必须认识自己和其他人的身体。"[③]在这方面,他也表现出与波兰尼意会认知论对自我和身体予以肯定的共同点。

最后,在波兰尼这里,意会认知和意会知识受到了重视,得到了发展,最终形成了一种新的具有革命性的系统认知理论。

5.3 知识生成的意会历程

波兰尼从人类依赖意会认知的三类学习入手,用案例分析与论证了人类具

[①] [英]吉尔伯特·赖尔著:《心的概念》,刘建荣译,上海译文出版社1988年版,第23页。
[②] [英]卡尔·波普尔著:《客观知识——一个进化论的研究》,舒炜光等译,上海译文出版社2001年版,第75页。
[③] [英]卡尔·波普尔著:《客观知识——一个进化论的研究》,舒炜光等译,上海译文出版社2001年版,第38页。

有语言前的非言述认知优势。在具有这种优势的前提下，人类充分利用了语言手段使自身从普通动物中脱颖而出。然而，人类的语言仍然无法脱离对意会成分的依赖和个人的参与。意会性和个人参与的存在，使得人类外部世界知识的生成历程充满了意会性。

5.3.1　依赖意会认知的三类学习

波兰尼在全面深入展开其意会认知论之前，列举并论述了人的三种学习方式：A 类，窍门学习；B 类，符号学习；C 类，隐性学习。这三类学习都具有很强的意会性，尤其是 A、B 两类，完全可以在不依赖语言的情况下在很多动物身上实现。在 A、B 两类学习中，人类表现出与动物的无差别特征。C 类隐性学习表现出人在不依赖语言的情况下，凭借思维和身体化活动隐性展开的学习和创造能力，在这类学习中表现出人与动物的巨大差别。他说："各种学习的方式可以很容易地分为三类，其中前两类较为原始，分别来源于动物的能动性和感觉力，第三类则以智力的内隐运作的方式处理动物生活中的前两种机能。"[1]在波兰尼看来，这三类学习是意会认知在起着决定性作用，它们也是意会认知的实践基础和理论建立的事实依据。因此，波兰尼在自己的理论中对此三类学习给予了重视。

波兰尼以斯金纳的实验来说明窍门学习。把一只饥饿的老鼠放在箱子里，箱子里有一根杠杆，按一下杠杆就会释放一块食物。饥饿的老鼠在箱子里四处转悠时，偶然碰到杠杆，立即吞食了食物。之后，老鼠又碰到了杠杆，又吃到食物。于是，窍门学习开始了，老鼠碰杠杆的次数迅速增加。最后老鼠不断碰杠杆，不断吃到食物，于是，窍门学习完成了。

波兰尼认为，上述例子中，"老鼠觅食行为的强化是因为给老鼠提供了一件它能用作工具的物体而引出的，是由于它发现并实现了这一工具的适当用途。我们可以说老鼠学会了创造出一种对它有用的效果，或者说它发现了一种有用的手段—目的关系"。[2]

窍门学习最初为无意识的非焦点行为，之后迅速转变为有意识的焦点行

---

[1] Michael Polanyi, *Personal Knowledge*: *Towards a Post-Critical Philosophy*, University of Chicago Press, Chicago, 1958, p71.

[2] Michael Polanyi, *Personal Knowledge*: *Towards a Post-Critical Philosophy*, University of Chicago Press, Chicago, 1958, p72.

第 5 章　从言述到意会——知识生成的意会历程

为，之后再发现其中的规律性或者创造出某种实用性效果，或者建立起一种新的手段—目的关系。其特征是：在意会认知的作用下，从无知到有知的过程。在意会认知作用下，建立起事物之间的联系，从而发现某种规律或者创造效果，逐渐强化而成为经验或者某方面的知识。这种学习带有很强的偶然性和创造性，但是在偶然性和创造性背后是意会认知在起着关键性作用。

其实，窍门学习在自然界的动物中是非常普遍的，老鼠只是其中之一。非洲丛林中的大猩猩会用石头的小凹坑去砸坚果，这样不至于一砸下去，果子四处乱飞；沼泽上空飞翔的鹰把乌龟带到半空中，然后朝着有大石头的地方丢下，待龟壳摔裂之后，从容享受美味。这些都是动物窍门学习的典范。这种学习，同样在人身上体现出来，鲁班发明锯子就是一个典型的成功案例，其实在每个人身上都可能有类似的经历。窍门学习在科学发现之初表现最突出，科学家偶然发现了某种关系，然后意会到这种关系背后潜藏的某种可能性，于是继续强化这种偶然关系，最后获得发现或者创造新的效果。技术发明也是如此，发明者偶然的一次创造，获得了自己需要的目的，随后强化并使之成为自己目的的延伸或者可以推广的方法，并为他人所采用。窍门学习是最为原始的一种学习方式和创造方式，其关键是由意会发现窍门，或者由意会建立事物间的联系。

波兰尼以辨别箱为例，说明了符号学习。把动物（通常是老鼠）放在辨别箱中，箱内有两扇门分别通向两个隔间。门上有不同的符号，符号可以对调。一种符号后面有食物，另一种则没有。实验员先公开把食物放在两个隔间中的任意一个，然后关上门，并命令动物把门推开，使它发现食物或者空的隔间。这些经历使动物建立了一种意识：食物就在两个隔间的一个之中，只要推开正确的门就可以吃到。建立此种意识之后，通过多次猜测正确的隔间尝试使动物发现：门上的某种符号表示门后一定有食物。于是，动物意会到符号和食物的关系。在实验员多次对调符号位置之后，动物仍能正确找到食物，建立食物与符号的对应关系，从而符号学习成功。人类训练警犬与此类同。

符号学习的第一阶段"在于认识到问题的存在"，[1] 第二阶段在于建立符号与食物之间的联系，并且在活动中印证和强化此种联系。实验表明，动物在进行尝试阶段，它的选择不是随机的。"整个过程清楚显示出动物对情境的猎奇能

---

[1] Michael Polanyi, *Personal Knowledge: Towards a Post-Critical Philosophy*, University of Chicago Press, Chicago, 1958, p72.

力、它坚持追踪某种隐藏可能性的前兆而使之处于自己控制之下的能力，以及在追求某一目标时发现隐藏在扑朔迷离的外表之下的有序场境的能力。"① 即使在这样原始的层次上，动物解决问题能力的基本特征就已经显而易见了。

符号学习主要不在于发现和创造技能性行动，而在于观察到这些行动所遵循的符号——事件关系。符号学习起源于感知，而不是原动力。这种感知，实际上就是意会认知的附带意知，它在整个符号学习过程中起着附带的支援性作用。动物的焦点最初在于食物，而不在符号。当它意知到符号与食物之间的某种联系之后，随后它会建立起符号与食物的焦点对应关系，从而完成通过符号准确获得食物这个学习过程。

实际上，符号学习在人类更为普遍。人类的认知行为也类此，人类的猎奇心与猎奇能力，以及企图控制隐藏在外表之下的有序场境的欲望相比动物有过之而无不及。"只有受到欲望或者恐惧的驱使，动物才学习，从这种意义上来说一切学习都具有目的性。"② 人类较之动物还多了一份思想和理想，人类的学习同样具有目的性，但更具有理性和高于动物本能的欲望和目的，以及某种启示或宗教。在人类的学习中，符号学习更为普遍，尤其是对由语言文字建立的符号的学习。

通过对A、B两类学习的认识，可以看到二者之间存在的异同。它们的差异在于：符号学习主要不在于创发出技能性行动，而在于观察出这些行动所遵循的符号与事件之间的关系，这种学习主要起源于感知而不是原动力。对符号的观察只受到感官的一般警觉性引导，这种警觉性是由某种刺激，而不是由任何特定的目的引起，表现出最初强烈的非焦点特性，之后逐渐进入焦点，再通过扩展原有的焦点范围，形成新的焦点。符号学习可以被视为智力对感知官能的扩展，是附带意知在最初起着关键性作用。符号学习就是在建立一种关系思维或者感知关系的能力。而窍门学习则比符号学习受到更加强大、更加全面的目的性控制，能够非常迅速地由非焦点转换到目的性很强的焦点控制，更多的是创发某种技能性行动。人类的技能学习和技术发明在某种程度上讲就是目的性很强的窍门学习，而不是符号学习。

---

① Michael Polanyi, *Personal Knowledge: Towards a Post-Critical Philosophy*, University of Chicago Press, Chicago, 1958, p73.
② Michael Polanyi, *Personal Knowledge: Towards a Post-Critical Philosophy*, University of Chicago Press, Chicago, 1958, p73.

第5章 从言述到意会——知识生成的意会历程

A、B两类学习的共同点在于，意会认知在其中起到决定性作用，并且会在自己的意识中重建一个新的时间序列。窍门学习一旦成功之后，动物就会应用学到的窍门，重新组织自己的行为，为某种特定的手段—目的关系服务。同样，符号学习成功之后，动物会在自己的意识中重新建立一种有效而且有用的连贯性关系。"这两类学习都会建立一个时间序列，不管这一序列是学习者创立出来的还是观察得到的。"①

"当重新组织的过程不是由特定的创立或观察行为实现，而是通过对几乎一开始就任由对观察的情景的真实理解而实现时，C类学习就出现了。"②

波兰尼引用E.C.托尔曼在其论文《老鼠与人心中的认知地图》中的研究成果来论述隐性学习。一只学会走迷宫的老鼠在其中一条通道被关闭之后，选中了最短的可选通路。老鼠的这种行为具有高度的创见性。这种创见性建立在老鼠对迷宫情境的高度熟悉基础上。波兰尼再次引用苛勒《猿的智力》一书中的案例，大猩猩通过堆木箱来取得天花板上的香蕉，这也是一个隐性学习的范例。

波兰尼认为，隐性学习基于学习者对情境的真实理解，即使是学习者没有处于实境中。学习者"从一个情景的隐性知识中得出更多的可选的行为方式，这种能力就构成了起码的逻辑操作"，由此，波兰尼把隐性知识与可言述的逻辑操作联系起来了，为非言述和言述架起了一道桥梁。接着他认为，"这个行为的发生就为我们界定了我们用来解释这个情景的言述解释框架"。当处于情景之中的学习者如果一开始就很快理解了这个情景，那么对这个情景的隐性学习就变成解决问题了。此时，对这个情景的探索性就降低到最低限度。之后隐性学习就转化为一个普通的推理过程。

波兰尼认为，当学习者对情境的理解不够完全，隐性学习不足以为学习者解决问题提供思路和行为方式的时候，隐性学习就成为解决问题的行为指导，其作用就非常鲜明地表现出来了。大猩猩试图通过棱对棱堆积木箱来获取高度而无法取得平衡时，它的试图获得高度的原理是正确的，但没有认识到稳定的条件，而犯了一个"好错误"。"因为它证实了一个独创性的推理过程，尽管

---

① Michael Polanyi, *Personal Knowledge: Towards a Post-Critical Philosophy*, University of Chicago Press, Chicago, 1958, p73.

② Michael Polanyi, *Personal Knowledge: Towards a Post-Critical Philosophy*, University of Chicago Press, Chicago, 1958, p74.

这一过程因部分地依赖错误的设想而走过了头。"[①]于是，推理能力崛起的同时也一并带来了推理错误的能力。此时，正确与错误同期产生。当然，错误并不是一开始就被判定，而是通过有效性检验再予以确认。这种情形在人类的发明和发现中非常普遍，在人类的意会认知中表现为附带意知的支援性和辅助性作用。

由此可知，C类学习对特定的手段—目的关系进行了重组，并建立起了为非此目的服务的行为。这种重组与重建本身是不可见的，由动物或人内在完成，是一种隐性过程，一种非言述的心智过程与经历。利用这种重组和重建的行为来解释新的真实情景和解决问题，是一个内在的隐性演绎过程。通过这样的一个过程，建立起来了个人知识的意会成分。当然，这个隐性的演绎过程的途径不是唯一的，可以是类比、隐喻、顿悟等。这个对关系的隐性演绎过程可能是快速的也可能是跳跃的，也可能是相当缓慢的"逻辑"过程。此类学习，开始架起了意会与言述的桥梁，为言述的建立和发展奠定了基础。

波兰尼认为，在A、B、C三类学习中可逆性与支配整个智力行为的不可逆性形成对照。意会认知属于启发性认识，它不可逆也不可批判。三类学习的不可逆特性属于意会认知的基本特性。不可逆是指无法从结果逆推到前提，前提与结果之间没有可循的逻辑线索。可逆性就是在固定解释框架内，可以追溯到推理前提的一种属性。它是通过学习而取得的实际行为或者技能，数学、物理学的逻辑性是其最突出表现。在A、B、C三类学习的每一个场合中都可以把可逆性与不可逆性区分开来。在A类学习中，发现一个窍门的行为是不可逆的，但是在随后对这个窍门的实际应用却是可逆的。在B类学习中，建立符号—事件对应关系这个行为是不可逆的，但是在随后对已经被承认的符号—事件对应关系做出反应却是可逆的。在C类学习中，第一阶段建立解释框架是不可逆的，第二阶段应用这个解释框架进行推理并解决问题这个过程就有了一定的可逆性，这个阶段具有相对的可逆性。

从可逆性与不可逆性可以看出，学习的实际过程存在两个阶段，第一阶段是不可逆的，第二阶段是可逆的。波兰尼把第一阶段称为启发性行为，第二阶段是从学习中习得的知识的应用，具有常规性。从第一阶段来看，A类学习是开创性的，B类学习是观察性的，C类学习是演绎性的。第二阶段作为一种常

---

① 这里波兰尼实际上也讲到了科学发现中隐性知识的指导性问题以及失误问题。

规的行为，A 类学习是重复一个窍门，B 类学习是持续对一个符号作出反应，C 类学习是解决一个常规问题。

所以，在波兰尼看来，第一阶段的开创、观察与理解能力都不能视为或者划归为比习得性知识的应用要低的地位。这里实际上是呼吁提高个人意会知识的地位。波兰尼认为在承认这个原始的层次上存在着两种智力：一种是实现创新的，是不可逆的；另一种则是操作一个固定的知识框架，是可逆的。三种类型的学习是三种官能的原生形式，这三种官能在人类来说是高度发达的。发明行为可以视为窍门学习，观察行为可以视为符号学习，解释行为可以视为隐性学习。语言的运用也即言述知识使三种官能中的任一种发展成为一门具有迥异性的学科，其他两门则对它作出附带的贡献。

从 C 类非言述学习过渡到与之对映的言述形式（波兰尼称之为解释）的过程中，数学、物理学、逻辑将成为这种类型的智力的最高言述形式。在智力的言述层次上，第一阶段的启发性行为与已经确立的知识的常规运用有迥然不同的差别。启发性行为是创立和发现的行为，需要创造力，如从事创造性活动的科学家、作家、艺术家等人就属于此类。启发性行为的作用是使知识增加，在这个意义上讲它是不可逆的。启发性行为与操作性行为、演示性行为都是不同的，如教师与科学家这两个职业的差别就显示了这个区别，不同的职业代表了不同的学习方式和应用模式。

5.3.2 语言的意会成分与个人参与

波兰尼认为，人与动物在三类学习中表现出无本质差别的意会方式。但是，人为什么具有更为强大的创造力和能够保持文化的生命力呢？总结其论述可得出两点，一是人具有比动物更为高级的难以觉察的语言前优势，二是人具有语言优势。这两种优势使得人从根本上有别于动物，也使得人类的认识超越于动物。在他看来，人类的这两种优势是独立的，而不是单纯归结于语言优势。

波兰尼以一个实际案例论证了人的语言前优势。唐纳德夫妻将 5 个月大的婴儿与 7 个月大的黑猩猩古娃一起喂养，15 个月之前孩子并没有超过黑猩猩智力的迹象。15~18 个月期间内，黑猩猩智力发育已接近完成，而孩子才刚刚开始。但是，孩子在不久以后开始听懂说话并且开始自己说话。"就凭超过黑猩猩的这唯一的一点开窍，孩子习得了持续思维的能力，并开始继承他的先辈们的整个文化遗产了。"①

孩子在不会说话之前到会说话后表现出来的与黑猩猩智力的巨大反差,被波兰尼认为是人所特有的语言前优势。最为合理的解释是,人的语言禀赋本身不可能是因为有了使用了语言才产生的,同时如果人抛弃语言,并不能显示出比动物要高明得多的能力。因此,孩子在学会语言之前智力的迅速变化是语言前优势在起作用。

人的这种语言前优势显然发生在学会语言之前,那必然是一种非言述的智力优势。波兰尼认为这是一种潜能,其本身几乎是不可察觉的。"但就是凭借这些,人类超越了动物,并且通过发出语言而形成了人类的这个求知优势的起因。"② 于是,波兰尼找到了人类存在非言述认知潜能的事例,也为他的意会认知论找到了辩护的理由。人类原始的非言述官能是人类相对于动物的巨大优势,也是人类的潜在本能,它是不易察觉但又现实存在的。在此,波兰尼为意会知识寻找到一个生理基础。他研究人类的语言前优势,实际上就是在追寻人类意会知识的生理根源。

波普尔把人类的语言分为四大功能:(1)自我表达;(2)发出信号;(3)描述功能;(4)论证功能。③ 波兰尼从研究语言的非言述性和个人性出发,着重研究了语言应用中的个人参与。他认为,相对于动物来说,语言是"赖以成为言述这一惊人技艺的工具"。把语言作为交流的工具是人类超越其他动物的绝对优势和手段。

但是,语言这种公共性的东西里是否也具有非言述成分和个人参与在里面呢?为此,波兰尼敞开了自己的目的,"事实上,我的论证寻求展示的目的正是那些甚至具有最少个人性的言语形式中固有而且必须的个人热情部分"。④ 他坚信语言中有个人参与。波兰尼认为,语言表达分为三种类型:(1)表达情感;(2)向别人诉求;(3)事实陈述。为了讨论语言的非言述成分和个人参与,他对自己的论述作了严格的界定,只限于第3种类型,也就是事实陈述。他说本

---

① Michael Polanyi, *Personal Knowledge: Towards a Post-Critical Philosophy*, University of Chicago Press, Chicago, 1958, p69.
② Michael Polanyi, *Personal Knowledge: Towards a Post-Critical Philosophy*, University of Chicago Press, Chicago, 1958, p70.
③ [英]卡尔·波普尔著:《客观知识——一个进化论的研究》,舒炜光等译,上海译文出版社2001年版,第128页。
④ Michael Polanyi, *Personal Knowledge: Towards a Post-Critical Philosophy*, University of Chicago Press, Chicago, 1958, p77.

第5章 从言述到意会——知识生成的意会历程

人在此文中的论述并不在于另外构建一种语言起源理论，而是在于对语言与其非言述根源之间的关系作一个认识论的反思。①

波兰尼认为，语言应用中必然包含个人热情、固有的个人参与以及不可言述的评价标准。他从外到内逐渐深入论述语言应用和操作原则中包含的个人参与。最外层的个人参与——对语言应用技能的个人肯定。波兰尼认为无论我们对事物说了什么，都包含着对自我应用语言这种技能的肯定。一切肯定中所包含的这种个人系数是语言运用中所固有的。认可自身的语言技能就是个人参与。中间层的个人参与——语言交流和意思传达中的情感因素。它不涉及对语言意义、形式、内容等的判断、组织和评价。波兰尼认为，语言是交流的工具，具有人际性，并且富有感情性，即使在宣布事实的陈述句中也都不可避免包含个人热情（为了某种目的或者信仰）。深层次的个人参与——对事实、规律、经验、事件等的陈述，其中涉及陈述者对陈述内容的判断、评价和取向等因素。波兰尼认为，在把一种形式体系应用于经验时，它的所有应用都包含着某种不确定性，这种不确定性必须由观察者以不可言述的评价标准为基础来解决。于是，这个过程中必定包含个人参与。通过对这三种不同层次情形的分析，波兰尼最终肯定，语言应用中必定包含个人参与。

同样，在运用语言这种特殊工具时，更无法避开个人意见参与其中。波兰尼认为，语言作为表达、诉求和陈述的工具，其组成音素、字母的组合并不是越多就越能够表达情感与陈述事实。为了具有明确的意义和可识别形态，语言表达必须可重复和具有连贯性，这样语言才能实现其外延功能。但是，人不可能两次踏进同一条河流。要做到对两种情景连贯一致的陈述，需要一系列的个人判断。因为，首先要依靠经验把这些情景中的随机背景区别开。其次还要确定在不同情景中可视为相同特征的出现的事物是否为正常变化。因此，在每一次用语言对某个情景作描述的时候，都要实施并认可一次归纳行为。这个行为无疑包含有固定的个人参与。

客观主义、实证主义、语言学研究等派别和研究领域都一直在追求语言的确定性、准确性和事实陈述与实在的符合性，一直希望和试图找到能够准确表达的语法规则、叙述方式、操作原则、形式化等。纯形式化被认为是能够排除个人性、主观性的一种最优表达方式，但是，形式化仍然具有很大的局限性

---

① Michael Polanyi, *Personal Knowledge: Towards a Post-Critical Philosophy*, University of Chicago Press, Chicago, 1958, p77.

和不完全性。逻辑哲学家哥德尔的不完备定理就是对形式化不完全性的最好证明。怀特海对此有这样的论述:"在我们所知道的东西里,没有什么东西是可以被准确说出来的。""没有一个句子能充分陈述自己的意义。总有一个先期的假设背景,这一背景由于其不定性而无法分析。"①

言述本身存在两种不足:一是言述者不知道这种知识的细节,所以无法讲述出这些细节是什么;二是言述者知道部分细节却无法描述这些细节相互之间的关系,这就是言述存在的局限。言述及其形式化的局限反衬出意会知识的重要性,在言述存在缺陷的地方,恰好是意会发挥作用的地方。波兰尼分析了从言述到意会的一般情形,把从言述到意会整个过程分为三个相关领域。在这些领域里,言述与意会的关系从一个极端形式通过居于中间的均衡形式向相反的极端形式转化。这三个领域是:(1)由于说话者不知道或者不大知道他在说什么而使意会成分与言述成分相分离的领域。(2)意会成分的信息很容易被明白易懂的言语传达,以致意会成分与携带其意义的文本共同扩张的领域。在这个领域中,"在我们明确意会成分与外显成分共同运作、个人因素与形式表现共同运作的过程之前,关于意会成分参与言述过程的这些反复出现的联想必定还是隐晦的"。②(3)意会成分支配一切,以致言述实际上变得不可能的领域。这个领域称为不可表达的领域。"我所说的不可表达只是意味着我知道并能描述的某种东西,尽管这种描述比通常的情形不准确甚至非常模糊。但要从哲学上反对这样做将导致对有效的意义实行唐吉诃德式标准,它们就会使我们变成心甘情愿的低能儿。"③

波兰尼分析了从言述到意会的三个相关领域,把自己所说的不可表达的知识同神秘经验划清界限,与笛卡尔的"清楚而迥异的理念"作了界定,与维特根斯坦的"不可说"作了联系,同时坚决反对从哲学上把不可表达驱逐出去的论调。他把不可表达与是否有权谈论作了区分,"断言自己具有不可表达的知识并不是要否认我能谈论这种知识,而只是否认我能恰当地谈论它"。他又把不可表达与神秘经验进行了区分,断言自己具有不可表达知识会坚持沿着更大

---

① A.N.Whitehead, *Essays in Science and Philosophy*, London, 1948, p73.
② Michael Polanyi, *Personal Knowledge: Towards a Post-Critical Philosophy*, University of Chicago Press, Chicago, 1958, p87.
③ Michael Polanyi, *Personal Knowledge: Towards a Post-Critical Philosophy*, University of Chicago Press, Chicago, 1958, p88.

的准确性方向前进，会尝试而且会对尝试的最终失败进行反思，会主动消除表达不当的感觉。而神秘经验则只有断言和传达神秘感，没有前进性的反思与尝试，也没有消除言述不恰当的努力，没有试图向客观性的主动迈进。

在这三个相关领域中，波兰尼最为重视"不可说"以及不可说的知识——意会知识（不可表达知识）。他对不可表达领域做了进一步的论述。波兰尼认为：（1）工具性细节的知识是不可表达的，附带性或工具性知识本身是不可知的，只是以某种在焦点上可知的东西为条件时才是可知的，而且其可知性也只能达到其做出贡献的程度，正是在这个意义上是不可言述的；（2）共同构成一个整体的细节关系可能是不可表达的，尽管所有这些细节都是外显的可言述的。"我知道这些东西，尽管我无法清楚地说出或几乎无法说出我知道的是什么。"[1]他用一言不发学会骑自行车，一言不发在20件雨衣中挑出自己那一件，一个有丰富经验的外科医生对手术部位的解剖学知识这三个例子分析了这两种情形。骑车与找出雨衣的例子，很好地说明了"不可表达知识"的不可表达性。骑车人可以说出自己骑车的方法以及步骤，找出雨衣者可以说出自己雨衣的外观特征，这些东西对于言述者本人来说是有用的、有意义的，但是对于外人就是绝对不同的。按照这个言述者所言述的方法及其步骤和特征，外人无法从容自如地学会骑车或者快速准确地找出雨衣。这个例子就突出了不可表达的意会成分，也显示了个人知识确实在我们的现实生活中存在着。解剖学医生在实施解剖时的个人知识也是类此。由此，我们可以断言，在理论、知识与实践之间存在巨大的鸿沟，但又存在一个强有力的纽带，那就是个人知识。正是因为存在个人知识，我们的实践和理论才呈现出如此丰富多彩的特性。正是因为存在个人知识，"我们才能用实践去改变认识。我们才能说实践是检验真理的唯一标准"。[2]

在此，我们可以看出波兰尼是非常敏锐的，维特根斯坦只是划定了不可说，而没有去研究为什么不可说，但是波兰尼却越过这个界限去寻找不可说的深层根源。

---

[1] Michael Polanyi, *Personal Knowledge: Towards a Post-Critical Philosophy*, University of Chicago Press, Chicago, 1958, p88.
[2] 李泽厚著：《李泽厚哲学文存》下编，安徽文艺出版社1999年版，第534–663页。

5.3.3 知识生成的意会历程

波兰尼的意会认知论不但提出了一套全新的认识论，更为重要的是，在他的《个人知识》一书中蕴含着一个连贯的知识生成的意会历程。这个知识生成的历程，有别于以往所有哲学家对知识的考察角度，从全景上给出了一个合理、合人性的知识考察视角，既彰显了意会在知识生成过程中的重要作用，又给出了一个人性化的知识生成历程。这一历程包含着一个外显的逻辑过程和一个内在的逻辑过程，内外两条线索统一形成知识生成的意会历程。

意会认知论是一个没有客观主义和实证主义歧视的认识论，波兰尼认为巫术、数学、土著生活、特殊技能、科学知识等都可以产生知识。但是，作为严谨的科学家和哲学家，波兰尼仍然以绝大多数人认可的科学发现来考察知识生成的整个历程。因为，对科学发现历程中的意会作用进行的详尽和细致分析之后得出的结论，较之于分析其他非科学知识得出的结论更具有说服力和可信度。所以，知识生成的意会历程主要是指科学知识生成的意会历程。

通常认为，"科学发现可以分成四个阶段：准备、酝酿、领悟和完成"[1]。这四个阶段是人们在研究科学发现整个过程中总结出来的一套知识生成的外显逻辑过程，它符合知识生成的外在可见逻辑，因而被认为是具有一般性和客观性的合理逻辑。波兰尼也认为科学发现存在四个阶段，他赞同一般分类的前两个阶段，却把最后两个阶段称为：启迪（illumination）、验证（verification）。[2] 这两种分类表现为第三、第四阶段的差异，这些差异显示出：（1）波兰尼的分类在第三阶段突出了主动和被动的综合作用。而一般分类在第三阶段缺乏对被动成分的关注，与被动成分的有效结合恰好是附带意知起着关键性作用。知识生成是一个创造性过程，肯定不是单纯完全主动和单纯完全被动的过程。所以，波兰尼的说法更合理。（2）波兰尼对第四阶段的分类，显得比一般分类更为准确和更为重视知识的普遍有效性。"验证"看似比"完成"要狭窄，实际上却反映了波兰尼对知识普遍有效性的重视。当然，"完成"似乎还包含有认可、传播等内容，但这些内容在波兰尼那里另有论述不在此列。

波兰尼主张的四个阶段具有以下特点：第一阶段——准备。主要是发现

---

[1] 刘大椿著：《从中心到边缘——科学、哲学、人文之反思》，北京师范大学出版社 2006 年版，第 53 页。
[2] Michael Polanyi, *Personal Knowledge: Towards a Post-Critical Philosophy*, University of Chicago Press, Chicago, 1958, p121.

者体会摆在自己面前的问题，这是一个有意识的意会行为阶段。发现者的焦点觉知在于问题本身，发现者所有的相关知识与技能都是解决这个问题的附带意知线索。第二阶段——酝酿。这是一个无意识的阶段，也是一个纯粹的意会阶段。发现者在完成对问题的体会之后并不是单纯采取徒劳无益的努力去解决问题，更不是不经过努力就放弃对问题的求解。而是在很长时间内保持着由问题带来的紧张和对周围事物的警觉。当第一阶段有意识的焦点觉知集中于要解决的问题时，即使意识休息了或者转移到其他事物上去了，要解决的问题也会随时可能无意识地游荡在发现者的脑海里，不可控制，直到受到启发。所以，酝酿阶段无法用时间长短来界定。对于某一个科学家而言，它可能很快完成，也可能一生无法完成。第三阶段——启发。与纯粹的偶然性启发不一样的是，科学发现的启发性过程是一个能动与被动结合的阶段。科学发现过程中研究者对所研究问题保持深度的执着和对问题周围的事物保持附带的警觉。这样的心灵最容易受到外在事物的启发。德国化学家凯库勒就是梦见蛇咬自己的尾巴而受到启发发现了苯环的结构，从而彻底革新了有机化学。阿基米德在浴缸中洗澡受到启发而发现了浮力定律。发现是一个不可逆过程，波兰尼认为真实的发现并不是一个合逻辑的行为。在问题与解答之间存在着"逻辑鸿沟"。启发就是这个逻辑鸿沟被跨越时的飞跃，是研究者从意会到言述彼岸的第一跳。就是为了这个第一跳，"科学家不得不把自己的整个职业生涯一点点投入进去作赌注"[①]。科学发现的启发具有偶然性但并不是完全的偶然和与智力无关。科学发现常常是在以附带意知为线索的启发下产生的，之后研究者运用自己的言述知识和调动意会知识对这个启发作有意识的焦点关注，最后形成个人对这个问题的意见和判断。第四阶段——验证。对一个问题的所有可能解决方案并不都是有效和可行的，瞬间的启发出人意料地揭示出了答案，但是这种瞬间的胜利通常是无法提供最终的可靠答案的，而只是得到了一个有待检验的答案的设想，所以所有的发现都必须要经过验证。尤其是科学发现，要经历比发现过程还要严格很多的检验。

意会认知论认为知识生成还具有一套内在的逻辑过程，常见的科学发现理论研究中，多把科学发现过程看作有意识和无（下）意识两种情形的结合，把直觉、灵感、顿悟等非逻辑思维过程和情绪体验归结为无（下）意识活动。这

[①] Michael Polanyi, *Personal Knowledge: Towards a Post-Critical Philosophy*, University of Chicago Press, Chicago, 1958, p123.

些常见理论，在看到科学发现的无（下）意识性质之后，只是对其进行了分门别类的断续性论述，没有总结出其中的内在连续逻辑过程。波兰尼认为，"任何严格形式化的程序都应该被排除在取得发现的手段之外"。[1] 在整个非形式化、非程序化、非逻辑的过程中存在着一个内在的逻辑。波兰尼对此给予了更为深入和连续性的研究，向人们呈现出了科学发现过程中的内在非逻辑性连续过程。这个内在非逻辑连续过程的线索为：对问题的朦胧信念—求知欲驱使—确定焦点—感知—观念重组。这个连续性过程在时间上针对具体问题与发现并不固定，同时，整个过程并不是严格按照上述线索逐一行进，其中可能出现反复。整个过程主要表现为内在心理和思维的活动，也有可言述的逻辑成分参与其中，但绝对不是主要的，在其中也不起到关键性作用。

波普尔认为，科学发现始于问题。波兰尼并不反对波普尔的观点，但表现出对"问题"认识的差别。在波兰尼的论述中可以看出科学发现可能始于：（1）问题，摆在科学家面前的研究领域内的现实麻烦/问题；（2）科学家研究领域之外的问题，可能是心血来潮，也可能是灵光乍现，总之是自我设置的障碍。

在问题与发现之间存在着巨大的逻辑鸿沟，在以发现者的先有知识作为起点和作为结果的发现之间具有极大的不可预测性。发现者凭什么去跨越这条鸿沟或者挑战它呢？发现外显逻辑第一阶段的准备只是发现者对问题的体会和对问题的精心设计，并不是解决问题和跨越逻辑鸿沟的依据。

在这种情况下，波兰尼认为，在科学发现的所有过程中，发现者要有这样的一个信念："面对并且要解决一个从未解决过的问题时，认为这个问题具有隐蔽的，但又可以找到的答案。"[2] 这样，发现者开始跨入了科学发现内在逻辑的起点。否则，发现者不可能对该问题有进一步的认识。

波兰尼所谓的这个信念是朦胧的、模糊的，顶多是一种意识，它并没有触及问题的实质，并不是解决问题的关键方法和可依赖路径。看起来离解决问题既不可靠，又遥遥无期，不足以成为继续深入研究和解决问题的动力。

然而，波兰尼的这个信念又不是纯粹唯心的和缺乏现实依据的。这个信念来自发现者所受到的启发。掷飞盘运动中，飞盘的运动轨迹可能包含解决空中

---

[1] Michael Polanyi, *Personal Knowledge: Towards a Post-Critical Philosophy*, University of Chicago Press, Chicago, 1958, p123.

[2] Michael Polanyi, *Personal Knowledge: Towards a Post-Critical Philosophy*, University of Chicago Press, Chicago, 1958, p127.

飞行器的动力学问题。从树上掉下来的苹果，可能受到某种力的作用。檐下的蜘蛛网可能确定平面上物体的位置。基于这些启发，才有了弹道研究、引力研究、解析几何研究的信念。因此，跨入科学发现内在逻辑起点的信念，是一种朦胧的意识和结果并不完全确定的自我认定。

波兰尼认为，启发的心理学基础寄托于或者建立在发现者的信念上。启发的动力却来自发现者对要解答问题的求知欲，"一个问题就是一种求知欲望"[①]。在求知欲的驱使下，发现者循着最初朦胧的信念继续深入问题研究。

波兰尼认为，求知欲是一种有别于食欲、物欲、性欲等其他欲望的自我满足。一切欲望都具有激发性，求知欲能够激起发现者巨大的想象力，并使之执着沉迷于自己的问题之中。沉迷于自己的问题是一切创造的源泉。它所引发的欲望带来的自我满足感在某种程度上远远大于其他欲望带来的自我满足感。

在求知欲的驱使下，发现者激发出巨大的内在激情和能量，很快沉迷其中并且逐渐锁定问题的焦点。确定问题的焦点有两层内涵：一是在发现者内心中形成一种关于该问题的焦点心理环境；二是发现者在此基础上对问题的集中研究，逐渐形成关于该问题的观念。

第一层内涵：在发现者内心营造出一种关于问题的排它心理环境，发现者对自己的问题深度执着沉迷。在这个心理环境中，所有其他的问题较之于发现者要解决的问题都退居其次，发现者所有的言述和意会知识都为解决这个问题服务。发现者注意力焦点集中在问题上，其他所有可能解决问题的细节都是作为支援线索被附带意知。

第二层内涵：发现者把注意力集中在一个焦点上，在这个焦点上，发现者附带意知到决定这个问题的答案的资料，于是逐渐形成了对这个问题的观念。波兰尼认为，对于发现者已知的资料本身只是通向未知的一个线索，是通向解答的指针和构成未知事物的一个部件。这些线索与意会知识一起构成了启发性前兆。依靠这些前兆，发现者坚定了对未知东西的确存在的信心。[②]

能否成功受到由线索与意会知识一起构成的启发性前兆的启发，还依赖于发现者的个人感知力。波兰尼认为，"发现者的成功最终决定于他是否有能力感

[①] Michael Polanyi, *Personal Knowledge: Towards a Post-Critical Philosophy*, University of Chicago Press, Chicago, 1958, p127.

[②] Michael Polanyi, *Personal Knowledge: Towards a Post-Critical Philosophy*, University of Chicago Press, Chicago, 1958, pp127–128.

知问题所给出的条件、他已经具备的知识以及他正在寻找的未知答案这三者之间未被揭示出来的关系"。①

发现者的个人知识此时起着重要作用,它隐性地推动着发现者的个人感知力,使发现者具有从问题的已知前提意会地得出隐含结论的可能性,或者使发现者发现转换这些前提的方法而更加容易得出隐含结论的可能性。这样就有可能缩小问题与解答之间的"逻辑鸿沟",从而使发现者受到来自某一方面的启发。

直觉是发现者个人感知力的一种主要表现形式。在科学发现中,意会的主要形式是直觉。在科学发现中,逻辑思维无法跨越问题与解答之间的"逻辑鸿沟",逻辑推理在"逻辑鸿沟"面前也是无能为力。发现者的直觉力在整个启发阶段起着重要的支配性和决定性作用。对于一个可能性结果来说,发现者完全不需要进行逻辑推理,而只是依靠直觉就能够给予迅速辨识。

发现者的意会知识、直觉、灵感都增加了发现者接近发现的预感和受到启发的可能,它们使发现者有更多的可能缩小问题与发现之间的"逻辑鸿沟",使发现可能在某种情况下以一种自行加速的方式取得,最终的瞬间就在眼前。

波兰尼认为,在找到问题答案或者取得发现之后,问题解决者(发现者)会面临一个"不安"局面:他对正在研究的事物有了不同于以前的认识和理解,这就造成了他现有的观念与原有观念的碰撞,可能是进一步的认识,可能颠覆性的认识。这样,就必定会产生观念重组。

波兰尼认为,观念重组首先要经历一个内隐的意会过程,然后才可能以言述形式表现出来。观念重组既包含言述过程又包含意会过程,"但这个过程本身却是非形式化的,这是一个演绎推理过程,因为它导出了一个新观念。这个观念全部暗含于我们原来的观念之中却与原来的观念不同"②。因此,观念重组首先是一个意会的演绎过程。

之后,观念重组进入形式化的推理过程,该过程既包含言述成分又包含意会成分。其中的言述成分是推理时所依赖的逻辑规则,意会成分则表现为对形式操作的理解和对这种操作正确性的认可。在观念重组的形式化推理过程中,

---

① Michael Polanyi, *Personal Knowledge: Towards a Post-Critical Philosophy*, University of Chicago Press, Chicago, 1958, p128.
② Michael Polanyi, *Personal Knowledge: Towards a Post-Critical Philosophy*, University of Chicago Press, Chicago, 1958, p117.

逻辑推理与意会成分得到了结合，意会成分与逻辑推理实现了共同扩张，共同促使新观念的形成。

在现实生活中观念重组非常普遍。一个从未到过九寨沟，又对它相当神往的人，他从地图上找到这个地方，从网络上看到九寨沟的风景图片和文字介绍，还通过其他途径对九寨沟进行各个侧面的间接了解。他通过这一系列的行动形成了自己对九寨沟的观念。之后他可能会产生对九寨沟的种种奇思妙想，那里的云、山、水、树、风情等会如何如何。其实他根本就没有到过那里，这些对于九寨沟的观念并不是由他的亲身经历引出来的，而是由他的兴趣、间接了解和想象造成的。当他亲临九寨沟的时候，他才会对那里有一个真正清晰的焦点认识和感觉。他会发现地图上标记的道路比想象中还要曲折艰难，那里的水之美是根本无法想象出来的，那里的藏族姑娘并不愿意嫁到大城市去。这样，通过实际比较与综合之后，他就会重新组合自己对九寨沟的观念，形成一个更加符合实际的九寨沟观念。

知识生成的外显逻辑过程：准备—酝酿—启迪—验证。知识生成的内在逻辑过程：对问题的朦胧信念—求知欲驱使—确定焦点—感知—观念重组。这两个过程表明，知识的生成是言述与意会的结合，是逻辑与非逻辑的共同作用。在整个过程中，意会占据非常重要的地位，尤其是在进入言述化阶段之前。

按照波兰尼的意会认知论思想及其理路可以总结出一个明晰的知识生成意会路径：个人信念—求知满足—寄托—"三位一体"意会认知—观念重组—普遍有效性检验—知识。这个意会路径的粗线条是这样的：个人（科学家）对某个问题或者现象有了一种朦胧的认识，他相信在问题或现象背后隐藏着某种新的规律性的东西，但这个规律性东西对他来说又是朦胧的、模糊的，然而，他对此深信不疑，因而持有对此规律性东西的个人信念。这种个人信念在个人（科学家）的求知满足等内在激情的驱使下使个人（科学家）具有把个人信念转变为现实的强烈欲望，在这种激情的作用下探索得以深入。但是，信念是朦胧的、模糊的，激情也是主观的，而要追求的规律性却是实在客观的。在这种情况下，个人（科学家）把该信念予以寄托，也就是把它悬置起来。悬置并不是最终解决主观性的途径，它反而增加了主观性。悬置并不是等待别人去解决问题，仍然需要个人（科学家）本人去解决，因此个人（科学家）必须对寄托这种行为做出承诺，承诺对该信念的真实性、普遍有效性负责。以个人（科学家）对知识的责任、个人从事科学研究的良心以及个人对人类知识所担负的使命为约束条件,来保证整个过程在不断向真实性和普遍有效性迈进。在寄托的过程中,个人(科学家)充分发挥个人的"三位一体"意会认知能力,在各种言述手段和意会认知的共同作用下,对问题或现象进行焦点和非焦点的认知,通过内居其中而获得对该问题和现象背后规律性的探索,最终在意会认知的作用下形成了对此规律性的观念。经过观念重组和言述化后,该规律性的东西从背后浮现出来,从隐性转变为显性。显性化的规律性经过普遍有效性检验之后,在科学共同体内部获得承认,最后成为知识,从而被传授和被学习。整个路径是一个从主观性到个人性再到客观性的人性化知识生成路径,也是一个从意会最终到言述的客观性综合路径。这个路径显示了知识如何由个人创造,以及知识如何从个人性走向普遍有效性。

本研究前面的相关章节里,对整个过程中的个人信念、求知满足、承诺、责任、良心、使命、"三位一体"意会认知、观念重组等都有论述,此处不再重复上述相关过程,只着重论述寄托在这个路径中所起到的作用。

波兰尼在提出和阐述了信念这个概念之后,又提出寄托这个和信念同样抽象的词语。在他那里,信念和寄托不仅仅是抽象的词语,也是可实践的行动。这两个一样抽象的词语之间有什么关系?在个人实践中它们又是如何各自行动的呢?这是理解波兰尼知识观的一个重点。

按照波兰尼的观点,信念、求知满足感、承诺、责任、意会知识和言述知识是知识生成的充分条件。有了这些条件,科学家就能充分发挥其个人性,将个人的一切能动因素调动起来为科学发现服务。在波兰尼的意会认知论中,信念占据重要地位,但信念只是一种精神动力,是一种发现者在其发现历程中克服重重困难激发个人潜能的支撑,它不具有实际的标准,没有解决具体问题的功效,对于发现者个人来讲也没有正误之分。因此,发现者无法依据自己持有的信念来确定自己正在做的工作是否正确,自己认为有成就的东西是否就是一项新的发现,他完全可能在个人信念的引导下耗尽心思做了一件并不是发现而是浪费时间的事情。

然而,波兰尼并不愿意发现者去做徒劳无益的事情,不支持他们去追求对人类没有实际价值的知识,也不承认自己持有的信念是不合理的,更不愿意在自我信念支配下提出来的一个研究纲领被"威胁着要陷入主观主义中去"[①]。

---

① Michael Polanyi, *Personal Knowledge: Towards a Post-Critical Philosophy*, University of Chicago Press, Chicago, 1958, p299.

第 5 章　从言述到意会——知识生成的意会历程

他要求求知者（也就是发现者）具有求知责任感，"以负责任的方式持有这些信念"①。这样一来，求知者（发现者）就必须要有一个可以评价自己工作的标准，凭借这个标准来评价和指导自己的努力，使自己的信念落到实处。于是，发现者的信念和发现者赖以评价其发现的标准在一个真正的发现过程中被联系起来。

发现者的信念和评价发现的标准是通过何种方式联系起来并且在实践中运作的呢？波兰尼提出了寄托这个概念框架和寄托这种行为。波兰尼认为，在个人信念支撑下提出的命题是个人性的，完全没有必要从一开始就必须接受普遍性检验。但是，为了避免陷入主观主义，"这个命题要和它的另一极即它所指的事物保持联系"。于是，联系二者的纽带——寄托应运而生了（见图 5-1）。

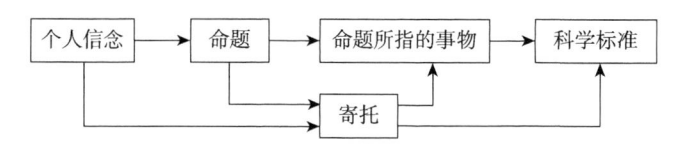

图 5-1　波兰尼意会认识的寄托路径

寄托一方面连接着命题与命题所指的事物，另一方面也联系着另外的两端——个人信念和科学标准。个人信念是一个形而上的东西。科学标准是一个在一定历史时期相对固定的判断标准，它被科学共同体用来判定一个具体的理论、规律、命题、假说是否具有普遍有效性。一个形而上学的东西和一个只针对具体事物的判断标准显然无法发生直接的判决与被判决关系，波兰尼用寄托把它们联系起来，使二者具有了连贯性。波兰尼认为，从事某种科学探索的科学家在把个人信念变为现实的过程中，赋予自己的主张和标准与个人无关的地位。科学家之所以这样做，是因为作为科学家他内心默认这样一个基本标准——科学是在与个人无关的情况下建立起来的。如此一来，科学家就陷入了自我设置的矛盾怪圈——一方面极力追求个人信念，另一方面又极力消除个人性。脱离这个矛盾怪圈的办法就是寄托。波兰尼认为寄托行为的第一步是个人选择，也就是追求和实现个人性。第二步才是寻求和最终接受个人提出来的东西的普遍意义，也就是消除个人性。这样寄托行为实现了从求知刻度尺低端到高端的连贯。

---

① Michael Polanyi, *Personal Knowledge*: *Towards a Post-Critical Philosophy*, University of Chicago Press, Chicago, 1958, p299.

但是，在波兰尼那里寄托行为的第二步又与严格按照科学标准进行判决有一定的区别。严格按照科学标准来进行科学活动是客观主义的理想，波兰尼反对客观主义的这个理想。他认为，"没有人能够知道普遍的求知标准，每一个科学家只能在自己所知的领域内，通过承认科学标准来对自己的个人信念负责"。[1]这样寄托行为的第二步就不具有绝对客观性而只有相对客观性，也就是说，寄托行为的第二步仍然具有个人性，还是一个持有信念的行为在延续。在波兰尼看来，因为不存在绝对的客观性和普遍的求知标准，科学家的科学活动是在"自我寄托的情境下谈论事实、知识、证据、现实等"[2]。但是这种寄托行为又不是完全主观和完全个人化的，它是在科学家对事实、知识、证据、现实等的探索过程中构成的，具有客观基础，对科学家本人存在约束力，它不可能在科学家不相信和客观事实不存在的情况下发生，科学家仍然要尊重事实和遵循一定的科学标准。这种既存在个人性又消除主观性还尊重客观性的寄托行为，在波兰尼看来才是"探讨普遍有效的东西的唯一途径"[3]。于是，寄托使信念和科学标准之间具有了连贯性，寄托把信念和科学标准有机地联系起来。

波兰尼认为，求知寄托的个人性既非主观又非客观。在求知过程中，个人要服从外在于自己的世界，求知是个人对于自己主观世界之外的现实世界的认识活动，"就个人因素服从于它自己认为是独立于自己的要求而言，它不是主观的"[4]。但这种个人性也不是客观的，因为在求知过程中，它始终受到"个体的热情引导"[5]，尤其是在求知新发现时期，对某种知识的发现方式、发现程序和断言完全依赖个人的信念、情感、心理、知识积累等个人因素，而不是像后期对于该种求知新发现进行辩护和检验那样遵循一套客观的程序和方法。在此，波兰尼道出了一个既非客观又非主观的认识论，一个既唯心又唯物的认识论，一个看似矛盾却真实可信的认识论。它与人们以往常规的二元割裂认识论相区

---

[1] Michael Polanyi, *Personal Knowledge: Towards a Post-Critical Philosophy*, University of Chicago Press, Chicago, 1958, p303.

[2] Michael Polanyi, *Personal Knowledge: Towards a Post-Critical Philosophy*, University of Chicago Press, Chicago, 1958, p303.

[3] Michael Polanyi, *Personal Knowledge: Towards a Post-Critical Philosophy*, University of Chicago Press, Chicago, 1958, p303.

[4] Michael Polanyi, *Personal Knowledge: Towards a Post-Critical Philosophy*, University of Chicago Press, Chicago, 1958, p300.

[5] Michael Polanyi, *Personal Knowledge: Towards a Post-Critical Philosophy*, University of Chicago Press, Chicago, 1958, p300.

别，独自形成了一套有机的认识论。波兰尼的认识论架起了主观和客观之间相互交通的桥梁，填平了主观与客观之间的"逻辑鸿沟"。他认为，"它超越了主观与客观之间的裂缝"[1]。

波兰尼认为，超越主客观裂缝并且有机连接主客观的重要因素是个人性。个人性在整个知识生成过程中始终都有充分体现，只是其作用程度在从主观到客观的过程中逐渐减弱。

发现的最初阶段，"从一个隐藏问题最初的前兆到探讨这个问题的全过程以至问题的解决，这一发现过程都受到个人幻想的引导，并且得到坚定的个人确信的维持"[2]。在发现的整个过程中，个人性依次体现为：个人信念、个人求知热情、个人冲动、个人幻想、个人判断、个人的意会认知、个人辩护。

知识生成本身是一个从低端到高端的求知过程，波兰尼把求知过程中个人成分的多少作为划分"求知刻度尺"低端与高端的标准。"求知刻度尺"是一个用来评价从主观到客观的尺度，整个刻度尺没有明确量化的刻度，也不具有现实的可操作性，但却非常清晰，也容易理解。波兰尼认为，"在求知刻度的低端，是对个人原欲的满足。不受自觉的个人判断的引导，是求知者自己内部的个人冲动。在求知刻度的高端，由于各种智力形成的原因不同个人参与趋于减少，形式化成为理想，一切个人的痕迹几乎都被从其表现形式中清除掉了"。[3]

个人为解决一个言述问题的自觉和不懈努力把求知低端和求知高端联系起来，使得人类的认知具有了从天生（本能）冲动到言述思维的连贯性。波兰尼认为，科学在这方面"可算是一个主要的例子"[4]。一个科学发现者凭借其个人的信念、热情和已有知识，为了满足个人的求知欲，自觉地去寻求问题解决的方法和问题的答案。此时，他处在求知层次的低端。当他有所发现，并且把问题的解答公诸于世的时候，他就进入了求知层次的高端。此时，他要面临一套消除个人性的程序化检验，这个检验使得在求知低端的个人原欲满足转化为求

---

[1] Michael Polanyi, *Personal Knowledge: Towards a Post-Critical Philosophy*, University of Chicago Press, Chicago, 1958, p300.
[2] Michael Polanyi, *Personal Knowledge: Towards a Post-Critical Philosophy*, University of Chicago Press, Chicago, 1958, p301.
[3] Michael Polanyi, *Personal Knowledge: Towards a Post-Critical Philosophy*, University of Chicago Press, Chicago, 1958, p301.
[4] Michael Polanyi, *Personal Knowledge: Towards a Post-Critical Philosophy*, University of Chicago Press, Chicago, 1958, p301.

知高端的普遍承认和接受,也就是促成了从个人性向普遍性的过渡,实现了个人性与普遍性的无缝衔接。

求知寄托的两极联系着个人信念与科学标准、个人性与普遍有效性。在求知过程中,寄托行为实现了个人性与普遍有效性的辩证。波兰尼认为,"寄托的两极即个人性与普遍性是互相关联的,所以,我们可以想象它们同时起源于无我主观的一种先行状态"。[①] 在科学发现之初,发现的个人在既没有直觉也没有灵感,也就是处于毫无线索的时候,相对于他将要做出的具体发现而言,是一种无我或者自我模糊的主观状态,这种状态在时间上先于个人判断和普遍性追求。此时科学家可能持有某种模糊的信念,他的心灵或者知觉都在无目标地游移,他无法区分信念中的事物是真实还是虚构,他不可能就此刻意地做出个人判断和普遍性追求,也不可能对信念中的事物负责任,只是在寻找线索。此时,"科学家可能处于类似于婴儿的'我向思考期'或者'自我中心期'"[②]。一旦产生了灵感或直觉,抓住了线索,针对具体的线索和事实,信念才可能在寻求事实的基础上逐渐清晰和坚定起来,之后再进入个人判断和普遍性追求这个过程中去。

波兰尼认为,在无我主观状态下感知通常自动发挥寻找线索的作用。个人可能要在一个或者多个可选目标之间做鉴别(或在矛盾之间做选择)。此时,个人持有的任何一种特定的思维方式和认知方式都有可能对被发现事物的任何可选想象产生暂时屏蔽。也就是说,"观察渗透理论"在此刻悄无声息地发生作用。此时,既原始又主观的个人感知和个人既有的经验、知识等综合起着寻找和判断线索的作用。如此一来,个人感知和个人判断的主观性就凸现在批判者的眼前,这自然会遭到客观主义与实证主义判断标准的批判。然而,一项科学发现事实就是这样的。科学家从抓住一个隐蔽的线索,到对这个线索背后隐藏的事实具有信心并持有信念,这个过程都只属于科学家个人,都是他个人的首创,"迄今为止唯独他一个人持有"[③]。所以,这个过程必然是个人的和包含主观的,也是不可批判的。因为它既合理又有效。批评者只能对其公布的事实和结

[①] Michael Polanyi, *Personal Knowledge: Towards a Post-Critical Philosophy*, University of Chicago Press, Chicago, 1958, p313.

[②] Michael Polanyi, *Personal Knowledge: Towards a Post-Critical Philosophy*, University of Chicago Press, Chicago, 1958, p313.

[③] Michael Polanyi, *Personal Knowledge: Towards a Post-Critical Philosophy*, University of Chicago Press, Chicago, 1958, p311.

果进行批判和检验，而刻意针对其思路和方法进行的批判显得既滑稽又不合理。

波兰尼认为，个人在发现之初的感知判断和他在科学研究过程中的责任感之间具有完整的连续性。也就是说，具有个人性和主观性的个人感知判断是在为追求客观性服务，而不是一味凭着个人主观前进，越来越背离其追求普遍性的意图。随着科学发现过程的深入，主观性在追求普遍性的责任感强制之下逐渐边缘化，个人性逐渐向普遍性过渡。

但是，在这个过程中最为重要的个人判断并不是带领发现者朝着客观性方向笔直地前进，而是可能把发现引入歧途，产生错误的判断。产生错误判断有两种可能，一是在时机条件不成熟的情况下轻率仓促下判断，二是当断不断失去时机。

在科学发现的过程中错误的个人判断是允许的，也是可以改正的。当一个人在做个人判断的时候，他处在一个有限的外界条件和内在条件的双重限制下，他不可能对自己正在做出的判断加以改进，只可能就此做出判断。"因为他在做出这一判断时已经尽到了最大的努力"，判断的"结果可能是错误的，但这是在当时的情况下所能达到的最好结果"。[1]

波兰尼认为，对于一个科学发现者来讲，抓住个人判断的时机非常重要。在避免判断的仓促和轻率的情况下，及时下判断也非常重要。虽然个人判断有产生错误结果的可能，但是他并不主张可能产生错误结果就推迟个人判断或者不要个人判断，而是坚持要把握时机，抓住机会。他认为判断的根据是否充分和判断的正误没有必然的逻辑联系，"进一步犹豫的危险必须与仓促行为的危险一起来权衡考虑"[2]。错误是与现实接触的必然产物，如果由于担心错误而推迟判断，实际上是在断绝与现实的所有接触和堆积危险，这样既无法有效进行发现也可能造成个人心灵的失敏和麻木。这样，科学家个人的敏锐、责任、使命等因素促使他必须抓住时机，迅速做出个人判断。在寄托行为中追求普遍有效性的责任感和普遍性意图是消减主观性和个人性的保证。

在科学发现过程中，问题的出现是不可预测的，也是无法划定其范围的，问题常常在意想不到的时间、地点出现。发现者在自己的寄托框架之内进行个

---

[1] Michael Polanyi, *Personal Knowledge: Towards a Post-Critical Philosophy*, University of Chicago Press, Chicago, 1958, p314.

[2] Michael Polanyi, *Personal Knowledge: Towards a Post-Critical Philosophy*, University of Chicago Press, Chicago, 1958, p314.

人判断时完全可能产生对问题的错误见解，即使是正确的见解，"它的未来范围和意义在很大程度上还是不确定的"[①]。面对问题与见解的不确定性，发现者是如何应对的呢？

波普尔认为，可以通过大胆猜测和严格反驳来解决科学问题。这无疑是一个非常明确具有极强操作性的程序和方法，但他只提供了一个原则性的程序和方法，却没有说明这个程序和方法依赖的基础。无法解释知识层次不同和知识积累不同的人在面对同样问题时迥异的思路和悬殊的能力，也不能很好地解释同一个人面对同一个问题为什么会先后产生不同的猜测和可以利用不同的反驳手段。

波兰尼成功解答了波普尔没有解决的这个细节。他认为，个人判断要依赖个人的隐性知识。个人判断正确与否、个人判断能否抓住时机、个人判断主客观成分的多少，都与个人的隐性知识有非常大的关系，个人的隐性知识是求知过程中从主观走向普遍有效的支持。按照波兰尼的观点，不同的人在同样问题面前思路和能力的差异与悬殊实际上就是隐性知识的差异与悬殊。同一个人在相同问题面前的前后差异也是由个人隐性知识的发挥造成的。波兰尼认为，隐性知识具有不可言述的能动性，它们在求知活动中悄无声息地起着作用。这些隐性知识具有吸收新经验的能力和改造自身知识结构以把握现实的能力。人们之所以敢于进行猜测与反驳，就是因为这些知识给予了他们胆量。在面对不断变化的世界时，这些隐性知识能够重新解释人们已经接受的知识以应对新事物，它成了人们应对变化的一种自我依赖。于是，在求知寄托过程中，隐性知识是主客观的黏合剂，也是从主观到客观的推进剂。

个人在对事物做出判断的时候，可能出现这四种情形：（1）客观上合理的正确判断，这些判断来自在真实的体系内取得的正确推理；（2）具有正常标准的错误判断，就是合理的错误，即在真实的体系内产生了错误结论；（3）主观的、虚幻的判断——主观上合理的错误判断，因其正确运用一个错误的体系而得出的结论，但其结果具有主观有效性；（4）精神错乱的思维中毫无意义的判断，特别是在精神分裂症中观察到的不连贯与迷乱[②]。波兰尼认为，这四种情形

[①] Michael Polanyi, *Personal Knowledge: Towards a Post-Critical Philosophy*, University of Chicago Press, Chicago, 1958, p316.

[②] Michael Polanyi, *Personal Knowledge: Towards a Post-Critical Philosophy*, University of Chicago Press, Chicago, 1958, p363.

分别对应着知识的四种来源与四个等级，其真实性、准确性、可靠性、普遍有效性逐次降低。

通过这四个层次获得的知识并不是知识的最终形态，波兰尼认为还有高于它们的上层知识。波兰尼指出，上层知识是位于上述四种知识等级之上的第五知识等级。"我将把整个现代文化和高度言述性的共同体视为上层知识的一种形式。因此，除去关于科学和其他事实性真理的种种体系之外，这种上层知识还将包括一切被自己的文化中的人们连贯地认为是正确和优秀的东西。"① "这个等级的知识不受认识它的人们的批判性鉴定，它的大部分被人们不知不觉地接受下来，主要是人们相信拥有这种知识的人的权威性。"② 人们不是制定标准去评判具有这些知识的权威，而是服从这些知识权威制定的标准并以这些标准作指导。

于是，在对上层知识的真理性和普遍有效性进行维护与追求这个人类的共同理想的作用下，所有的个人知识最终走向上层知识，所有的上层知识通过传播最终内化为个人知识。波兰尼成功而且独具创新地向人们讲述了知识生成的意会历程。

意会认知生成的个人知识，在对于某个问题的解决和发现，取得普遍有效性并成为知识的时候，当某种独特技能在实践中取得实质性成果，并被认可为这方面的权威之后，这些知识和技能就会被广泛传授和学习，成为人们津津乐道的事情。现代知识技能的传授与学习主要使用言述方式和意会手段，视具体情形二者在其中发挥不同程度的作用。波兰尼认为，知识技能的传授与学习过程是一个以信托关系为基本关系，意会认知贯彻始终的过程。

知识技能的传授与学习实际上是传授者与学习者之间的一种交流，这种交流需要一定的条件。在交流过程中，交流双方为了理解对方，掌握讲话者所讲述的信息内容和对讲话者的注意，一定要在讲话者和听话者双方都熟悉或者具有相似经历的环境下（如相似的词语、场境、行为习惯等）才能够继续和深入，否则不能达到交流的目的。也就是说，当说者与听者双方都觉得自己在运用同一个可以理解和操作的符号集时，交流才有发生的基础。

---

① Michael Polanyi, *Personal Knowledge*: *Towards a Post-Critical Philosophy*, University of Chicago Press, Chicago, 1958, p375.
② Michael Polanyi, *Personal Knowledge*: *Towards a Post-Critical Philosophy*, University of Chicago Press, Chicago, 1958, p376.

在知识技能的传授与学习过程中传授者与学习者之间，由于所掌握的信息内容具有绝对差异，因而形成了一种非对等的主次地位关系。传授者是学习者的权威，学习者对传授者的接受与认同是建立在学习者对传授者的信心和寄托之上的。一次信息内容不完全透明的交流，暗中造成了传授者相对于学习者的权威地位。

波兰尼认为，在一次具有权威地位的交流中，如果权威把自己的信念强加在别人身上，而这种信念在被反思的时候又是虚伪的、狭隘的、不具有普遍性的话，权威的合理性就会受到怀疑。同时，也会出现学习者的信念动摇和信念困境。这种情况，不存在学习者对于传授者的信心与寄托，也不隐含学习者对于传授者的意会接受与认同。"只有当且仅当对权威和信心的这些综合设想在事实上得到证明时，一次真实的交流才会发生。"[1]

按照波兰尼勾勒出来的交流图景，经验知识（更多是技能）的传授较之于纯粹的言述知识的传授，对权威的信心与寄托有更为充分的体现。同时言语的意会系数通过非言语的交流得到传达[2]。也就是说，意会在知识技能的传授与学习的过程中起着重要的作用。

波兰尼勾勒出了知识技能传授和学习的一个信托关系与意会路径，如图5-2所示。

预先入伙 → 信心寄托 → 模仿权威 → 成功交流 → 纯欢乐神契

图5-2 波兰尼勾勒的知识技能传授与学习的信托关系与意会路径

现代文化种类繁多、分支细密，具有高度的言述性。宗教、哲学、科学、艺术、工程技术、手工艺等的利用、学习、传承需要大量的人力资源，这些不同部类的现代文明掌握在一大群独具专长并能使用这些言述手段的专家手中。文明的传承需要通过他们的传授来进行。然而，那些需要吸收知识和经验的学习者并不是对所有部类的人类文明都充满兴趣。这既不可能，也不现实。他们通过自己的兴趣和爱好等因素来选择不同时期自己需要学习的部类，这样才使得文明传承成为可能，于是分类学习与入伙部类就成为必然。

---

[1] Michael Polanyi, *Personal Knowledge: Towards a Post-Critical Philosophy*, University of Chicago Press, Chicago, 1958, p206.

[2] Michael Polanyi, *Personal Knowledge: Towards a Post-Critical Philosophy*, University of Chicago Press, Chicago, 1958, p206.

第 5 章 从言述到意会——知识生成的意会历程

波兰尼把一个人对另一个人具有极强的信心，并且愿意接受他的知识技能传授称为预先入伙①。他认为，知识技能的传授，"只有在一个人对另一个人具有极强的信心的时候，即徒弟对师傅、学生对教师、听众对杰出的演说家有信心时才能被接受。"②新手对于庞大的知识经验体系的吸收，只有通过预先入伙行为才能进行下去。这样，新手和传授者就构成了一个欣赏共同知识经验、承认其价值并按照其标准行事的共同体。新手就是这个共同体内部的学徒。于是，一种默认的师承关系得以建立。这种自愿入伙构成的共同体，以新手对于传授者的权威予以默认为前提。

新手或者学习者对于他将要学习的知识经验体系知之不多或者一无所知，他们和发现者类似，与问题解决者却不一样。波兰尼认为，问题解决者的信心主要来自他先前具有的知识。而学习者对于将要学习的知识经验体系，并不存在先有知识和经验，他们的学习同样需要信心。这个信心并不是学习者感觉自己有没有能力，能不能掌握未知的知识经验体系，而是学习者能不能断言他学习到的东西就是正确的，就是真理或者相对真理。在对事实的信念中，学习者几乎不可能拿出直接的证据证明所学知识经验体系的合理性。因为学习者是以第二手的形式掌握已经建立的知识经验体系，他们所学的知识经验体系是经过所在领域的权威人士过滤、组织和建构起来的，而不是经由学习者本人。

波兰尼认为，学习者对于所学知识经验体系的信心是寄托在权威身上的。"学习者以他自己对别人的信心为基础来暗示自己，从而进行学习。这就是对权威的接受。""在绝大多数场合，我们的信赖都是寄托在相对少数的，具有广泛认可的名望人物身上。"③波兰尼进一步肯定了这种对于权威人士和名望人物的信心寄托的广泛性和有效性，他认为，"在当今社会，思维的培养完全依赖于这种信心寄托"④。

---

① Michael Polanyi, *Personal Knowledge: Towards a Post-Critical Philosophy*, University of Chicago Press, Chicago, 1958, p207.
② Michael Polanyi, *Personal Knowledge: Towards a Post-Critical Philosophy*, University of Chicago Press, Chicago, 1958, p207.
③ Michael Polanyi, *Personal Knowledge: Towards a Post-Critical Philosophy*, University of Chicago Press, Chicago, 1958, p208.
④ Michael Polanyi, *Personal Knowledge: Towards a Post-Critical Philosophy*, University of Chicago Press, Chicago, 1958, p208.

对权威寄予了信心之后,接下来就是学习者学习权威所掌握的知识和技能。此时的学习者所采用的学习方式与前面论述的三类学习方式并不相同,学习者采用模仿的方式来学习知识和技能。

模仿是建立在传授者与学习者这种非对等关系基础上的一种重要的学习方式。心理学认为,模仿是依照别人的行为样式,自觉或不自觉地进行仿效,做出同类或者类似的动作或者行为的过程。人在掌握语言和各种技能的过程中,以及艺术学习的最初阶段,常常借助于模仿。社会学认为,模仿是人们自觉或不自觉地重复他人行为的过程,通常在不受外界控制的条件下由一定的社会刺激引发。G.塔尔德等人认为:模仿是社会赖以存在和发展的基本原则之一。通过模仿产生了群体的规范和价值。"世界重演规律"在动物中通过遗传实现,在人类社会则通过模仿。[1]模仿也是社会风尚、风俗、习惯等的形成方式之一。

模仿是一种自觉和不自觉的行为,一次成功的模仿就"是一次非言述层次上确实的知识交流"。波兰尼认为,"一切本领都是通过运用智力模仿别人的实践而学到的"[2]。在模仿这种学习方式中,意会起着非常重要的作用。在言述性较强的知识学习过程中,学习者通过模仿传授者的思维方式和逻辑路径来获得知识。在意会性较强的技能学习过程中,学习者主要通过意会来模仿传授者的关键动作,并且通过意会这种方式来检验自己的学习效果。

可以说,没有意会就不产生有效的模仿,模仿者也不可能真正掌握要学习的知识或者技能。在知识技能传授的过程中,通过模仿进行的学习实际上就是交流。传授者通过语言、行为把一门知识或者一种技能传授给学习者,学习者也通过语言和行为的模仿习得知识或者技能。尤其是在师承关系极强,带有秘传性质的行家绝技传授与习得方面,比如川剧的变脸、黑瓷的烧制技术等模仿必不可少。

当一个人在决定自愿与某方面的权威结成传授与学习的关系那一刻,他已经把自己习得该项知识或者经验技能的信心寄托在这个权威身上了。在进一步的学习中,他可能更加深入地继续对权威寄予信心,同时自身对掌握该项知识和经验技能的信心也在逐渐增强。但他也可能对权威逐渐减少信心,对自身习得该项知识、经验技能的信心越来越弱,对权威不断增加质疑。产生上述结果

---

[1] 辞海编辑委员会编:《辞海》缩印本(音序),上海辞书出版社2002年版,第1185页。
[2] Michael Polanyi, *Personal Knowledge: Towards a Post-Critical Philosophy*, University of Chicago Press, Chicago, 1958, p206.

的可能性原因有很多，抛开权威者并不权威、学习者学习能力低下、学习者兴趣发生转移等因素，其中一个重要的原因就是学习者没有和传授者达成有效的沟通。造成无效或低效沟通的原因是他们相互之间的默契程度还不够高，亦即在传授者一方可能是传授者表达意会知识和经验技能的能力还不够高，在学习者一方可能是学习者自身意会能力低下等。

波兰尼认为，知识技能的传授通过言述与意会、口语与模仿等方式在传授者与学习者之间形成了这样的状态——两者都能够对对方的话语和行为进行正确的理解和运用并且对权威和信心的综合性设想在事实上得到证明后[1]，成功的交流就发生了。成功的交流意味着学习者对传授者的知识技能进行了有效的学习，各自的信心得到加强，相互的默契更为完美，彼此对话语和动作的意会在情境中更加准确到位。

波兰尼认为，在交流取得成功之后，传授者和学习者之间的关系发生了升华。信任感加深、获得强烈满足感、热情增加、经验得到共享、相互默契并且影响，这些升华更多是以各种情感的方式展现出来，并且以种种形式反映在全过程中，相互之间最终形成一种亲密的伙伴关系或者伴侣关系。这种关系给双方带来欢乐，波兰尼把这种伙伴关系称为纯欢乐神契[2]（pure conviviality）。他认为这种关系普遍存在于人类和动物之中，是先于言述更为原始的关系，就是这种关系使得人类的言述性遗产和经验技能代代相传。[3]

波兰尼把纯欢乐神契分为两种，一种存在于一个人与另一个人之间，另一种存在于共同生活的一个群体之间。在群体之间人们通过分享经验、彼此合作而培养和扩大这种良好的伙伴关系，从而"促使这一群人的联合活动更加有效也更加具有实际的用途"[4]。

纯欢乐神契给意会行为的发生创造了条件，使意会的发生具有一个良好的人际基础。同时，意会又是纯欢乐神契得以实现的一个重要纽带。可见，意会与纯欢乐神契之间互为条件、不可或缺。波兰尼认为，在纯欢乐神契情境中人

---

[1] Michael Polanyi, *Personal Knowledge: Towards a Post-Critical Philosophy*, University of Chicago Press, Chicago, 1958, p206.
[2] 许泽民把"conviviality"译为"欢会神契"，本书译为"欢乐神契"。
[3] Michael Polanyi, *Personal Knowledge: Towards a Post-Critical Philosophy*, University of Chicago Press, Chicago, 1958, p209.
[4] Michael Polanyi, *Personal Knowledge: Towards a Post-Critical Philosophy*, University of Chicago Press, Chicago, 1958, p211.

与人之间的意会互动得以展现。"这些互动促成了交流,促成了知识经验的代代相传,维护了言述的大众意见。"①

知识与经验以人这个中介代代相传,又因人而发生变化。所有可传授的知识与经验都要面对这样一个事实,那就是一切知识最终都要内化为个人的种种能力才被认为有效。这其中就涉及言述知识的意会化这个问题,它不同于知识技能的传授与学习的信托关系与意会历程,主要体现出知识和技能这些东西被主动和被动吸收之后在个人身上的作用结果。

言述知识的意会化是从知道是什么、为什么向怎么做的转化,这种情形在人类生产生活实践中相当普遍。波兰尼认为言述知识的意会化是公共性言述知识向个人知识的转化,向个人意会知识和意会技能的转化。言述知识越丰富的人,他的意会知识与意会技能可能也越强大。

第一,言述知识的意会化表现为学习转移。波兰尼说:"动物一旦学会了某种新东西,它随后所发出来的每一个反应都可能会在某种程度上受到它以前获得知识的影响。这一事实,就是学习转。"②在我们的现实生活当中常常有这样的现象,比如受到某种习惯性动作影响,被一种习惯性思维干扰等。这实际上是获得技能与获得知识被我们意会化之后产生的效力。某种技能和知识一旦被我们掌握并加以运用之后,它就从外在的、言述的意会化为我们自身内在的非言述的意会知识。

第二,言述知识的意会化表现为个人技能的提高、解决问题能力的提升和他人的承认。"所有这一切都需要智力,正是智力在行使这些意会技艺的过程中,用于这一过程的形式操作得到了执行人的认可,其结果也得到了他人的承认。"③学生通过言述知识的教育掌握了某种理论或者技术知识,他然后能够使用该种理论正确解答题目和解决实际问题。在这个过程中,学生的知识、技能、技术得到提高,获得了自我认可,同时也受到他人的认可。

第三,言述知识的意会化,表现为言述知识的内隐化。我们通过言述知识和言述行为,学习到了关于外部世界的很多知识,这些知识最终内化为个人

---

① Michael Polanyi, *Personal Knowledge: Towards a Post-Critical Philosophy*, University of Chicago Press, Chicago, 1958, p212.
② Michael Polanyi, *Personal Knowledge: Towards a Post-Critical Philosophy*, University of Chicago Press, Chicago, 1958, p102.
③ Michael Polanyi, *Personal Knowledge: Towards a Post-Critical Philosophy*, University of Chicago Press, Chicago, 1958, p84.

第5章 从言述到意会——知识生成的意会历程

的意会知识。一个未进入任何实际操作领域的大学生，他接受的书本教育都是言述的，通过对概念、定理、定律、公式、词语的学习而掌握各种知识。一旦他进入实际操作领域现场实践，若干年之后再进入一个与工程领域毫不相干的其他领域。再经过若干年之后，他可能忘记以前学习过的所有工程术语，但是当他面对一张工程图纸的时候，决不会对这张图纸一窍不通、全然不解。而且在其他场境中，他以前掌握的这些知识可能成为他理解其他事物的一个意会线索。这充分表现了言述知识意会化的特征。

第四，言述技能的意会化，也就是言述技能的内隐化，它使得个人的意会技能得到提升。这在我们的现实生活中是存在的。让一个从来没有接触过自行车的人去学骑摩托和让一个会骑自行车的人去学骑摩托，显然，这两个人对骑摩托车的理解是不一样的。尽管结果可能是两个人都学会骑摩托，但是，在学习过程中，会骑自行车的人与从来没有接触过自行车的人的表现肯定不一样。至少会骑自行车的人比那个从来没有接触过自行车的人多一部分对于两轮车平衡把握的意会理解。这体现出了获得技能的意会化。

"我们的意会能力正是在我们行使自己的言述能力的过程中不断增长。我们的正规教育在一个言述的框架内运作，在我们内心唤起了一套精心培育的感情反应。"[①]波兰尼的这段话讲出了人类言述知识与意会知识的恰当关系。任何人不论是科学家还是孩子，不论是工程师还是普通劳动者，他们都面临一个继续学习、培育和提高个人知识的过程。人类的言述知识与意会知识在一个共同文化框架中增长，同时人类非言述技能在言述技能中的增长，言述与意会彼此互补促进又相互区别。

---

① Michael Polanyi, *Personal Knowledge: Towards a Post-Critical Philosophy*, University of Chicago Press, Chicago, 1958, p70.

第6章　革命性影响——认识论与知识生成焦点的历史性转换

波兰尼的意会认知论是一种具有革命性的认识论，通过这种认识论实现了人们对知识生成焦点的历史性转换和对知识传播、管理、运用的历史性转换。

6.1　认识论的历史性转换

波兰尼哲学思想引领的知识生成焦点的历史性转换肇始于其认识论的革命性。波兰尼意会认知论被称为继笛卡尔、康德之后认识论历史上的"第三次哥白尼革命"。研究波兰尼意会认知论体现出来的革命性及其意义，有助于深入分析和认识其导引的知识生成焦点的历史性转换。

6.1.1　认识论史上的笛卡尔革命和康德革命

"革命"一词最早见于《周易》第四十九卦"革"，卦辞曰："已日乃孚，元亨，利贞，悔亡。"《彖》曰："革，水火相息，二女同居，其志不相得，曰革。天地革而四时成，汤武革命，顺乎天而应乎人。革之时大矣哉！"

唐人孔颖达疏："正义曰'革者，改变之名也。'此卦明改制革命，故曰革也。"

《玉篇》有"革，改也"之说。班固在《汉书》中有"革命创制"语。《史记》《朱子语类》《艺文类聚》等古籍大都采用《周易》的释义。

《现代汉语词典》这样解释"革命"：①被压迫阶级用暴力夺取政权……②具有革命意识的；③根本改革。

"革"有改变的意思，"改革"与"革命"都含有此意，但二者却有很大区别。改革是在原来基础上作修正，主要表现为量变，而革命是对原来基础的摧毁和建立，是破与立的结合，主要表现为质变。从政治上讲，改革是由上向下

第 6 章 革命性影响——认识论与知识生成焦点的历史性转换

的改变,源于政权最高层,他们听取了民众或者被统治阶级的呼声,为适应其经济社会发展而采取的行动。而革命是一个阶级推翻另一个阶级的统治,是改变统治阶级的统治地位,是和过去的旧事物彻底决裂。

由此可知,"革命"是对旧事物的颠覆,是创造新事物。"革命性"就是颠覆性和创造性的统一。所以,思想认识的革命就是一种新的思想认识对旧有思想认识的颠覆和创新。

罗素评价笛卡尔:"他并不接受前人奠定的基础,却另起炉灶,努力缔造一个完整的哲学体系。这是从亚里士多德以来未曾有的事……他的著作散发着一股从柏拉图到当时任何哲学名家的作品中完全找不到的清新气息。"[1]

笛卡尔生活在 17 世纪前期,当时欧洲资产阶级已经登上历史舞台,资本主义生产关系在各国有不同程度的发展。但是资产阶级仅仅在少数地区取得了政权,大多数地方还在封建统治之下。在法国,教会势力严重地阻碍着资本主义的发展。为神学服务的经院哲学敌视科学思想,用火刑和监狱对付先进的思想家和科学家。批判经院哲学,建立为科学撑腰的新哲学,是当时先进思想家追求的理想和任务。笛卡尔率先扛起颠覆经院哲学,创造新哲学的大旗。他指出,经院哲学是一派空谈,只能引导人们陷入根本性错误,不会带来真实可靠的知识,必须用新的正确方法,建立起新的哲学原理。

经院哲学以圣经的论断、神学的教条为前提,用亚里士多德的三段论方法进行推论,得出符合教会利益的结论。这种方法的基础是盲目信仰和抽象论断。在当时,先进的思想家认为,哲学(形而上学)应该是一切科学知识的基础,然而这个基础却并不牢固。经院哲学的理论没有一个不是值得怀疑的,其原理没有一个不处在矛盾之中。笛卡尔认为,要想重建哲学的基础,关键在于科学方法。于是,笛卡尔哲学革命从"怀疑的方法论"着手,重建了形而上学的哲学基础,率先完成了对经院哲学的历史性颠覆。[2]

笛卡尔认为,为了追求真理,必须对一切都尽可能地怀疑,甚至像"上帝存在"这样的教条,怀疑它也不会产生思想矛盾。只有这样才能破旧立新。笛卡尔提出,我可以怀疑一切,但有一件事却是无可怀疑的,即"我怀疑"。我怀疑也就是我思想。既然我思想,那就必定有一个在思想的我,即"思想者",从而产生了著名的笛卡尔论题"我思故我在",该论题成为笛卡尔全部哲

---

[1] [英]罗素著:《西方哲学》(上卷),商务印书馆 2003 年版,第 79—80 页。
[2] 《大百科全书》(哲学卷),网络版"笛卡尔"词条。

学的第一原理。

笛卡尔用怀疑方法颠覆了经院哲学的认识论，开始重建形而上学的基础和理性主义基础，在重建的过程中突出了人在认识论中的主体性原则。"我思故我在"对主体在认识过程中的重视，既为资本主义生产关系和生产方式创造了理论基础，又真正实现了认识论上的突破和创新。在笛卡尔看来，怀疑是一种思想。"我在思想"是一个无可置疑的事实，我在怀疑必然有一个在怀疑在思想的"我"存在。因此，"我思故我在"是一条真实可靠、任何怀疑假定都无法动摇的真理。因此，它无可置疑地当属形而上学的第一原则。

在认识论方面，笛卡尔认为人有三种观念：第一，通过感官从外面得来的，常常是混乱的错觉；第二，理性本身固有的，即"天赋观念"，如几何学原理之类，它有清楚明白的必然性；第三，自己任意制造的，如美人鱼之类，这纯属虚妄。他完全否定第三种观念，对第一种观念持怀疑态度，认为第二种观念必然正确。他认为科学不能只是感性现象，必须是必然的理性认识，这一主张对发展理论科学有积极意义。

笛卡尔哲学思想的革命性体现在对经院哲学形而上学基础的颠覆和创新，他打破了之前以存在和实体为主的哲学认识论，建立了以"我思"为主体的认识论，实现了认识论史上的形而上学基础的革命。笛卡尔以"我思"作为形而上学的第一原理，由此出发确立了上帝存在和物体存在的原理。他的这一创新，标志着西方哲学的一次重大转折，被视为形而上学史上的革命。他的认识论革命为近代哲学打上了深刻的烙印，既奠定了主体性原则，又开创了理性主义的基本特征。笛卡尔唯理论的创立被后人称为认识论历史上的"第一次哥白尼革命"。

康德是德国古典哲学的奠基人，近代西方哲学史上二元论、先验论和不可知论的代表。他的思想使哲学深入到了一个新的理论维度，不仅对近代哲学进行了一次彻底的清理，引发了蔚为壮观的德国古典哲学运动，而且也对现代西方哲学产生了深远的影响。

在《纯粹理性批判》一书第二版序言中康德自比为哥白尼，说自己在哲学中完成了一个哥白尼式的革命。他活跃在哲学舞台的时期，正是以启蒙主义为主导精神的近代哲学陷入困境的时期。康德批判继承了启蒙主义的基本精神，并且将启蒙主义推向了一个新的阶段。他的哲学被人们誉为"哥白尼式的革命"。

第6章 革命性影响——认识论与知识生成焦点的历史性转换

康德所处时期所面临的哲学问题是理性、自由和形而上学的问题。西方哲学从古希腊开始就逐渐形成一种理性主义传统，这种传统认为人们只有通过理性的认识活动，对自然万物形成具有普遍必然性知识，才能达到事实真相，这种传统催生了近代的科学主义精神。但是，随着经验论和唯理论的产生，哲学上的认识论走向了两难境地。经验论从实验科学出发，唯理论从理论科学出发，产生了对知识来源的认识论分歧。两派之间展开了激烈的争论，但他们各自认识论的片面性又决定了他们无法从根本上解决双方的分歧。而近代启蒙主义哲学以崇尚理性、提倡科学和发展知识为己任，经验论与唯理论的争论却使得启蒙主义的这个理想出现了危险。两派的争论不但不能证明科学知识的普遍必然性，甚至动摇了作为科学知识基础的理性根基，使理性本身都成了问题。

更为严重的是，近代哲学在科学理性影响下，形成了机械决定论自然观，哲学家试图将这种自然观推广到人类社会的所有领域。其结果使得启蒙主义的两大支柱——理性与自由发生了尖锐的矛盾：当哲学家把机械论贯彻到人类知识的所有领域时，不仅自由而且人本身的价值和尊严都受到了威胁。

理性、自由、知识问题摆在康德面前，他主张"调和"经验论和唯理论，认为这些问题都与形而上学有着重要的关系。经过长期深入思考，康德受到哥白尼科学革命的启发。如果从外到内的经验实证方法有太多的逻辑上的不完整，那么何不从内到外以先验哲学的方式来解释？如果知识必须符合对象，为什么不把它们的关系颠倒过来让对象符合知识呢？于是，康德认为问题得到了解决。经验为知识提供材料，而主体则为知识提供对这些材料进行加工整理的形式，知识就其内容而言是经验的，但就其形式而言则是先天的。科学知识的普遍必然性由此得到证明。[①] 康德哲学被后人承认是继笛卡尔之后认识论历史上的"第二次哥白尼革命"。

笛卡尔和康德完成了具有划时代意义的认识论革命，他们的革命既颠覆了先前的认识论，又为后来的认识论开辟了基础，既有先进性，又有不足之处。

笛卡尔创造了西方哲学史上的里程碑，他的哲学思想以批判性的反思、科学方法和理性精神完成了对经院哲学的革命，重建了形而上学的基础，为近代机械论自然观奠定了基石，开创了以理性主义为核心的新的时代精神。但是，笛卡尔的哲学思想造成了主客二元对立和身心二分，直接导致了近代人与自然

[①] 张志伟著：《西方哲学史》，中国人民大学出版社2002年版，第534–538页。

关系的恶化。同时，他自己也陷入科学理性与经院哲学动摇不决的两面性之中。

康德的"哥白尼式的革命"以其独特的方式证明了科学知识的普遍必然性，突出了主体在认识中的地位、作用和能动性，但是也产生了严重的理论弱点。如果不是知识必须符合对象，而是对象必须符合主体的认识形式，那么就存在一个不受主体认识限制的"自在之物"（又叫物自体）。而"物自体"的存在最终导致了不可知论。

6.1.2 波兰尼的认识论革命

与笛卡尔、康德一样，波兰尼所处的时代也面临着一个认识论主张混杂和矛盾重重的境况，并且还存在战争频繁、意识形态对峙、精神实质混乱等局面。

近代以来经验论和唯理论两大哲学流派为近现代认识论奠定了基础，尤其是近现代科学技术的高度发展，使得科学技术与这两个流派的哲学思想有了很好的融合。机械论自然观的诞生，对认识确定性和客观性的追求都与这两个流派有着非常直接重大的关系。

近代西方哲学在笛卡尔、康德、黑格尔等人的努力下，建立了形而上学的哲学体系，并由黑格尔把形而上学思想发挥到极致。到了20世纪，几乎所有的哲学都在激烈反对形而上学，实证主义的崛起和一统天下使得形而上学没有容身之地。实证主义和逻辑经验主义的两次哲学运动，使得确定性和客观性成为认识活动和科学活动追求的核心和评价标准。随之客观主义将客观性标准推向极致，继而走向认识的反动。

现代科学的快速发展，尤其是现代相对论、量子力学的发展和耗散结构理论、自组织理论等的发展，给予确定性解释和纯粹客观性标准以有力的回应和沉重打击，实证主义的后继者马赫主义、逻辑经验主义也没能挽回这种颓势，实证主义和客观主义在现代陷入了困境。现代西方哲学在经过认识论转向和语言学转向之后，呈现出流派繁多、思想认识混乱的局面。其间集中出现了新托马斯主义、新实在论、唯意志论、新黑格尔主义、生命哲学、存在主义、马赫主义、实用主义、逻辑经验主义、历史主义、分析哲学、结构主义等。

这些庞杂的哲学派系对认识论的一些基本问题众说纷纭，它们之间呈现出一些共同特点：①唯心与唯物的认识分歧；②形而上学与确定性客观性的认识分歧；③可知与不可知的分歧；④科学与人文的分裂；⑤认识与实践作用的分歧。

第 6 章　革命性影响——认识论与知识生成焦点的历史性转换

对这些认识基本问题的分歧，使得现代哲学亟须革命性的整合与推进。然而，现代西方哲学的新流派——建构主义、知识社会学、女性主义、后现代主义等都无法担当起这个角色，它们的理论虽然在某些方面具有颠覆性，但是却没有足够的创造性和整合力，无法建立现代革命性哲学的大厦。

现代西方社会意识和人们的精神状态亦如其哲学流派一样混乱驳杂，两次世界大战的战火都从欧洲燃起。战后纷乱动荡的社会局面，纳粹国家主义运动和苏联极权主义运动，以及不同国家政党之间相互敌对的意识斗争，直接造成了对人权、自由和人文精神的践踏。从这个角度上讲，也亟须一种新的革命性理论来重建对人权、自由和人文精神的尊重。对这一任务，建构主义、知识社会学、女性主义、后现代主义等一样无法担当。

波兰尼的哲学思想具有解决唯心与唯物矛盾、形而上学与客观性分裂、认识与实践分歧、科学与人文断裂的能力和重建自由、人权、人文精神的作用。波兰尼的哲学思想具有对近现代机械论、客观主义和怀疑论思想的颠覆性，他的意会认知论具有认识论的创造性，以意会认知论为主而建立的哲学框架具有完整的形式和意义蕴含。这些都使得波兰尼的认识论思想同笛卡尔、康德一样具备了"认识论上的哥白尼革命"意义和内涵。

波兰尼哲学思想的革命性和整合力主要体现为：通过对个人主体性的张扬打通了走向自由和人权的道路；通过对客观主义、实证主义和机械论的解构完成了对之的颠覆并且提出了充满人文性的意会认知论主张；通过意会认知论途径实现了身心统一和主客观的统一，构建了人性化科学观，解决了唯心与唯物的分裂；通过意会认知论途径和信托哲学的言述框架架起了科学与人文沟通的桥梁。

把人作为认识和实践活动的主体，并且重视人在实践和认识活动中的主体性地位是从近代哲学才开始的。早在古希腊时期，亚里士多德就用"主体"一词表示某些属性、状态和作用的承担者。之后，"主体"一词有时还在本体论意义上使用，有诸如物质是一切变化的主体、主体结构等说法。这些"主体"都没有从真正意义上指向人。

到了 17 世纪，笛卡尔"我思故我在"哲学思想在真正意义上把人当作认识和实践的主体，把主体的自我意识和客观现实世界对立起来，并以此作为分析认识特别是论证所谓可靠知识的出发点。

康德的哲学思想突出了作为主体的人在认识中的地位、作用和能动性，他认为人的认识能力构成了知识的形式，人的先天认识形式是科学知识普遍必然性的唯一来源。康德进一步把人的认识能力和认识形式分为感性、知性和理性三个层次。

康德之后，黑格尔抽象地发展了主体的能动性。他用"精神"这个概念来表示人的本性，而"精神"又不仅仅是自我意识和个体主体，而是包容一切的具有实体性、历史性、社会性的能动主体。从这种意义上讲，人在黑格尔哲学中的主体地位有所下降。

黑格尔之后的费尔巴哈在批判黑格尔哲学思想的同时，重又提升了人在认识和实践中的主体地位。费尔巴哈的人本学思想反对把人的有机实体排除在主体之外。他认为精神、意识不过是主体的特性，真正的主体是"实在的和完整的人"。

在笛卡尔、康德、黑格尔、费尔巴哈等近代哲学家的思想里，人作为认识与实践的主体受到重视。他们把主体性赋予人，把人上升为认识与实践的核心，对人的主动性、能动性、自我意识、作用都有深入的认识。但是，在他们的哲学思想中作为主体的人，要么是抽象的人，要么是人类，要么是人的自我意识，都没有真正彻底指出作为主体的人就是认识和实践活动的这个人，他们也没有真正深入透彻地对作为主体的人在认识和实践活动中的个人作用和对这种作用做连贯性分析。在这一点上，波兰尼超越了他们，并且实现了对这些认识的颠覆和创新，实现了真正意义上的革命。

波兰尼对主体认识的革命性体现在：第一，将作为认识和实践活动的主体直接进一步指向进行认识实践活动的这个人，进一步明确了主体的指向和提升了主体的地位，把个人与主体紧密联系起来，在其认识论和实践活动中形成了个人主体。第二，波兰尼的认识论中并没有将主体与客体进行严格的对立与二分，甚至没有客体这种说法，而是以个人作为主体在认识活动中实现主体与对象的有机统一。在强化个人主体性的同时，消解了主客体对立。第三，波兰尼主张的个人主体在认识活动中消解了主客体对立与二分，但却在实践活动中强化了个人主体性地位。强化个人在实践活动中的主体性地位，其结果是有机联系并结合了主观与客观、唯心与唯物，最终消解绝对主观和绝对客观，形成一个从主观到客观的开放性连贯认知过程。

这些具有革命性的个人主体主张，在波兰尼的哲学思想中通过一个完整连贯的认知方式和认知途径得以展现，使之呈现出与以往任何哲学思想都不一样的特点。认知的个人在进行认知活动的最初，持有对所要认识的对象的某种信念，这种信念一开始并不是完整和清晰的，而且信念的来源可能是先验的，可能是后天教育的，可能是在某种特殊文化背景中具有的，总之没有固定的方式和模式。持有某种信念的认知个人，在个人的求知热情和满足感的驱动下，继续深入探索该信念。至此，所表现出来的认识和判断绝大多数是主观的、个人的，此时容易被扣上主观唯心主义的帽子。而认知的个人并没有因为所谓的主观性和唯心威胁而停止认知活动，而是从形而上对该种信念予以寄托，从形而下贯彻意会认知论的认知方式和手段。形而上的寄托和先前的信念共同构成波兰尼哲学思想的信托框架，寄托由责任、良心等作保证指向认知的普遍有效性。而意会认知论这种认知方式则展开对对象的焦点意知和附带意知，通过个人内居于对象而使主体与对象之间的关系逐渐从"主—客"的"我它"关系走向"主—主"的"我我"关系。在意会认知的过程中，认知个人的身体和心灵统一服务于认知活动。身体是心灵的延伸和心灵的工具，在认知个人的焦点意知支配下行使支援性功能和附带功能，心灵则调动个人的焦点意知和附带意知从细部深入和整体概貌进行认知，在个人既有知识、经验、技能、意会知识的综合作用下，通过逻辑、形式化、概念化、非形式化等方式形成对认知对象的知识。此时的知识是个人的，而不是具有普遍有效性的公共知识。这种知识还有很多的主观性和个人性，还需要在信托框架内进行连贯性反思。信托框架一头连接个人主观性，一头连接普遍有效性，从主观到普遍有效是其最终追求。在整个认知过程中，由焦点意知和附带意知共同作用的意会认知方式需要依赖个人信念、个人热情、个人判断、个人认可、个人参与、个人责任良心等个人性成分，由此充分体现出个人在认知活动中的重要性和主体性。意会认知最终形成的个人知识，在接受普遍有效性检验之后，一方面以言述方式表现出来，另一方面以非言述的意会知识隐性内化于个人。通过普遍有效性检验的个人知识最终成为令人信服和可以传播的公共知识。

波兰尼哲学思想对个人主体性地位的强调与主张，既体现在意会认知和科学实践的全过程，又体现在其社会政治主张之中。两者的结合显示出波兰尼对人权、人文精神的强烈要求，其最终目的是为了个人的研究自由和人类的自由。

意会认知论在认知和实践过程中，充分行使了个人的自由。认识和实践的个人不受任何外界人为因素的干预，能够充分发挥个人的主观能动性，在认识和实践这个纯粹的领域中实现个人与外部世界的自由沟通，个人的"自由意志"只是受到"普遍有效性"这个道德律令的约束。

波兰尼还把个人研究的自由引向社会政治领域,他竭力反对斯大林统治下的规划科学,对规划科学进行了尖锐的批判。他认为,规划科学是对纯粹科学的扼杀,是斯大林为了达到其政治目的而对研究自由的践踏。这样做,一定会损害科学研究的传统,一定会玷污科学活动的纯粹性。为此,他与主张科学具有的社会功能的贝尔纳进行了广泛而持久的论战,发起并组织清算贝尔纳的组织。反对斯大林统治下的规划科学,反对提倡科学的社会功能,这一切都是为了自由。主张个人性,强调个人在认知和实践活动中的主体性地位,显然具有反对极权规划科学的作用。用认识和实践这些人类最根本的活动来反对政治目的对自由的戕害,既深刻又高明。

主张个人主体性就是为了主张自由,这在波兰尼的哲学著作中有非常明确的体现。波兰尼认为,斯大林统治下的社会运动和纳粹的国家主义运动都是一种扼杀人性和自由的运动,是真正意义上的道德倒位,其实质是一种不道德的运动。它把富于人性的道德附属于政治目的下的物质利益追求,而真正意义上的物质利益追求应该内在于道德之中,受到道德的约束。这种被倒位的道德成了政治目的和物质利益的幌子、遮羞布和掩盖自己不道德行为、煽动迷惑人们的工具。这种倒位之后的道德被用于遏制人性、践踏人文精神、迫害自由和人权。

因而,这种在认识论上具有革命性的个人主体性主张,同时也在社会政治领域具有革命性影响,最终为了认识领域的自由和社会政治生活的自由而服务。

古今中外无论东方西方,哲学史上都一直存在着知觉关系、身心关系、唯心与唯物的认识分歧和分裂,可以说没有一个哲学家真正在自己的哲学思想中实现了对这三者的统一和有机融合。

从柏拉图开始就把世界分为可知世界和可感世界,之后直到现代的客观主义哲学思想把这种区分推到了极致。现代理性主义用实证方法和心理学解释来告诉人们,通过身体器官看见和感觉到的东西往往并不是事物的真相,它反而会欺骗人。因此,现代人普遍都有这样的观念——知识、知道和感觉、看见是两码事,要相信知识,不要轻信感觉。这种意识并不错,但是它却忽视了感觉和知识之间的必然和重要的联系,忽视了感觉是人认识的重要来源,在意识深处不自觉地把可知与可感进行了对立。

同样,身心关系也是历史上哲学非常关注的话题。佛教对身心关系有一个

第6章 革命性影响——认识论与知识生成焦点的历史性转换

彻底的二分，认为我身是肉身，心才是认识和通往极乐世界的途径。笛卡尔以普遍怀疑方式确立"我思"的存在时，就充分暴露出他对身体与心灵的二分。笛卡尔从认识论、本体论上把身心视为两个绝对对立的实体，给后世的哲学思想留下深刻的印记。18世纪法国哲学家拉美特利试图解决身心对立关系，他主张心灵的特性明显依赖于身体的状况，心灵随着肉体的状况而发展变化。最后，拉美特利提出了"人是机器"这样的机械论主张。他的主张既没有从认识论，也没有从本体论角度对身心关系进行新的深层次认识，而是根据经验观察把身心关系放入机械论框架之中再作出新的解释，显然缺乏说服力和理论透彻性。

哲学史上的认识论从古到今，最终分裂为唯心与唯物两大派别。唯心被冠之以主观，唯物被视为客观。知觉的对立、身心的二分直接体现为唯心与唯物的划界原则，在现代大多数人意识中，唯心错误、唯物正确，唯心与唯物之间存在不可逾越的"逻辑鸿沟"。这种意识的存在和传播，直接导致了对唯心、唯物二者关系的普遍偏颇认识。然而，实际的认识和认识论的发展历史却不是这样。唯心先于唯物成为人类认识的基础，之后唯心与唯物共同发展相互渗透，在竞争中相互发展，而不是在每一个哲学家或者每一种哲学思想中都像现代人认识这样泾渭分明。孔子的认识论思想中既包含唯心成分，又包含唯物成分，既体现了唯心认知的合理性，也体现了唯物认知的合理性。爱因斯坦相对论的发现就是从唯心到唯物，唯心走向唯物的最好证明。康德力图结合先验和经验，感性、知性和理性来让人们获得具有普遍必然性的客观知识，实现唯心与唯物的统一。但他构建的形而上学体系最终因为无法认识"物自体"，而存有遗憾带有瑕疵。

在人类实际的认识过程中，知觉、身心、唯心与唯物是在共同发生作用的。然而，作为人类认识成果的哲学思想却把它们分别对待。历史上的哲学家没有很好地发展它们之间有机联系，最终走向其中一个极端。而后现代哲学思想根本就一反常态，不以它们作为自己哲学的主体，也不以唯心、唯物走向作为自己思想的旨归，只重在对人及其社会大加解构。究其原因在于，哲学家还没有发现联系它们的切实通道，或者发现了没有给予充分的认识和剖析。

波兰尼完成了这个哲学史上的课题，他的意会认知论主张和由意会认知论主张引发的实践活动把它们很好地结合起来了，并且发展成为具有革命性的认识论体系。

在人的认识活动中，以上三种关系总的来说呈现这样的情形。"觉"在认识中以感觉、感知、直觉、灵感等表现出来，"知"在认识中以知道、经验、知识的形式表现和存在。"觉"是人获得对外部世界和自身认识的最根本方式，"知"则在认识过程中对"觉"到的东西进行加工。"觉"就如生产中的原材料，"知"则充当加工厂的角色。而"觉"要依靠"身"来发出或者接收，"知"则要依靠"心"（大脑思维）来进行总的调控。其间，"身"既受到"心"的指挥，又可以反作用于"心"。最后，这些通过加工得来的成品作为认识的结果摆在人们面前，被评判和归属唯心或者唯物之类。波兰尼的意会认知论通过以下途径实现了三种关系的革命性整合和有机统一。

在意会认知过程中，个人对认知对象产生焦点意知和附带意知。"觉"的活动就凝结在这两种意知方式之中，其中附带意知更多表现出"觉"的存在和潜意识运作。"觉"在意会认知过程中起着对焦点意知的辅助性和支援性作用，而焦点意知则以"知"作为认知基础，在"心"的控制下进行有目的、有逻辑、有意识的活动。"身"在意会认知活动中发动"觉"的机能，并且尽力将身外工具与"身"结合，实现"觉"的延伸。"心"则通过内居这种深层次的"觉"把认知对象纳入个人，与个人形成认知活动过程中的一个整体。最后在"觉""知""身""心"的共同分层次作用下，形成了对认知对象的认知结果。然而，这个认知结果充满主观性和唯心主义的危险。其中，无数的个人意见根本无法分清哪里是主观、哪里是客观，也无法决定此时该主观、彼时该客观，这是做不到也不可能的事实。意会认知论的信托哲学就为解决这个问题而生。

"觉"到的事物被当作信念来对待，这种信念完全可能是异想天开或者有理有据。但是，无论如何它在初期都是主观的、个人的、朦胧的、模糊的。它需要被变为现实、形成理论、成为知识呈现在人们面前，但对于这个带有极强主观个人性，甚至随时可能被冠之唯心主义的东西，凭什么要严肃对待还要执着追求呢？意会认知论从心理上对此做出回答，即人为了自我满足而行动，人因为激情而使自己充满动力，人因为具有求知的道德责任而表现出带有主观性，但又为普遍有效性这个目的服务的理性热情。于是，意会认知而"觉"到的结果，在求知的理性热情驱动下，在道德责任的这个隐形目光的注视下，为了求知满足而努力探索。意会认知论把整个过程放入信托框架之中，寄托将信念悬置，在信托框架内进行连贯性反思和检验，最终按照寄托规定的结构一步步从主观唯心走向客观唯物（普遍有效）。

在整个认知活动期间，身心充分结合又相对独立。意会认知"身"控制的身体化活动和"心"控制的概念化活动综合形成关于认知对象的知识，概念化活动对其进行逻辑化、形式化、言述化形成可以言述的外显知识。身体化活动形成的知识在无法言述化的情况下形成个人的内化隐性知识。

这样，在波兰尼的意会认知论哲学思想中，通过意会这种认知途径实现了知觉、身心的统一和有机联系，通过信托哲学构建的框架使得意会认知的成果从主观个人性走向普遍有效性，最终实现了从唯心到唯物的连贯和综合，而不是只发展了其中的一个极端。

6.1.3 对波兰尼认识论革命的再认识

李泽厚在他的哲学著作中这样说："提出人类主体性以及文化心理结构的哲学观念，我以为是正确的。""康德的先验论哲学之所以比经验论高明，也在于康德是从作为整体人类的成果（认识形式）出发，经验论则是从作为个体心理的感知、经验（认识内容）出发。"[1]

借用李泽厚的这个评价视角，本研究认为在人类主体性哲学观念的基础上，波兰尼进一步提出含有个人主体性的哲学观念是有意义的和正确的。波兰尼的哲学之所以比客观主义、实证主义高明，比其他哲学思想更具有革命性和整合力，在于波兰尼从人类最基本的认识方式出发，把个体的知觉、身心、经验、技能等认识内容与认识形式进行了有机的结合，而且开辟了一条从主观到客观的开放性连贯途径，消解了主客观的绝对对立和对纯粹客观的片面苛求，展示给人一条符合实际的没有意识形态干预的合理化认知道路。

其他哲学之所以没有正确解决主客观对立问题和唯心唯物对立问题，除了各自对唯心与唯物的追求，以及各自认识的主观原因之外，还有客观原因。认识作为人类特有的活动本身就具有矛盾特征：一方面，认识是人的有目的活动，含有较多的个人主观性，受人的情感、意志、理性支配，体现为人对世界的知识的追求；另一方面，认识又受到认知者个人的身体状况、知识结构、经验技能、文化背景、物质手段等客观因素的制约。

波兰尼发现，意会认知活动是每个人每天必须进行的基本认识活动，是人类语言前的优势，是人类认识方式的基础。当波兰尼把意会认知作为人类认识

---

[1] 李泽厚著：《李泽厚哲学文存（下编）》，安徽文艺出版社1999年版，第535–536页。

的最基本方式和知识生成的根本途径时,他所理解的认知就是一个从主观走向客观、从唯心到唯物的有目的的自由过程。在这个过程中,个人必然要全程参与,必然会产生带有主观性和强烈个人性的认知结果。普遍有效性标准(客观性标准)和对普遍有效性追求的道德责任使得任意主观性和个人性受到制约,这样主观与客观相互结合,主观性和个人性认知结果受到普遍有效性的评判,主观与客观在连贯性框架中得到反思和交换,从而完成了二者的融合。

同时,意会认知过程结束时得到的认知结果,在这个认知过程一开始时就作为需要追求的清晰目的和某种与之对应的信念存在于认知者个人的观念之中。这个目的是认知者所清楚的,作为最终方向规定着认知者的认知方式和最终结果的存在形式。这样,波兰尼就找到了把知觉、身心、主观性、个人性、客观性、唯心、唯物统一起来的基础。

在波兰尼的视野中,认识是个人发挥其内在隐性知识和外在言述知识、经验、技能,结合个人热情,对外部世界进行的自由探索,并获得关于外部世界的知识。基于对认识的这一理解和规定,首先波兰尼肯定了认识活动的目的是探索并且获得知识,即它是以人为主体、以客观世界为对象的现实活动,其最终结果是具有普遍有效性的知识,而不是诸如神学、巫术、迷信等结果。这个目的将其与人类其他认识框架区别开来。作为人类特有的求知活动,每个认识者和学习者都需要运用自身的认知能力将关于外部世界的认知转化为自身的知识,这就使得认识主体从人类走向个人,于是真正的认知主体落实到每一个具体的个人,个人成为认识主体,理所应当在认识活动中具有个人主体性。

在目的明确之后,波兰尼给出了通向目的的认知方式和手段。认知主体个人化如果仍然遵循旧有哲学的认知方式,就无法真正体现其个人性,也不能够充分发挥个人在认识活动中的重要作用。意会认知体现并且解决了这个问题。在意会认知过程中,认知主体按照认知对象的结构、形式和显现情形而发生与认知对象之间存在模式的变化,形成了原来所没有的种种关于认知对象的观念,这种观念是在认知主体与认知对象存在模式发生变化之后创造出来的,是认知主体的身体化活动和概念化活动的结果。也就是,认知主体的本质力量通过意会认知这种方式,把认知对象的存在形式揭示出来,即将认知对象的观念积淀、过滤、凝聚和内化于认知主体。也就是说,人类一切的认识活动的结果都是将外部世界的观念内化于个人。

在个人将外部世界的观念内化于自身的意会认知过程中,还发生着认知

第 6 章 革命性影响——认识论与知识生成焦点的历史性转换

对象主体化的运动，也就是认知主体内居于认知对象。所谓认知对象主体化是指认知对象在个人的意会认知过程中转化为认知主体个人的身体因素、观念因素、本质力量，认知对象脱离了客体这种生硬的认知存在形式，而成为认知主体的一部分。这些就是意会认知的认知主体和认知对象之间的渗透和转化，但是这种转化又不是真正物质意义上的转化，而是在意会认知过程中，认知对象在认知主体的思维和观念活动以及主观态度中的变化。

认知主体个人通过意会认知活动将自身内居于认知对象，使认知对象内化为认知主体而存在，这就使得认知主体个人将认知对象的观念进行了内在积累，形成了最原初的、形式上最不规范的个人知识。最后再经过普遍性检验和形式化、概念化等处理，形成外显性言述知识和内隐性非言述知识。

从运行机制来看，意会认知活动是目的、认知方式和结果的统一，是通过三者在一个开放性连贯系统中螺旋式前进而实现的。个人对于外部世界的认知把握正是通过这三个环节螺旋前进而实现了人类认识的前进和具体运作。

目的是在认知活动之前就在个人头脑中预定的活动结果。目的从大的角度来说就是获得关于外部世界的知识，从每一个具体的认知活动来说就是获得关于具体认知对象的知识。从目的的形成来看，波兰尼认为首先是认知的个人具有自身满足这种意识和具有获得这种满足感的内在冲动，由于认知对象不能自然满足个人的这种需要，因而个人必须根据自己的内在需要去认识外部世界。其次，认知的个人在内在欲望的驱使下通过自身体验形成对外部世界的各种个人性观念，这些观念在他的心中经过与其现有知识、经验、技能等作用之后逐渐形成一种对外部世界的强烈信念，把这个信念揭示出来就成为意会认知活动的具体客观目的。通过个人内在隐性意会操作，消除认知对象相对于认知主体的外部自在客观性，在个人思维中形成了一个符合个人内在需要和主观要求的信念，在认知过程中建立起主体与对象新的存在模式，这种信念持有和思维改造相对于认知对象的实际知识来说是一种超前知识，是整个意会认知过程在个人头脑中的预演。它规定了认知的目的，规定了认知活动的目标。

认知的目的是把头脑中关于认知对象的信念揭示出来。在客观的认知活动中，认知主体要受到种种现实条件的制约，把头脑中关于对象的所有意识都明白准确地表达出来是根本无法做到的。于是，既能使得认识继续，又能在开放性连贯过程中取得成果，最好的认知方式就是意会认知。因而，意会认知成为实现该种目的的最好方式和最佳手段。因为，它完全可以把人类其他认知方式容纳进去，还能够充分发挥人的形而上优势。这种方式建立起了从目的到结果的连贯性链条，摆脱了纯粹主观和纯粹客观的偏颇，展示了一条综合性的人性化认知方式和认知途径。

意会认知活动，实际上是在不同深度、不同广度、不同领域都可以被捉摸到和被把握的内在心理运动和客观思维运动。可以说，离开了意会就没有认识活动，离开了意会就没有认知主体与认知对象的模式变化，也不可能有真正意义上的形而上学。因此，作为意会认知结果的知识，首先必定是个人的，是个人通过意会方式捉摸和把握的，在没有言述化和无法言述化的情况下，它暂时表现为个人内在的隐性知识。在整个认知活动过程中，意会这种方式向认知主体展现了多种可能性结果和对多种可能性结果的估计和判断，而求知理性和求知责任又规约着个人对多种可能性的滥用和不负责任。这样，作为结果的知识反过来要求认知目的和认知方式，形成了可能与现实、主观与客观、唯心与唯物的统一，完成了认识论的革命，揭示出人对外部世界认识的本质特点与规律性。

6.2 知识生成焦点的历史性转换

纵观古今中外的思想家关于知识的定义，可以看出：一是从人的内在产物向主客观世界整体解释框架转移；二是从真理观、伦理观的主客观价值论向怀疑论、实在论等认识论转移；三是以感性、知性（逻辑）、理性论向个性论向个性精神整体、群体行为与社会运行模式转移；四是从概念、理念向信息技术、资源、文化共识及生产力之核心本质的转移。其间包括了知识孵化论、知识建构论、知识价值论、知识传播论、知识效应论五大进化历程。[1]

现代科学技术迅猛发展，以及科学技术与人类日常生活的紧密结合，已经把人类带入知识经济的新时代，知识的产生和来源不再是原先哲学家、思想家、科学家的专利，也不再是单纯来自思辨、经验、观察、实验、观念等，而具有更多的生物因素、心理因素、社会因素、文化因素。在众多因素之中，最不可缺少的关键因素就是个人及其个人知识，在所有与知识有关的活动中起着最直接作用的是个人的隐性知识。

---

[1] 丁峻著：《知识心理学》，上海：生活·读书·新知，三联书店 2006 年版，第 3 页。

6.2.1 知识生成焦点的转换

波兰尼提出的以意会认知作为认识基础的个人知识主张,较之于上述的四类关于知识定义的转移和五大知识进化历程来说,都具有认识上的巨大差异。相较在他之前关于知识认识的哲学思想来说,波兰尼的认识论思想实现了对知识生成焦点的历史性转换。这一历史性转换体现在以下三个方面:①对知识判析标准的历史性转换;②对知识分类认识的历史性转换;③对知识生成认识的历史性转换。

波兰尼之前的哲学家判断分析知识的标准大多以感觉、经验、反省、推理、理性、天赋、德性展开。其中的最大共同点就是:在他们的心目中知识不是个人的,而应当是凌驾于个人之上的,被人类共同认可的具备普遍必然性的存在物。因此,他们在追求知识这种普遍必然性的时候,就杜绝了与普遍必然性相对的个人性。到了波兰尼这里,这种非个人的知识判析标准才真正实现了历史性转换。波兰尼把古典哲学知识判析的普遍必然性标准反溯到个人判断,他并不否认知识的普遍有效性标准,但却主张知识的个人性判断标准,主张这个标准才是符合人性,具有鲜活生命力的标准,才是真正可以延续下去的标准。他认为,任何时代都不会也不可能具有一个固定的标准放在那里等着人们去取用,而是生活在这个时代的人们根据自己的个人判断再结合原有的一些可行性标准来判析知识。这种个人判断既尊重传统又反对传统,既服从权威又颠覆权威。波兰尼的这种观点体现出了知识判断标准的人性化、开放性和与时代结合的真正本质特征。

波兰尼之前的哲学家对知识普遍必然性的追求产生了对知识个人判断的遮蔽。他们把关注焦点放在什么是普遍必然性知识与怎样验证普遍必然性知识上面,而不是聚焦于得到普遍必然性知识过程中个人发挥的关键性作用上,他们从头到尾都在依赖着个人,但自始至终都忽略了个人的存在,甚至反过来还要剥离个人在其中的作用。他们重视知识的公共存在性,却遮蔽了知识的个人性。从这个意义上说,把知识判析的标准反溯到个人是对先前观念的历史性转换。

波兰尼的这个具有历史性意义的焦点转换,不仅体现在把判析标准赋予个人,更为重要的是他把知识应用的判析标准也转移到个人身上。波兰尼之前的哲学家在一个劲地追求知识的公共存在性时有这样一种信念:知识就是放之四海而皆准的真理。有了这方面的知识就有了这方面的标准，解决这方面的问题只需运用这方面的知识准行。"知识就是力量"至今还被奉为经典语录，就是这种观念流传不断的最好证明。它流经人类认识历史的长河之后，已经深深地刻录在一代又一代人们的心中。其实，这是人类在延续一个关于知识应用标准的历史性教条。尽管人类历史上有很多与认识有关的血与火的斗争，但是这个观念仍然没有在血与火的冲击下瓦解。当一种新的先进的知识淘汰旧的落后的知识时，人们会认为那是旧知识的错误，而不是自己对知识判析标准的错误和对知识应用过程中个人的遮蔽。因为，人们很快又沉浸在用这种观念来判析和应用新的知识，又重新上演旧瓶装新酒的故事。

忽视和遮蔽知识应用过程中个人的重要性作用，是波兰尼之前哲学家的一个共通之处。其实，无论什么知识，不管它有多少的真理成分，把它应用于解决具体问题，都无法离开个人的判断。最为突出的就是，当一个问题面临多个合理知识的解释或者解决方案的时候，哪一个最优，哪一个最合理，哪一个在现在可行在以后却无法达到目标，这些都不是知识本身所能够解决的，而必须依赖个人的判析与实践。重视知识应用的个人性在波兰尼的认识论中体现出来了，他把人们的目光拉回到个人性身上，要人们重视知识应用的个人性作用。从这个角度来看，他又一次实现了对知识判析标准的历史性转换。

对事物进行分类和对其构成进行认识，是人类认知能力非常发达和认知成果相当丰富情况下的结果，也是人类在创造文明之后具体认知方式方法的基本特征。分类体现了一种介乎形而上与形而下的对象形态、结构等属性的具体直接认知，人类对于自己的认识成果——知识也采用了分类的方法和对知识构成进行认识的方法。

历史上有很多关于知识分类和构成的具体观念。有把知识分为经验知识、想象性知识、直观性知识、理性知识的；有罗素的"逻辑知识"；有詹姆士的"事实性知识""工具性知识"；有布里奇曼的"操作性知识"（程序性知识）；有胡塞尔的"现象学知识及其本体论知识"；有波普尔的"主观性、客观性、精神性知识"；有库恩的"范式性知识"等。

当代哲学家、思想家超越了古典知识观，把对知识的分类方法细化到知识构成的要素，同时超越了本体论、客观论、方法论框架向新的框架迈进，他们在定位知识的坐标中融入了过程论、价值论、功能观等现代性因素。因此，他们对知识进行了别样的概括，产生了很多以前没有出现过的分类认识。比如经

第6章 革命性影响——认识论与知识生成焦点的历史性转换

验性知识、概念性知识、技能性知识，常识性知识、专业能力性知识，简单知识与复杂性知识，部分知识与架构知识，私人知识和集体知识，头脑知识、具体知识、嵌入知识以及编码知识，认识知识与工作知识，静态知识，单项知识和综合知识，个人知识与组织知识。

以上关于知识分类及其构成的认识，显示了两个重大的共同特点：第一，都以可言述知识为分类对象或者研究对象；第二，都只是对言述性知识进行概念化归纳和分类。以上这些对知识分类与构成的认识既包含现代哲学家的思想，也有非现代哲学家的认识，他们共同忽视了知识的两个非常重要的因素：非言述性知识和非概念化活动。而波兰尼却重视了这两个因素，把他们作为自己知识观的重要成分来加以论述。在波兰尼这里实现了对知识分类与构成认识的历史性转换。上述私人知识和集体知识主张（施本德），个人知识与组织知识（野中郁次郎）主张都是在波兰尼知识观影响下的现代研究成果。

波兰尼知识观的历史性转换体现在对非言述知识与非概念化活动的重视，由他重新把人们的视线再次拉回到很久不曾注视或者想说却不知从何说起的非言述知识身上。波兰尼的知识观实现了从言述性知识到非言述性知识的转向（从显性知识到隐性知识的转向）和从概念化知识向身体化知识的转向，体现了在生产生活实践活动中对个人隐性知识和身体化活动的重视。

波兰尼这种对知识分类和构成认识的历史性转换直接体现为：第一，独特的知识分类。把知识分为言述与意会、显性与隐性，显得大而化之笼统模糊。但是，这个分类却直接显示出了对意会知识、隐性知识的重视，把意会知识、隐性知识提升到研究层面和作为认知活动的重点并且发展了关于意会知识、隐性知识的认识论，这是之前任何哲学家都没有做出的一个新的分类法。正因为如此，才称得上是历史性的转换。第二，对意会知识、隐性知识在具体认知中具有优先的进一步主张，实现了人类知识观的深层历史性转换。波兰尼认为，意会知识、隐性知识在个人具体的认知活动中比言述知识、显性知识更具有实际上和理论上的优先。意会知识、隐性知识本质上是一种理解力，是一种支援储备，是一种领悟，具有创造性。它能够使人在深度无知和浅层知觉的状态下，把握事物、调动经验、重组观念，以达到实现对事物的理智认知。隐性知识是自足的，而显性知识则必须依赖于被意会地理解和应用。因此，所有知识不是隐性知识就一定根植于隐性知识之中。通过一个分类方法和两个层次的深入研究，波兰尼从知识分类及其构成角度实现了历史性转换。

从古希腊到现代,从科学萌芽的最初阶段到科学发达的今天,人类的哲学家、思想家、科学家给知识下了很多不一样的定义和对知识进行了各种各样的分类。这些认识在近现代逐渐归结为对知识生成过程和知识内容客观性的统一,这种对过程客观性和内容客观性的要求,成为近现代知识生成观的主流。

当这种主流观念日渐走向顶峰的时候。建构论、SSK、后现代对之大加挞伐,反对的声音已经此起彼伏吵得沸沸扬扬,其结果是堡垒千疮百孔战场一片狼藉,却没有一个观念可以一统天下。多亏了波兰尼,因为他是这个行动的始作俑者之一。SSK、后现代在他的思想影响下成长起来,受到他的知识生成观转换思想的影响而产生了很多更为激进的认识。

波兰尼知识生成观的历史性转换首先体现为对个人知识的主张上。在波兰尼看来,知识从一开始就是个人的,到最后应用时还是个人的。而公众普遍认为真正的知识与个人无关,是普遍公认的、客观的,这种认识忽略了个人在知识生成过程中的重要作用。其次体现在对知识生成过程个人性的主张上。传统的知识生成观注重对知识生成结果的评价,如果不冠之以主观客观、唯心唯物决不罢休,对过程则要求有客观性这个教条来笼而统之。

其实,实际的知识生成并不是如此客观,也不可能排斥个人。因为个人的大脑和肢体是否健全、心理是否健康这些都是知识生成的必要内在条件。个人接受的教育学习和技术技能实践,以及他所处的文化实践环境是知识生成的外在必要条件。在知识生成过程中,更多情况下是无法利用现成客观框架进行操作的,这样就必须依赖个人的判断,尽管此时个人判断的依据并不非常符合现成的客观性框架标准,但是绝不可少。对个人判断的依赖直接体现为对个人的意识性、能动性、理性的依赖,而这些个人素质又呈现出丰富的差异性。因此,注重个人性的知识生成观才是符合实际的知识生成观。回归知识生成个人性才是符合实际的历史性转换。

波兰尼的知识生成观显示出一条从主观到客观的个人性开放历程,既正视主观性,又追求客观性,以个人性为纽带来实现二者在整个知识生成过程中的无缝连接。个人是知识的发现者,个人热情是追求动力,个人已有知识是继续深入的有效保障,个人判断是选择研究方向和决定阶段性结论的依据,这一切都在个人的隐性心灵能力的调控下完成。这种知识生成观的历史性转换揭开了对知识生成过程中个人性的遮蔽,展现了整个过程的连贯性、开放性和个人性。他的这种知识生成观直接启发了后来对知识生成与管理的研究。

波兰尼的知识生成观实际上是一种主张知识生成个人化的生成观。这种知识观内含知识生成的内在时空运动观。从历时空来讲，从当个人持有某种可能生成知识的信念，到个人成功使之成为具有普遍有效性知识的时候，整个过程在个人心灵的导引下经历了一个连贯的内在历时空运动过程，当然这个过程也具有外在的历时空特征。这种内在的历时空运动过程，结合了个人大脑、心理、身体的视、听、感、运动等感觉官能，把形形色色的信息内化为个人多元一体化的感性材料，并依据个人判断进行过滤筛选。整个过程又是依据个人身心发展和认识发展的时间顺序而循序连贯开放前进，它的反思与回想也是在这个时空框架和生成框架内以反方向展开的。从共时空运动来讲，个人信念、个人情感、个人身体、个人心理、个人判断、个人知识、个人文化环境等都随时在一个共同的认识平台起着综合性作用，而不是谁先谁后，共同形成焦点意知和附带意知统摄于个人心灵。它们分别而又共同地对感性材料及其催生的意识、情感、经验、思想内容进行整合归纳重组，从中抽取更高级的概括性表象来指代正在认识的对象，使得个人所知的、个人未知的、个人能知的和个人过去的、个人现在的、个人未来的知识情形获得共时空的重新会聚与重构，由此提炼出指导个人下一步思维、语言、推理、想象、行动的原则，它形成这样一种"范式"在共时空运动中，沿着历时空线路前进，最终形成个人知识。

波兰尼的知识生成观是一种以内在表征为主的生成观，它对于个人的隐性知识、显性知识、身体素质、智商、情商、人格都有要求。在心灵的主导性作用下，把人类文化的最高成果、知识价值的最高体现、人的生物本能和人的主观能动性在缺乏脉络层次、区分含糊笼统却又存在有机联系的这种"黑箱"状态下进行了内在统一，把个人的感性知识、知性知识、理性知识进行了内在统一。最终，完成了个人知识的普遍有效性追求，认识的合理性与合目的性统一，个人知情意"三位一体"统一，成为真正对现代认识论研究具有历史意义的焦点转换。

6.2.2 发展潜科学的认识论

意会认知论重点主张了人的隐性综合认知能力，强调人对潜在隐性未知事物认识的个人性。意会认知论对知识生成焦点的历史性转换，直接把知识的生成视点导引到对个人隐性知识的重视、应用和发掘上面。个人知识主张个人隐性知识在科学发现、问题解决、教育学习、技能创造等方面具有重要性作用。

这些主张无不暗示了这样一个基本观点：人具有非凡的潜能，人具有发现和认识潜在未知事物的巨大能力，人的隐性知识和意会认知能力在认识潜在未知事物过程中起到关键性作用。

1979年9月、11月，国内科学和哲学工作者先后在成都和北京召开了两次研究讨论会，11月在中国诞生了"潜科学"这个新概念。随后我国成立了一个独立部类的"潜科学"学研究学科，并出版了相应的研究刊物《潜科学杂志》。作为一门学科，"潜科学"学主要研究创新性的科技思想胚胎从潜到显的内部孕育过程的基本规律，以寻求最大限度地发挥人们科学创造潜力的途径。他们认为，那些已被世人公认的科学理论所构成的常规科学是"显科学"，尚处在孕育阶段、不甚成熟的科学胚胎是"潜科学"。[①]

中国的潜科学学研究以马克思主义的唯物辩证法作为认识方法，对"潜"的认识取得了一定成果，形成了对"潜"的外围概括性研究理论，同时他们把"潜"与"交叉"做了联系。但是，直到今天中国的潜科学学仍然没有太大的突破和更深入的研究成果。究其原因，是没有找到与"潜"很好结合的认识论和破"潜"的方法论，从而局限了潜科学学的发展。

根据潜科学的特点和现有潜科学学研究认识成果，本书认为波兰尼的意会认知论是研究潜科学学的首选认识论，是潜科学学研究的指导性理论，是破"潜"的方法论。意会认知论强调的个人性及其意会知识与潜科学发展有着密切的关系。这种密切关系体现在"意会""隐性"与"潜"的直接对应上。

波兰尼的意会认知论较之于国内"潜科学"提法的出现要早要成熟，而在当时国内提出"潜科学"这个概念和理论研究方向的时候，意会认知论并没有被国内学者知晓，从时空上来讲两者差别是巨大的，但又有一定的共同之处。综合对比意会认知论和潜科学学理论之后可以看到，意会认知论是潜科学学的上位理论。具体表现为：意会认知论是哲学的认识论，是具体认知活动的元方法论，对人类的基本认识原则和认识规律起着指导和探索作用。但是，潜科学学只属于一般方法性学科或横向学科，它所揭示的一般规律来自对各个横向学科的一般概括，对科学发现和技术发明只起到一般指导作用。它不是哲学认识论和方法论，也不承担哲学认识论和方法论的任务。从紧密相关性来讲，意会认知论是发展潜科学的指导性认识论。潜科学学是关于潜科学的产生及其

[①] 解恩泽，等著：《潜科学导论》，光明日报出版社1987年版，第2页。

第 6 章 革命性影响——认识论与知识生成焦点的历史性转换

本质、特征、作用和潜科学向显科学转化的一般规律性学问,它从微观角度把科学划分为潜与显两个认识阶段,并以潜阶段作为主要研究对象。而意会认知论研究的是人的认识成果从隐到显的一般认识过程,从宏观角度对人的认知能力进行了研究,并重点揭示了人的隐性认知能力,它把人类的认识成果分为隐性与显性两类。从研究对象及其研究视角来说,意会认知论是潜科学学的上位理论。潜科学学的研究对象是潜科学,潜科学重点研究科学成果获得的潜在认识过程。潜科学学反对只重视科学知识体系的显性特征,而忽视显性背后的潜在来源的主张。意会认知论重在研究人的潜在认知能力和对未知事物的发现能力,揭示了非常规科学研究过程中从潜到显的一般认识过程,充分论述了这个过程中人的潜能的发挥方式和方向,构建了一套与之对应的理论框架,把科学知识体系作了显性和隐性两种分类,从历史性意义上转换了人们对待科学知识生成的焦点观念,这一点表现出对潜科学学的涵盖和提升。

"潜""隐"是任何一种未知事物的最基本外部特性,而揭示"潜""隐"却是认识的首要任务。潜科学主要是为了认识孕育中的科学思想和处理待显阶段的科学成果,潜科学的这两大任务使得意会认知论成为其最值得依赖的认识论。意会认知论是发现"潜"事物的认识论和能动应用隐性知识的认识论,意会认知论对潜科学的这两大任务都有自己独特性的认识和处理意见。

潜科学认为,科学问题、科学幻想、科学猜想、科学经验、科学悖论等均属于孕育中的科学思想,是潜科学研究的主要任务。而意会认知论对这些单元也有研究,但不是独立研究,而是将其统摄为产生科学发现的源泉之一。意会认知论把孕育中的思想(包括科学思想)统一当作引起科学发现的信念。潜科学所谓的孕育中的科学思想是一种不完善、不成熟的东西,而意会认知论主张的信念也具有此种特征。潜科学将这种东西固定在科学框架内,而意会认知论却对此种孕育中的科学思想的来源赋予了开放性,并不将它囿于单纯的科学领域。意会认知论还在更高的层次上建立了对于信念的哲学观,将其树立为认识论框架内的一大主题,视为知识的最初源头。从这个角度看,意会认知论对潜科学的这一大任务进行了更高层次和更为广泛的认识,是潜科学值得依赖的认识论。

潜科学把认识待显阶段的科学成果作为自己的另一大任务,它认为未经公众承认的科学成果是待显的科学成果,认识这个成果在被公众承认之前受到的忽视、排斥、压制、抛弃、扼杀等曲折蒙难历程是潜科学的任务。意会认知论在自己的理论框架内重视了科学发现的曲折历程，并且没有仅仅将视点停留在这个科学发现的最终阶段，而是将其进行了向前向后的延伸，扩大了它的视域范围和研究内涵。向前意会认知论对待显科学成果未成为成果的过程进行了认识和研究，给予了一条连贯明晰的合理化认识路径和处理方法。向后意会认知论对科学成果进行了分类，将其分为可以言述的知识和隐性内化于个人的非言述知识，并且进一步对科学成果的传播作了认识和研究。对于处于等待公认阶段的科学成果，意会认知论认为，传统和权威对其具有辩证效果，而作为科学成果的发现者本人，既富有个人满足感，又负有求知的道德责任，其最初的求知热情也会在这个阶段转换为说服性热情。从对这一任务的研究范围、认识深度来说，意会认知论是潜科学值得选择的认识论。

研究潜科学的真正目的在于揭示"潜"事物的本质特性，使之有一个明确连贯的显性化通道，使人们的认识视角和创造性自觉从显性延伸到隐性，从对形而中的关注延伸到对形而上的关注，扩展人们的认知范围和软化认知教条，实现"潜"科学与"显"科学的统一。

潜科学研究成果认为，科学由"潜"到"显"存在一个转化机制，这个机制是从事潜科学创造活动的人们和科学管理者的工具。这个机制是：树立正确的科学成败观，开展自由的科学论争，发挥科学思维的功能，提倡伯乐精神，开发个体、群体和社会的科学潜能等。科学成败观能够使科学家以正确的态度对待探索过程中的成败，从总的方面给科学家提供方法论指导，并以此来激励其创新精神。实事求是、平等、自由、宽松的科学论争氛围有利于激发科学新思想，促进原有理论的完善，导致学派的形成，锤炼科学人才。科学思维是形成潜科学思想的决定性因素，是潜科学发展的内在动力，是潜科学显化的重要手段。科学伯乐有利于发现和保护科学人才，有利于潜科学的显化。科学潜能的开发要重视个体、群体和社会三者的联系及其层次结构，个人信心、科研方向、知识智能结构、个人的动力结构这四个基本要素的有机结合是个体科学潜能充分发挥的关键。集团的成员素质、智能结构的优化程度、年龄结构的优化程度、学术关系的优化程度构成集团的科学潜能结构。科学劳动者系统的优化程度、科学仪器系统的质量、图书情报系统的效率、全民族的科学教育水平四个要素构成社会的科学潜能。[1]

---

[1] 解恩泽等著：《潜科学导论》，光明日报出版社 1987 年版。

第6章 革命性影响——认识论与知识生成焦点的历史性转换

潜科学研究成果指出了科学知识存在一个从潜到显的转化机制，并且对构成这个机制的重要要素进行了分类分析，对每个要素又进行了微观要素分类。这些研究成果，看到了科学知识具有一个连贯的显化过程，但是没有能够对其进行真正连贯性认识，而是采用了块状分割和嵌入式分析认识。其结果仍然是无法让认识深入到"潜"的深层次，也无法真正指出一条从潜到显的连贯性认识过程。而对于这一点，意会认知论显然比潜科学的研究成果要深入和有所超越。

意会认知论除了对潜科学研究成果所指的集团、社会科学潜能缺乏论述之外，对以上潜科学指出的块状要素都有连贯和全面的研究认识，尤其是对个体的作用（除去科学潜能之外）显得更为全面深入。意会认知论探索了从潜在、隐性的信念到被普遍承认的知识的整个过程，在意会认知论框架内，揭示了整个认识过程的连贯性和开放性。对于科学成败，意会认知论认为科学活动对科学家而言本身就是一种冒险和赌注，科学家并不受到成败的打击，这是探索未知事物的必然，激励科学家深入下去的动力是个人的内在情感和求知欲望。意会认知论主张的这种成败观和动力观较之于潜科学的成败观与动力观更符合实际和更具自觉性和自律性。对于潜科学指出的科学论争环境要求，意会认知论并不如此奢望和苛刻，而是认为科学共同体内部存在社会性。打压、鼓励等正反事件都是自然的，人们有自由和权力去选择相信谁和不信谁，哪怕是处于被打压的理论。而作为新成果的发现者，他的态度是应当用热情主动去说法去论争。这显示出了意会认知论对新理论及其发现者在科学论争中的正确定位和理性态度。而对于科学思维作用的发挥，意会认知论提出了焦点和附带两种有机的认知方式，并且并没有把认知的思维局限于单纯的科学思维，而是对人所有的思维予以重视和承认，提供了认识论原则和重视效果的认识方法。

对于被潜科学研究分割的要素，意会认知论以个人为活动的核心，把它们贯穿于整个认识过程，并且做了连贯性认识和合理定位，显示出了较之于潜科学研究要深入全面、连贯合理的认识过程。从这一点来说，它是能够促进潜科学研究发展的认识论。

潜科学研究成果认为，个体科学潜能是指科学劳动者个人在一定的范围内可能发挥的最大功能。它由劳动者的自信心、科研方向、智能结构和毅力四个基本要素构成。自信心是劳动者的功能能否充分发挥的第一要素，科研方向是否恰当又是一个重要因素，智能结构是更为重要的因素，毅力是克服物质困难和精神困难继续研究的保证,这四个基本要素的有机结合,就构成了科学潜能的结构。科学劳动者的智能得到充分发挥,也就是这四个要素及其结合得到了最佳选择。[1]

潜科学研究的这个成果体现了对科学劳动者个人在科研活动中地位和个人素质的重视,但是,这一研究成果却没能体现出个人在科研活动中如何有效发挥其个体性作用,也没有对四个要素在科学活动中如何运作做出深入研究。显然,这些关于潜科学的研究成果还非常表面化和缺乏深入连贯性。

而意会认知论对上述潜科学研究存在的不足有更为深入和全面的认识,在这一点上体现出它足以胜任成为潜科学研究的指导性理论。意会认知论认为坚持自己对未知事物的信念是个人自信心的表现,其深度越深自信心也就越强,探索这个信念的内在冲动就越强烈。意会认知论把个人自信心、内在冲动与对未知事物的信念结合起来,显然比潜科学的研究更具有人性化和合情理。

意会认知论随即将个人信念与科研方向进行了有机结合,认为最初的信念就是以后研究的大方向。科研方向的决定尤其是非常规科学研究的方向选择具有很强的隐性特征和对个人判断的极大依赖。当个人在做判断的时候,他处在一个有限的外界条件和有限的内在条件的双重限制下,他不可能对自己正在做出的判断加以改进,只可能就此做出判断。这个判断既有主观性又有客观性,还存在风险性,是允许错误的。个人判断从根本上说依赖于个人的意会能力和他的显隐知识,受到求知道德责任的约束。意会认知论对科研方向选择的理论,就是一套潜科学关于科研方向选择的理论。

潜科学研究将个人的智能结构进一步分化为智力结构、知识结构和动力结构三个亚结构,看到了身体官能、内在情感、责任感、显性知识运用能力、个人智商、知识结构在科学研究中的重要性。但是,不能够很好揭示这些元素在研究活动中的一体化运作,而意会认知论却做到了,显示了它对潜科学研究具有指导性。意会认知论没有将个人的智能结构进行条块分割认识,从认识手段来讲,潜科学的这种分类有一定的合理性,但是在实际科研活动中它们并不是分别作用、独当一面,根本就是无法分割和相互联系、紧密结合的,而且它们的运作具有隐性的复杂性,潜科学研究的认识根本无法真正深入研究潜科学。意会认知论把个人身体官能、知识结构、内在情感、责任感、个人智商进行了

---

[1] 解恩泽,等著:《潜科学导论》,光明日报出版社 1987 年版,第 368–372 页。

一体化认识，给出了它们一体化运作的认知路径。内在情感和求知欲是认识深入的动力，其目的和动机是为了揭示特有的个人信念。在认识对象的过程中个人的智力表现为焦点意知和附带意知两种意知方式，一主一辅、相辅相成，身体功能既是工具又进行身体化活动吸收意会知识，显性知识运用能力表现为概念化活动形成对认知对象的言述知识，个人的所有知识在整个过程中起着隐性综合作用。在求知责任的约束下，实现从主观到客观的认知历程，生成关于认知对象的言述知识和意会知识。意会认知的一体化认识突出了个人在认识过程中的知情意三者的有机紧密结合，突破了潜科学研究的认识局限，使之足以成为潜科学研究的认识论。

6.2.3 面向隐性知识——知识管理的焦点转换

波兰尼意会认知论对知识生成焦点的转换，引发了人们对"潜""隐"事物的新一轮探索兴趣和新的认知方式。他对个人知识的主张和对知识进行的显隐性分类，使得现代社会的人们在重视大科学大产业的同时，把视角转移到对发展大科学大产业最具有直接关系的个人身上，重新审视个人性在大科学大产业中起到的不被重视的作用，更进一步探索如何在大科学大产业大群体内部有效调用个人隐性知识，如何有效管理个人和群体的隐性知识，如何在知识经济时代将大科学大产业的宏观性与微观性的个人隐性知识进行有效结合，产生出更多更大的创造力。生产最终是人在生产，如果谁能最先足够重视和有效解决这个问题，谁就将会是知识经济竞争中的强者。

隐性知识最大的特点也是认识它的最大难点——隐而不明。波兰尼的意会认知论对认识隐性知识有非常重要的帮助，它提供了隐性知识的来源、隐性知识在认知中的运作、隐性知识的一些基本特点。基于波兰尼的意会认知论，可以对隐性知识做出如下概括。

第一，隐性知识是意会认知的产物，认识隐性知识不能脱离意会认知论。意会认知是基于人的感官体验、经验、直觉为主的认知，身体化活动、形而上学的思维外加实践行动产生了对外部对象的认知，其结果是产生了大量的离散的非逻辑不可言述的个人隐性知识。所以，认识隐性知识不能脱离其生成根源，不能把它与意会认知进行割裂开。

第二，隐性知识是内在动态的专属知识，不能将它静态化、模式化。个人隐性知识就像自己往银行零存整取的货币一样，它随着个人的认知实践而不断积累，并且只属于个人，任何人都无法把一个人的隐性知识直接拿过来据为己有。但是，个人隐性知识又与银行里的货币不一样，隐性知识是动态的而不是静态的，这是很多人没有认识到的，也是他们认识隐性知识的一个误区。很多人一谈到隐性知识就认为它是隐藏在个人脑海里某个角落的静态存在物，需要时把它像计算机程序一样调用出来加以启动就准行。其实这是一个非常偏颇的认识，隐性知识只是没有可以给予准确言述的外在形式罢了，它随时都在随着人脑的运转而运作。它内在于个人，内化于个人，只要人脑在进行意识活动，只要人在利用意会进行认知，它就在运动，它就随时可能增长。可以说，隐性知识是附着意会认知的幽灵。

第三，基于上述隐性知识的这些内在特性，隐性知识具有下列外在特征。①个体性。从隐性知识的获得、运用以及它与个人意会认知的紧密联系来看，隐性知识来自个人意会认知，属于个人，得依赖于具有隐性知识的个人发挥其作用。个体的认识方式不同，在同一情境下主观意识状态不同，隐性知识都会发生不同的效用，其认识结果都可能产生很大差异。这就是所谓的有人见佛，有人见道，有人见神，有人见理，有人见物，有人情动于中，有人视而不见。正如庄子所言："出入六合，游乎九洲，独往独来，是谓独有。"②不可言述性。隐性知识不像显性知识那样可以通过语言、文字、文本等手段进行清晰明确的表白，而是潜藏个人内心无法言述，只能通过意会去捕获、去感知、去理解，无法将其概念化、形式化、逻辑化。③非逻辑性。隐性知识不具有显性知识的逻辑性，无法对之用外显的逻辑化方法进行推理求解和认知，它的运作方式是非逻辑性的。④模糊性。隐性知识的模糊性与其非言述性、非逻辑性是结合在一起加以表现和被认识的。隐性知识来自个人对事物的非细节性把握和认识，它在个人的潜意识中是不清晰的、混沌的。意会认知发生效用的时候，主体可能还处于一种朦胧模糊的认知状态，但主体却能够通过时空、形象、整体来形成认知对象的模糊隐性知识。⑤情境性。意会认知对情境有一定的依赖作用，某种情境能够起到激发主体和创发新的认知效果产生。同样，作为意会认知结果的隐性知识，也对情境有依赖。当某种合适情境出现时，隐性知识就能够被非常有效地激发调动，从而产生意想不到的效果。⑥增长性。隐性知识内化于主体，随着主体认知活动的增多而增长。这种增长无法给予具体量化，它在主体的每一次意会认知过程中都被进行非逻辑性应用，通过主体的感觉传递、体验整合、观念重组而不断丰富发展，最终在合适的条件下可能以显性知识的形式外化。⑦稳定性。隐性知识就如存入银行里的货币，在一定的利率保证下本金并不减少。隐性知识一旦内化于主体，就不会像外在的物品一样被丢弃，它会在主体大脑记忆和身体记忆下保持稳定性，除非主体大脑等身体器官出现病变。⑧运作过程的不自觉性。隐性知识随时随地参与主体的意会认知活动，在一种复杂、混沌、非逻辑状态下运作。对于具体的意知活动，主体不可能产生这样的运作效果——随意随地调用自身的隐性知识，隐性知识在潜意识或者无意识状态下运作，其运作过程是一种不自觉过程。⑨创造性。隐性知识是主体创造性的源泉，认知主体在认知、发现、发明的过程中，以一种跨时空、混沌、非逻辑的状态调用自身隐性知识，使之起到支援辅助甚至主要作用，各种关于认知对象的隐性知识此时在主体内在形成一种混沌的意识场，在这种情况下常常会产生一些非常规的意念，形成创造性思想。

从上述隐性知识的一些内外在特性可知，隐性知识虽然属于个人，但是它可以被有效管理，可以被发展。所谓发展既指主体在日益增多的认知活动中增加自身隐性知识，又指主体在隐性知识增多的情况下自身的内在和外在气质素质发生质变。既然隐性知识属于个人，那么一个由多个单个人组成的群体，在一定的环境中也就能够培育和养成该群体的隐性知识。因此，也存在一个群体隐性知识的发展管理问题。群体隐性知识的发展是指处于一定环境条件下的群体隐性知识不断增长和群体隐性知识增长之后这个群体整体素质的飞跃。

个人隐性知识发展管理是为了自身气质、素质提高和自身创造力提高。个人隐性知识发展管理需要遵循意会认知的认识路径来制订管理方案，一切以发展隐性知识和发展自身为目的和方向。首先，树立自我发展的焦点意识，树立个人的短期、中期、长期目标，清晰认识自我，给自我以符合自身条件和社会发展需要的定位，做好自我规划，在实践中体验学习经验技能和显性知识，增强自身各种技能结构和知识结构。其次，有焦点、有意识训练自我发展的附带意识能力。有意识训练和培养自我情绪控制能力，增强自信心，善于激发自身热情，增强自我反思深度、道德责任感和求知使命感，善于提高人际关系处理和沟通能力，加强克服困难的意志和决心，向他人学习言述知识和经验技能的能力，善于观察和领会别人的行为方式，加强非语言人际交流能力等。有意识管理好自己的生活与习惯，管理好自己的日常工作，做好学习工作记录，丰富个人经历，不间断进行自我测试等。

群体隐性知识发展管理是为了群体的竞争力和创造性提高，整体素质得到提升。在知识经济时代，无论是个人还是群体，随时都在竞争大潮的裹胁之下生存，一旦落后势必被淘汰。市场经济是重视实绩的优胜劣汰经济，在同等条件下生存的各种互争群体，在不具备非常明显外在优势的情况下（比如其员工在这一互争群体中属于一流并且能够一直保持这个优势），其竞争实力和可发掘最佳增长点在于其员工的隐性知识和该群体具有的隐性知识。员工的隐性知识具有极大的个人性，企业、公司、社团无法对之深入改造和干预，但是却可以加以有效管理和利用，形成有效的群体隐性知识。然而，员工的个人隐性知识与群体的隐性知识又不是单纯的数字运算。首先，众多隐性的东西无法也不可能加以量化；其次，简单的部分之和大于整体或者整体大于部分之和都是不正确的。

　　发展群体隐性知识首先需要一个环境、一种氛围和一些条件，在这种环境氛围中各个个体的隐性知识才可能得到交流整合，才可能产生部分之和大于整体的效果。这个环境是一个有着共同目标和共同针对性的环境，比如共同研发一个产品，谈论同一个话题等，否则南辕北辙、不知所云。一个氛围是指要为这些个体创造一个良好的沟通交流氛围，让每一个个体处在轻松自在的氛围中积极调动自身隐性知识和与其他人进行良好有效的语言、手势、技能、经验和思想交流碰撞。一些条件是指要为群体交流创造足够的物质准备，一旦需要就能够及时加以利用。

　　在这些硬件环境条件具备的情况下，企业、公司、社团要有发展群体隐性知识的焦点意识，增强组织竞争的软实力。在民主自由的大气氛下为了同一目标，多创造条件，多组织群体交流、沟通和讨论，充分调动每一个成员的积极性和主动性，尽量发挥个人优势。这样，不断形成自身企业、公司、社团的隐性知识，形成自身的核心竞争优势和创造性成果。

　　个人隐性知识与群体隐性知识的发展管理，首先需要完成对知识生成观念的转换，在完成这种转换的情况下，才谈得上对重视和执行隐性知识的发展管理。

　　通过分析认识个人和群体隐性知识发展管理需要的软硬件条件可知，在当前国内的这方面环境和认识条件下需要改变我们的教育模式、学习模式和人际关系模式来更好地实现隐性知识的发展管理，更好地形成个人、群体、社会和国家的核心竞争力。

　　在当前绝大多数人的思想观念中，只有科学知识才是知识，只有从教科书上得来的才是知识，几乎无一例外地只承认经过科学家和前人反复检验过的、上了教材的东西才是知识。这种观念形成了对知识的偏见，也养成了人们对自身知识的错误评价。持此类观念的人，往往在实践中又会陷入矛盾，他会发现现实生活中一个书本知识并不多的人，完全可能比一个高学历接受过多年书本知识教育的人拥有强大得多的实践能力。其根源就在于以上的偏见，忽略了在个人身上作为认识先导的隐性知识。在这种错误观念的作用下，他们剥夺了隐性知识的合法地位，从而陷入了认识矛盾之中。对于知识的正确认识观念应当是这样的：我们言说的知识是外在显性知识，每个人都具有自己的个人隐性知识，隐性知识是个人认知的先导，个人的隐性知识要远多于他的显性知识。在获得对知识的正确观念后，接着就要改变当前的教育理念。主动抛弃"灌输"教育，尊重教师和学生的隐性知识权利，改变标准化考试模式和书本教育模式，在教师和学生的友好互动中发展管理其隐性知识。

对知识的错误观念导致人们的学习模式也发生了极大的偏差。只重视书本知识的学习，而轻视甚至鄙视课堂、书本之外的学习，以考试得分的高低来评价一个人的知识多少和学习能力，这些都是当前国内教育流行的错误认识。书本知识的学习并非不重要，只是为了应付考试的这种学习方式根本不能有效地将人类认知的成果转化为自身的本领和隐性知识，使之在创造性劳动中发挥重要作用。对隐性知识的重视，要求学习者要有意识地培养自己的意会能力，主动把书本知识与实践相结合，主动参与生产实践增加自身实践体验和技能训练，把只向书本学习的片面视角扩展到向实践学习、向别人学习、内求诸己。这样，才能发展全面的个人知识，真正成为有知识、有创造力的人。

对隐性知识的漠视，对知识的错误观念在当前人们形成了一种错误的社会认可和不平等的人际关系：所谓的书本知识越多的人就应当拥有更多的权力和更高的社会地位，他在人际关系中总是自视高人一等和被社会承认高人一等，他们最应当充当社会的管理者。其实，这是一个错误的社会意识和个人意识。接受书本知识教育的时间越长即学历越高，其解决实际问题的能力未必就越强，他的创造性未必与学历和受书本教育时间成正比，在科学发现和技术发明中他未必比普通人出色。因为隐性知识的存在，个人的隐性知识的差异，使得一个为了发展的个人、组织、团体、社会、国家必须去重新审视由错误观念造成的错误的社会地位评价原则和不平等人际关系。转换知识观念之后的人们，需要一个对个体尊重的观念，需要平等的人际知识关系和重视个人、团体、民族隐性知识与社会地位的评价体系。

参考文献

一、主要中文著作

[1] 陈鼓应. 老子注译及评介［M］. 北京：中华书局，2015.

[2] 钱穆. 论语新解［M］. 上海：生活·读书·新知三联书店，2017.

[3] 杨伯峻. 孟子译注［M］. 北京：中华书局，2010.

[4] 楼宇烈. 荀子新注［M］. 北京：中华书局，2018.

[5] 毛泽东. 毛泽东选集：三卷［M］. 北京：人民出版社，1991.

[6] 辞海编辑委员会. 辞海［M］. 缩印本. 上海：上海辞书出版社，2002.

[7] ［英］迈克尔·波兰尼. 意义［M］. 彭淮栋，译. 台北：台湾联经出版事业股份有限公司，1981.

[8] ［英］迈克尔·波兰尼. 波兰尼演讲集［M］. 彭淮栋，译. 台北：台湾联经出版事业股份有限公司，1985.

[9] ［英］迈克尔·波兰尼. 个人知识［M］. 许泽民，译. 贵阳：贵州人民出版社，2000.

[10] ［英］迈克尔·波兰尼. 自由的逻辑［M］. 冯银江，等译. 长春：吉林人民出版社，2002.

[11] ［英］迈克尔·波兰尼. 科学、信仰与社会［M］. 王靖华，译. 南京：南京大学出版社，2004.

[12] 刘大椿. 中国人民大学中国人文社会科学发展研究报告2006［M］. 北京：中国人民大学出版社，2006.

[13] 刘大椿. 从中心到边缘：科学、哲学、人文之反思［M］. 北京：北京师范大学出版社，2006.

[14] 李泽厚. 李泽厚哲学文存：下编［M］. 合肥：安徽文艺出版社，1999.

[15] 张汝伦. 诗的哲学史：张东荪咏西哲诗本事注［M］. 桂林：广西师范大学出版社，2002.

[16] 张志伟. 西方哲学史［M］. 北京：中国人民大学出版社，2002.

[17] 王玉仓. 科学技术史［M］. 2版. 北京：中国人民大学出版社，2004.

[18] 刘杰. 科学的形而上学基础及其现象学超越［M］. 济南：山东大学出版社，1999.

[19] 胡壮麟. 认知隐喻学［M］. 北京：北京大学出版社，2004.

[20] 谢之君. 隐喻认知功能探索［M］. 上海：复旦大学出版社，2007.

[21] 刘正光. 隐喻的认知研究：理论与实践［M］. 长沙：湖南人民出版社，2007.

[22] 束定芳. 隐喻学研究［M］. 上海：上海外语教育出版社，2000.

[23] 蓝纯. 认识语言学与隐喻研究 [M]. 北京：外语教学与研究出版社，2005.
[24] 北京大学哲学系外语哲学史教研室. 西方哲学原著选读，上卷 [M]. 北京：北京大学出版社，2000.
[25] 尚智丛，高海兰. 当理性被反思时：西方科学哲学简史 [M]. 太原：山西教育出版社，2002.
[26] 贡华南. 知识与存在：对中国近现代知识论的存在论考察 [M]. 北京：学林出版社，2004.
[27] 方明. 缄默知识论 [M]. 合肥：安徽教育出版社，2004.
[28] 陈康. 论希腊哲学 [M]. 北京：商务印书馆，1990.
[29] 丁峻. 知识心理学 [M]. 上海：上海：生活·读书·新知三联书店，2006.
[30] 解恩泽，等. 潜科学导论 [M]. 北京：光明日报出版社，1987.
[31] 孟建伟. 论科学的人文价值 [M]. 北京：中国社会科学出版社，2000.
[32] [美] 乔治·莱可夫，马克·约翰逊. 我们赖以生存的隐喻 [M]. 周世箴，译注. 台北：台湾联经出版事业股份有限公司，2006.
[33] [美] 兰西·佩尔斯，查理士·撒士顿. 科学的灵魂 [M]. 潘柏滔，译. 南昌：江西人民出版社，2006.
[34] [法] 让·布兰. 柏拉图及其学园 [M]. 北京：商务印书馆，1999.
[35] [英] 罗素. 西方哲学史 [M]. 上卷. 北京：商务印书馆，2003.
[36] [英] C.P.斯诺. 两种文化 [M]. 纪树立，译. 北京：生活·读书·新知三联书店，1994.
[37] [美] 史蒂芬·科尔. 科学的制造 [M]. 林建成，王毅，译. 上海：上海人民出版社，2001.
[38] [古希腊] 亚里士多德. 诗学 [M]. 陈中梅，译. 北京：商务印书馆，1996.
[39] [美] 约翰·惠勒，肯尼斯·福勒. 约翰·惠勒自传：物理历史与未来的见证者 [M]. 蔡承志，译. 汕头：汕头大学出版社，2004.
[40] [英] 史蒂芬·霍金. 时间简史 [M]. 许明贤，吴忠超，译. 长沙：湖南科学技术出版社，2002.
[41] [荷兰] 斯宾诺莎. 知性改进论 [M]. 北京：商务印书馆，1996.
[42] [古罗马] 奥古斯丁. 独语录 [M]. 成官泯，译. 上海：上海社会科学院出版社，1997.
[43] [美] 梯利. 西方哲学史 [M]. 葛力，译. 北京：商务印书馆，1995.
[44] [英] 吉尔伯特·赖尔. 心的概念 [M]. 刘建荣，译. 上海：上海译文出版社，1988.
[45] [英] 卡尔·波普尔. 客观知识：一个进化论的研究 [M]. 舒炜光，等译. 上海：上海译文出版社，2001.
[46] 钱振华. 科学：人性、信念与价值：波兰尼人文性科学观研究 [M]. 北京：知识产权出版社，2005.

二、主要中文期刊文献

[47] 陈健. 异质性与科学划界：L. 劳丹的划界理论［J］. 哲学研究, 1994（9）.

[48] 刘华杰. 科学知识社会学的历史与方法论述评［J］. 哲学研究, 2000（1）.

[49] 高新民, 程先华. 应重视当代西方心灵哲学的研究［J］. 华中师范大学学报（哲社版）, 1997（2）.

[50] 黄瑞雄. 波兰尼的科学人性化途径［J］. 自然辩证法通讯, 2000（2）.

[51] 安军. 科学隐喻与科学哲学：访英国哲学家玛丽·海西［J］. 哲学动态, 2006（9）.

[52] 刘金明. 当代隐喻理论与经验主义认知观［J］. 湖南科技大学学报, 2004（7）.

[53] 张家龙. 可能世界是什么？［J］. 哲学动态, 2002（8）.

[54] 周承玉. 论马赫的知识进化观［J］. 大自然探索, 1994（2）.

[55] 刘永谋. 作为知识论的知识考古学［J］. 晋阳学刊, 2006（5）.

[56] 安希孟. 后现代对知识与真理的解构［J］. 南京社会科学, 2000（6）.

[57] 曹剑波, 陈英涛. 女性主义知识论［J］. 哲学动态, 2004（11）.

[58] 王宏维. 论西方女性主义教学论对传统知识论的挑战［J］. 哲学研究, 2004（1）.

[59] 郭芙蕊. 意会知识的历史研究［J］. 天津市社会主义学院学报, 2004（1）.

[60] J.H.吉尔. 裂脑和意会（Tacit）认识［J］. 刘仲林, 译. 自然科学哲学问题丛刊, 1985（1）.

[61]［美］迈克尔·布雷德. 科学中的模型与隐喻：隐喻性的转向［J］. 王善博, 译. 山东大学学报, 2006（3）.

三、主要英文著作文献

[62] Michael Polanyi. Personal Knowledge: Towards a Post-Critical Philosophy［M］. Chicago: University of Chicago Press.

[63] Raymond Aron. Memoirs: Fifty Years of Political Reflection trans［M］. George Holoch.New York: Holmes and Meier, 1990.

[64] William Taussig Scott and Martin X. Moleski.Michael Polanyi Scientist and Philosopher［M］. Oxford: Oxford University Press, 2005.

[65] L. Laudan. The Demise of the Demarcation Problem［M］. Reidel: D. Reidel Publishing Company, 1983.

[66] Kuhn Thomas. The Trouble with History Philosophy of Science［C］. Robert Maurine Rothchild Lecture, 1992.

[67] Lakoff, Johnson. Metaphors We Live by［M］. Chicago: University of Chicago Press, 1980.

[68] Lakoff. The Contemporary Theory of Metaphor Metaphor and Thought［M］. 2nd ed. Ed. Andrew Ortony. Cambridge: Cambridge University Press, 1993.

[69] Lakoff. The Invariance Hypothesis: Is Abstract Reason Based on Image-schemas?［J］. Cognitive Linguistics, 1990（1）.

[70] Lakoff. Women, Fire, and Dangerous Things［M］. Chicago: University of Chicago Press,

1987.

[71] Patti. D. Nogales.Metaphorically Speaking [M]. CSLI: Publications, 1999.

[72] John Searle.Metaphor In A.P.Martinich ed. The Philosophy of Language [M]. Oxford: Oxford University Press, 1985.

[73] Searle, J. R. Metaphor.In A. Ortony Metaphor and Thought [M].Cambridge: Cambridge University Press, 1993.